Biography of
Dai Jitao

戴季陶一生

范小方 包东波 李娟丽 著

团结出版社

戴季陶一生

Daijitao de Yi Sheng

第一章

"蜀中野人"

1. 衰落家世

出了川北重镇成都，再往北不远就是汉州城，即今天的广汉县。

汉州是个风景秀丽的地方，东南群山连绵，西北河水回转，城池坐落在山水环抱之中。清朝嘉庆年间付梓的《汉州志》云：汉州"连山环拱，耸半壁于东南；沱水潆洄，跨长虹于西北。地当孔道，势巨上游，作诸郡之臂膊"[①]。《读史方舆纪要》则这样描述汉州："连岭矗矗以蔚霞，沱江翩翩而翔雁。其东则涌泉万斛，其西则伴月三星，南邻省会，民物殷繁，北拱神京，轮裳络绎。"由于汉州城所据优越的地理位置，很早就成为南北交通的一个中间站，往来行客大多以此为栈。到清朝，汉州已经是川北地区颇有名气的政治、经济中心了。

清光绪十六年十一月二十六日，即公元1891年1月6日，戴季陶出生在广汉。其时，戴氏家族已在广汉定居近百年之久，到戴季陶这一辈，正好是第五世。

1927年戴季陶访问日本时，曾在东京太平洋俱乐部的欢迎会上说："我，是蜀中野人。"[②]何有此说呢？戴氏先祖并不生息于四川，而是出自安徽徽州府休宁县的隆阜小镇，以后迁居浙江湖州府吴兴县。族谱中并没有记载生息于隆阜的先世为何要徙迁吴兴，或谓躲避南山文字

1946 年 11 月，戴季陶在国民大会上的留影。

---

① （清）侯肇元等纂《汉州志》，第 1 册，台湾成文出版社 1976 年影印版。

② 王寿南：《戴季陶》，《中国历代思想家》第 55 辑，（台湾）商务印书馆 1978 年版。

狱[1]，戴氏先祖家业如何亦更无从知晓。但有一点似乎可以说明一些问题，就是戴氏先祖，无论男女，作古之后皆有私谥，如戴季陶的高祖闻天谥敏谨公，曾祖跃龙谥崇节公，祖父廉谥洁轩公，等等。由此可以断定戴家必定深具复古之风，若无相当的家底，又非名门望族，何能有此番思古之幽情？

清朝乾隆末年，戴季陶的高祖戴闻天只身流浪到四川。起初，他在夔州、开县一带为人帮工，勉强度日。以后几经辗转，从川东闯荡到了成都北不远的汉州，靠一个浙江同乡的接济和帮助，他跑起瓷器买卖来，这是戴家在四川的开业之始。戴闻天孤身一人，饱经风霜，以苦力和投机，使得挑担买卖日趋兴隆。几度风雨之后，戴闻天扔掉了挑篓，开了一间小店，名"昌泰瓷号"，以"昌泰"求生意兴旺发达。戴闻天在生意上颇有一套，他根据各方主顾的要求，专营江西景德镇的瓷器，而其他非名牌产品一概不销，以质取胜，收项颇丰。一时间，"昌泰瓷号"名声大噪。从此，戴闻天在广汉定居下来，娶妻得子，建家立业。由于勤劳刻苦、善于经营，戴氏家业兴旺，很快成为广汉一带举足轻重的人家。尽管富裕起来了，可戴闻天并没有忘记早先的流浪生活，他常常对儿子跃龙讲起自己早年的奋斗史，特别是在那艰苦的年月里，每岁除夕祭祖，连买一对蜡烛的钱都舍不得多花。总是用一盏油灯配上一支蜡烛摆在祖先灵位前，一连数年如此。

戴跃龙是个聪明的人，他牢记了父亲的创业史，每岁除夕之夜，父亲以灯烛祭祖的情形就浮现在他的脑海中。他丝毫不敢也不愿铺张，仿效父亲，用一灯一烛祭祖，以此来鼓励自己不断地奋进。父亲死后，他显示出了卓越的经济头脑，生意更加兴隆，不但老昌泰财源滚滚，而且还扩大了经营，又开了一爿新昌泰瓷号。戴氏家业更加兴旺，达到顶峰。同样，戴跃龙把父亲早期奋斗的故事又传给了儿子，告诫他们，今天的富裕兴旺是来之不易的，讲得最多的是一灯一烛祭祖的故事。此后，一灯一烛祭祖就成为戴家的家规，以纪念先祖、勉励后世。到戴季陶身居民国要职时，他仍然念念不忘，时时给自己的儿女讲述这个神圣的故事。

家业传到了戴季陶的祖父戴廉手中。戴廉是个天性纯孝之人，尊师重道，为人慷慨尚义，远近皆赞美其具有义侠之风。他精绘画，却不善于理财，晚年

由于商业不景气，干脆关闭了两家瓷号，闲居在家，沉溺于丹青之中，过起了宁静淡泊的生活。他能画一手绝佳的海棠图，远近闻名，为时人所知。他曾写下一副言志的对联：

> 注礼有余闲，诗酒两般寻乐事；
> 传家无别业，丹青一幅作生涯。①

看来戴廉乐于风雅远胜瓷器生意。受父亲的影响，戴季陶的父亲戴小轩也精于绘画，但他受人秘传更擅长外科医术。戴小轩娶妻黄氏，黄氏受其指点，也精通治疗。黄氏是湖北黄州人，世代经商，在兄妹中排行最幼，16岁就与戴小轩成亲。戴季陶回忆其母"秉性慈祥，持家勤俭，侍尊嫜以孝，抚儿女以慈，族戚里邻曾无闲言"②。

他们夫妇医术精湛，远近闻名。有一年，广汉县衙有个捕快在追捕强盗时，被强盗砍伤五十余处，奄奄一息。人们把伤者抬到戴家，戴季陶的父亲略视一番，胸有成竹地为他敷上药草便让人抬走了。开始人们还怀疑是否有效，可只过了三天，县衙就传信来说那个受伤的捕快已经痊愈，人们不由得深深敬佩戴小轩的医术。戴小轩先于黄夫人作古，以后黄夫人独自行医，"每年施诊贫苦，不可胜数"。戴季陶曾亲眼看到有一个帮工的苦力因背上起疮，"袒卧家门外，气咻咻将死，先母出见其状，命人敷以药剂，并给以资，送之于逆旅，不十日，其人即起而步，再药而病若失，其神效如此"③。

黄夫人笃信佛教，虔诚之心莫有能比。幼年的戴季陶也常常跟随母亲烧香敬佛，但他多出自好奇之心，并不能深领之意。许多年后，戴季陶突然醒悟，皈依佛门，幼年的敬佛即是契机，儿时的事情还留在脑海。

戴小轩共有四男三女，戴季陶是七兄妹中最小的一个，大哥传薪、二哥传荣、三哥传宜；大姐玉贞、二姐秀贞、三姐慧贞。戴季陶谱名传贤，"季陶"是他青年时代以后常用的名字。戴季陶排行最小，自然最受宠爱，大哥大姐们总事事都让着他，吃喝玩乐都让戴季陶占先。

---

① 戴季陶：《黄太夫人哀启》，见《戴季陶集》上册，上海三民公司1929年版，第59页。
② 戴季陶：《黄太夫人哀启》，见《戴季陶集》上册，第59页。
③ 戴季陶：《黄太夫人哀启》，见《戴季陶集》上册，第62页。

至亲骨肉之中，对戴季陶一生影响最大的要数祖父戴廉和大哥戴传薪。戴季陶曾讲述过他婴儿时期的一个传奇故事：祖父风尘仆仆地赶往浙江吴兴去修培祖坟，对祖宗行完三跪九叩之礼后返回广汉时，正好是戴季陶的满月大喜。戴廉怀抱小孙，深感祖宗英灵之光，满心欢喜，不由得开怀大笑。此时，刚刚满月的戴季陶第一次见到祖父，竟然也大声地笑了起来，这是他出生以来的第一次发笑。这一笑使满堂的人都惊讶无比视为奇迹，这一笑也赢得了祖父对他的无比钟爱①。

戴季陶的祖父素具义侠之气，喜欢替人排忧解难，每遇有人发生纠纷，总是乐意居间作保。好人做多了，少不得会有得罪人的时候，赔钱受累且不说，更有人暗恨在心。他病逝之后，丧事一办，戴家已经负债累累，生活日见困难。家中生计，除父亲的努力之外，全靠戴季陶的长兄戴传薪一面苦苦读书，一面设塾授童赚取一点束脩来补贴了。在广汉颇有声望的戴氏家业从此衰落。"戴出生于这一复杂多变的家庭中，对于他的个性自然有影响。"②戴季陶在童年时代就走上了一条艰难的道路。

2．幼年时期

由于戴季陶在满月那一天传奇的一笑，赢得了祖父的无比钟爱，这样，他的启蒙教育也就得到了祖父的特别重视。戴季陶才一岁多，祖父就教他识字，给他讲解做人的道理。所有这一切对于一个年仅一岁多一点的孩童来说，显然为时过早，但戴季陶却说："我当时的理解力，已经足以理解祖父所解释说明的意义。"③这似乎有些过玄，即便能听懂，想必不外于乖孩子、好孙儿一类的童谣。但不管怎么说，戴季陶无疑是有很高的天分，两三岁时，祖父便教他诵读，他竟能过目成诵。多年以后，戴季陶常常回忆起祖父教他读书识字的情景：他坐在摇篮里，看着祖父拿着一根四川特有的三尺多长的旱烟袋，一边吸着叶子烟，一边指点他一句句地读书。有如此和蔼慈祥的祖父，确实叫人难忘。祖父的教导，使戴季陶的智力较早得到了开发。随着年岁的增长，他的知

① 戴季陶：《八觉》，见《戴季陶集》上册，第3页。
② 吴相湘：《戴天仇季陶传贤三位一体》，见台湾《民国百人传》第2册，第121页。
③ 戴季陶：《八觉》，见《戴季陶集》上册，第4页。

识也不断地增多，他的聪慧得到了左邻右舍的交口称赞。戴季陶自己也曾说："我从小聪明异乎寻常，在许多儿童当中，要算是第一等的聪明。"①

祖父病逝时，戴季陶仅六岁多一点，由于长期受到祖父的谆谆教诲，戴季陶已经读完了《幼学琼林》《唐诗合解》和《诗品》等书，而且还能背诵其中的很多，书中大意也基本上能够理解。自然，事情的关键不在于他在此时读了几本书，明白了其中多少道理，重要的是在于培养了他对读书的兴趣，激发了他强烈的求知欲。不久，戴季陶入了私塾，他既聪明又肯读书，颇得前辈的好评。

大概在六岁时，戴季陶开始学着做一些对联和五言诗，很快就能出口成诵，受到了父兄师长的赞赏。人到中年后，戴季陶曾写过一篇《余之读书记》，在文中讲述了他能回忆起来的最早的一首五言诗的来历：大约在他六岁的那一年，一天，戴季陶随父亲及父亲的两三位挚友到郊外散步，时值新麦方吐嫩穗，春光明媚。年幼的戴季陶在盎然春意中跑前跑后，欢跃如雀。戴小轩看着儿子那聪颖的模样，也得意万分，便命他即景赋诗，以为助兴，也想在好友面前炫耀炫耀。戴季陶果不负父望，迅速转动他那机灵的小脑瓜，面对大好风光，用稚嫩的童声一板一眼地吟诵出一首五言绝句来：

> 新麦出堤上，
> 迎风如舞浪；
> 极目不知远，
> 江山皆在望。②

这首诗博得众人一片喝彩。诗虽然嫩了一点，但出自一个年仅六岁的孩童之口，确实不简单。

也就是在戴季陶六岁那一年，家中发生了一件大事③。父亲因为一件债务案被关进了汉州的监狱中。戴家平静的生活再也不安定了，父亲被押进狱，全家人就像少了主心骨，年幼的戴季陶更是朦胧不知所措。当时戴家四兄弟除老

---

① 戴季陶：《八觉》，见《戴季陶集》上册，第4页。
② 王寿南：《戴季陶》，见《中国历代思想家》第55辑。
③ 见陈天锡：《戴季陶（传贤）先生编年传记》，第3页。台湾《中外杂志》载王成圣：《戴季陶的一生》，记载此事发生于戴季陶九岁那一年。

大外，老二常常不在家，戴季陶和三哥尚年幼，剩下的全是女流之辈。幸好戴传薪是个颇有主见的人，他挑起了戴家的大梁，一方面仍然在塾中施教以维持家计，另一方面请人去打官司。

由于父亲独自一人在狱中，戴家的儿孙自然应该尽孝道去陪伴老父，这事情就落在戴季陶的身上。这件官司一拖就是两年之久，戴季陶也因在狱中侍奉父亲而没上一天的学。父亲为了不让他的学业荒误，便在狱中教他读书习文，也借以排遣内心的烦闷和凄凉。两年多过去了，官司终于了结，戴季陶后来称这场官司是"一场很不平的官司"。这场官司使戴家耗资巨大，祖业田产损去了十之六七。戴氏家业在汉州的地位再也不同往昔了，每况愈下，以致衰败。

家道的剧衰、监狱的阴森和狱卒的凶恶，给幼小的戴季陶心灵蒙上了一层阴影。

在十岁以前，戴季陶主要是跟塾师学习。几年的时间里，他熟读了五经及几部重要的史籍，曾两次点阅袁了凡的《纲鉴》，五次批点《通鉴辑览》。

十多岁时，长兄戴传薪在汉州纯阳阁开设私塾，戴季陶也被带去读书。戴传薪对小弟要求非常严格，专门制订了紧张的学习计划：每逢三六九日为作文时间，平日早读经、午阅史、晚上习诗文，每日要做默写经传的复习，读完功课后还得另写两三条300字以上的读书札记，日日不得有缺。比如，上午读经传3000字，下午戴传薪就亲自抽默100字左右，倘若一字有错，就要受到重罚。这样每月至少要读完一本经书，月底得全部背诵出来。这种近乎残酷的学习生活肯定会让人感到枯燥和压抑，特别是对于一个年仅11岁的小孩来说，更是超负荷的。但戴季陶很尊重和听从长兄的教导，学习生活虽然乏味，但他还是顽强地挺下来了。11岁这一年，从2月到11月间，戴季陶读完了《春秋》《左传》，到年底背诵给长兄听时，竟整整背诵了三天，令人惊讶的是，居然未错一字。这些记载尽管有些玄乎，但还是可以说明幼年的戴季陶是很聪明的。

戴传薪不仅仅教给弟弟国学方面的知识，还极力鼓励他广泛涉猎其他方面的知识。也是11岁这年里，戴季陶还学完了两册算学，在大哥的指教下，又学习了《列国变通兴盛记》《泰西新史》等新学书籍，在自然科学方面也初读了一些天文地理的书籍。后来，在大哥的指导下，戴季陶选读了《文献通考》《读史方舆纪要》等大部头的国学经典。

就这样，风雨春秋，数年如一日，戴季陶广涉了许多领域的学问，知识大增。生活虽然清苦，学习虽然紧张，但并没有压倒这个雄心壮志的少年，相反，刻苦的学习给他打下了坚实的基础，为他今后的思想成长奠定了传统文化的基石。戴季陶也承认这一段时期的学习生活给他留下了深刻印象。他曾说："综计生平读书最得力者，实在此时。"又说："余幼年读书，得大兄刻意教授者三年，粗得读书门径，完全赖此。"同时，他还认为这段时期是他接受新式教育的开端①。

十来岁的戴季陶跟随长兄读书后，眼界大开。他在读书的同时，也写了一些诗词，其中有一首七言绝句表达了他不凡的志向，可惜他到老也只能回忆出其中的两句，这两句是这样的：

> 神童佳号空归我，
> 小子高筹君未知。②

其他的诗句姑且不谈，仅这两句就颇有"他年蟾宫折桂"的味道，很有气魄，可以看出戴季陶少年时期的抱负。如果不是后来的变故，他是可以在封建时代的科举道路上一直走下去的。

1916 年蒋介石和戴季陶结拜为兄弟，时年蒋介石 29 岁，长戴季陶 3 岁。

光绪二十七年（1901年）冬，年仅11岁的戴季陶随两个兄长一道去参加童子试，大哥戴传薪顺利地考取了生员。戴季陶在州试和府试中均名列前茅，偏偏院试时，《易经》试题是"为大赤"，以戴季陶的年龄及他所读过的书籍，实在是搞不懂"为大赤"的题意，不明题旨之所在，根本无从落笔，最后交了白卷，整个考试功亏一篑，戴季陶心中好不懊恼③。"为大赤"一语出自《易经》，戴季陶恰恰没有熟读《易经》，使几乎到手的桂冠失

① 王寿南：《戴季陶》，见《中国历代思想家》第55辑。
② 王成圣：《戴季陶的一生》，见《中外杂志》第16卷第4期。
③ 陈天锡主编：《戴季陶先生文存》，第599页。

却。30岁以后，戴季陶仍然清清楚楚地记得这件事情，他试图给自己补上这一课，于是开始仔细研究《易经》，据说颇有心得。晚年戴季陶曾作有《易经大义》，并且把周易卦象之词工整地抄录下来，作为座右铭，早年之憾想必多少会有所弥补吧。

几乎是巧合，在戴季陶落第后的第二年，蒋介石也参加了童子试，地点是在戴季陶的祖籍浙江，结果同样是名落孙山。蒋介石时年亦仅15岁，长戴季陶3岁，他于1916年和戴季陶结拜为兄弟。

3．坎坷求学

1898年戊戌变法之后，全国要求革新的呼声越来越激烈，清政府的反动统治摇摇欲坠。为了维持反动统治，稳定民众的反抗情绪，清政府玩起了"筹办新政"的伎俩。"新政"之一就是废除科举制度，创办新式学堂，并且选派一些青年学生出国留学，旨在培养为统治阶级服务的人才。一时间，举国上下办新学之风兴起，成都作为一个大都会，自然也开办了许多新学堂，东文学堂便是其中之一。

1902年，戴传薪来到成都，在东文学堂谋到了一份差事。他把戴季陶也带到了成都，进了东游预备学校读书[1]，这年戴季陶年仅12岁。尽管这是他第一次进入新式学校学习，但他仍然把在汉州纯阳阁的学习生活看作是他读书生涯的开端。1929年10月15日他在浙江湖州对浙江省立第三中学全体师生讲述他的求学经过时，曾说："到了十岁的时候，才进所谓洋学堂，读洋书。"[2]

借助清政府所谓"新政"，趁着些微的政治宽松，有识之士纷纷把眼光投向海外，希冀能从外国寻求救国的真谛。日本是当时中国青年所向往的地方，为了便于青年人留学日本，先期解决语言等方面的困难，许多地方都办起了类似培训班一类的学堂。东文学堂培养的就是留日预科生，东游预备学校则相当于东文学堂的先修班。创办这所学校的是当时被称为"新学领袖"的徐炯，他是江苏句容人，所以学校就设在成都江南会馆中。戴季陶以12岁的小小年纪进入这所学校，为当时所少有。跟着徐炯读书，特别是在他开始确立人生观之时

---

[1] 王成圣：《戴季陶的一生》题为"东文预备学校"。
[2] 王寿南：《戴季陶》，见《中国历代思想家》第55辑。

跟一位时代洪流中的先进者学习，这在戴季陶漫长的人生道路上，是一个值得纪念的起点。事实上，戴季陶在以后的岁月里，也从没忘记过他的这位蒙师。

徐炯是个热心变革的新派人物，他对清政府的专制统治从心底里反抗。1902年前后的社会已经远远不是慈禧太后能肆意砍杀维新派的时代了，专制统治日益衰败，革命风潮汹涌澎湃。以孙中山为首的革命者经历了一段艰难的奋斗历程后，终于迎来了中国资产阶级民主革命大发展的时期，革命的火炬已在专制统治的黑暗中泛起红光来。徐炯是个有心之人，他常常在课堂上向学生灌输革命思想。戴季陶也就从徐先生那里听到了"扬州十日""嘉定三屠"的排满故事，也听到了他倡议革命的言论。以戴季陶的年龄，一定会被先生的演讲深深打动，甚至热血沸腾，此属常情，毋庸置疑。但有说此时戴季陶已经萌动了民族主义的思想，且成为他立志革命的起点①，似乎多有夸大。但东游预备学校的学生中后来产生了三个革命人物——但懋辛、熊克武和戴季陶，且都成为民国史上的重要角色，这无疑是与徐炯的教导有关的。

在东游预备学校时，戴季陶开始学习日语，后来孙中山先生曾高度称赞戴季陶"日本话说得比日本人更好"。成都东文学堂是留日预备学校，入学皆得学日语，并有日籍教习授课，但这所学校的学生都是从各县的生员中选拔而来，一般的学子则被拒之门外。学堂监督徐炯正是有感此项规定太不公平而创办了东游预备学校，并且规定学生亦必须学习日语，为以后留洋作准备。戴季陶除了在课堂上认真学习日语外，还通过长兄的介绍跟随东文学堂的日籍教习服部操学习日语。服部操与戴传薪关系颇为密切，也很器重年幼好学的戴季陶，他特地编创了一套混合教学法辅导戴季陶。以戴季陶的聪明，自然一学就通，很快就掌握了日常口语。通过服部操，戴季陶又经常和其他日本人接触，鼓起勇气和他们交谈，到十四五岁时，戴季陶已经能讲出一口流利的日本话来了。在以后的生涯中，戴季陶的这一长处发挥了巨大的作用，他留学东洋几年，追随孙中山先生并任其日文翻译，成为中国屈指可数的日本通等等，都是基于此时不懈的努力。

一年以后，戴季陶考上了成都客籍学堂高等科。客籍学堂是各省会馆及官、商等方面集款创办的，以接受外省旅川人士的子弟为主，也破格录取一些

① 王寿南：《戴季陶》，见《中国历代思想家》第55辑。

川人子弟。同学之中，多是举人和秀才，唯独戴季陶一人年仅13岁，远离弱冠之年。当时曾有许多教师嫌其年岁太小，但学校校长很是欣赏戴季陶的文章，他不管学生是否老成，以文章取士，破格录取了戴季陶。

在客籍学堂，戴季陶得到了两位名师的青睐，一位是山东日照籍的丁师汝①，一位是贵州遵义的名宿赵怡。这两位先生皆是颇有城府、学问高深的人物，戴季陶受名师指教，学问大长。每每考试，年龄最小的戴季陶总是名列前茅，令人刮目相看，受到了客籍学堂师生的交口称赞。

也正是在客籍学堂学习期间，戴季陶的思想发生了第一次飞跃。面对国家的日益衰败，满人的骄奢淫逸，年少的戴季陶感触颇深，萌发了最初期的革命思想。他与班上三个志趣相投的同学结拜为兄弟，发誓要推翻清政府的统治。据戴季陶后来自述："入客籍学堂时，同学有湖南沈明汉、陕西梅少和及某君，共余四人，结为兄弟，誓倒满清。三君皆中部学生，与余年相若而略长。此事至密，同学无知者；然皆出自己发，决无外来之运动，亦不知世间有所谓革命党也。民族主义之精神，诚有情所共具，而无待于外求者也。"②应该肯定这段自述还是比较客观的。尤其是戴季陶虽具革命意图，但仅仅是民族爱国激情，在"无外来之运动，亦不知世间有所谓革命党"的情况下，年虽少志却不短，"誓倒满清"，如此革命大志，实在是值得赞扬的。清廷之败已到如此地步，何有不垮之理。这是戴季陶的第一次革命活动，现在不见有任何资料记载他和同学结拜兄弟之后的情况，戴季陶以后似乎也再未言及此事，想必他们再也没做出进一步的行动，仅此而已。在客籍学堂时间虽不长，戴季陶却碰上了两件倒霉的事情。

他生性爱好运动，对体育课有很大兴趣。在他成为民国名人之后，还曾主持过第一届全国运动会，率队参加过柏林奥林匹克运动会等，他和体育运动有着不解之缘。也正是体育给他留下了一个终生的纪念。在一次体操课时，戴季陶因一时不慎，栽倒在地，半天没能爬起来，经医生检查，是左脚关节骨折。经过很长一段时间的治疗，一直没有完全康复，以致他终生走路都有些跛，而且步行过久和天气变化时，都会隐隐作痛，成为终生之疾。

---

① 王成圣：《戴季陶的一生》文为"统率北洋水师十年的丁汝昌"。丁汝昌为安徽省人，已于1895年甲午海战中拒降日本侵略军自杀身亡。王文有误。

② 王寿南：《戴季陶》，见《中国历代思想家》第55辑。

倒霉的事情总是接踵而至。这之后不久，客籍学堂来了一位道台任监督（校长），这位监督为人很不公正，特别是在评定学生的成绩时常常随心所欲，偏袒喜欢的学生。戴季陶在客籍学堂一向是名列前茅的，可校长的不公正，使得戴季陶成绩受到影响。戴季陶对此举怎能忍受得了，本来他就是一个容易激动的情绪型的人，在愤愤不平之际，他奋起发难抨击这位监督，丝毫不顾忌对方是身居要职的官员。监督自从到学校以来，还没有受到过谁的指责，戴季陶的行动使得他恼羞成怒，仗其权势，不顾师生的反对，竟然把戴季陶从客籍学堂开除了，并且以师道尊严之词呈请四川督署通令全川学校，不得收录戴季陶入学。这一举动，给戴季陶以沉重的打击，生理上的挫折只是表面的，很难摧垮一个人；可精神上的打击往往是致命的，何况戴季陶还只是一个不谙世故的少年。

迫不得已，戴季陶挥泪和结拜兄弟告别，出了客籍学堂的大门。在长兄的帮助下，他改了一个名字，进入了一所教会学堂——华英学堂。戴季陶入学后很快就显出他的聪颖和功力，在华英学堂大出风头。可是树大招风，好景不长，仅三个月的时间，官府查出了这个改名换姓的人物，立即勒令退学。15岁的戴季陶再度辍学了。

两度被迫离开学堂，真把戴季陶逼入了困境，长兄再也没有新的法子了。幸亏一个日籍教师小西三七向他伸出了支援之手，使戴季陶摆脱了困境。1944年中秋节前夕，戴季陶在书房里回顾自己的一生，写下了《记少时事》一文，他在文章中百感交集地说："所遇多益友，成年之后，复得贤妻。"在《八觉》一文中，他又说："入世以后，得到最大的帮助，就是许多先辈朋友。我相信这二十年来我的一切能力，全是靠先辈朋友的督励切磋的结晶。"戴季陶这些话确实不假，一个人的成长是与他所遇到的人不断地给他指点、为他引路分不开的。戴季陶踏入社会初期，确实得到了许多良师益友的指教，从他的长兄戴传薪到东游预备学校的徐炯和东文学堂的服部操，再到客籍学堂的丁师汝、赵怡以及现在向他伸出支援之手的小西三七，还有以后他所遇到的这样那样的各色人物，多数不仅是益友，而且还是他的良师，他们对戴季陶的成长所起的作用不可低估。

小西三七是通省师范的教师，也在华英学堂任物理化学教师，戴季陶入学不久就给他留下了深刻的印象，他非常喜爱这个聪慧过人的少年，特别是戴季陶竟然能用一口流利的日语和他交谈，使他对戴季陶更加偏爱。见戴季陶喜爱读书，他就差人把戴季陶请到自己的书房里去专门教他。三个月的时间，戴季陶学习了物理化学等自然科学知识，扩大了知识面，尔后，理化、日语成了戴季陶的两项专长。华英学堂勒令戴季陶退学时，小西三七正好被川北中学聘为理科教师，他们几乎是同时离开华英学堂的。小西知道了戴季陶被辞退的原因，从心底里敬佩这个小小少年，同时也对官府的无理做法感到无比愤慨。于是，在戴季陶陷入绝境的时候，他主动介绍戴季陶到川北中学去做他的日语翻译。由于小西三七的力荐，川北中学正式聘用了15岁的戴季陶，月薪14元。对于年仅15岁的戴季陶来说，14元月薪无疑是一笔巨款，这个数字也远远超过了开馆施教的进士举人们，以他长期养成的俭朴的生活习惯足够他的支出，而且还能为家里做些补贴。

这次变动，使戴季陶充分认识到了自己的价值，更加激发了他的雄心壮志。他一面兢兢业业地完成好翻译工作，一面更加刻苦地学习文化科学知识，不思食寝地一头扎进书本之中。小西三七是个很有远见的日本人，他在中国任教的时间也不短了，对清政府及中国的现实情况有较为深刻的感受和认识，他认定倘若戴季陶今后还陷在这种恶劣的环境中，将来必定难成大材，故极力鼓励戴季陶去日本留学。小西三七平常除了给戴季陶讲解理化课程外，更多的是给他灌输国外的先进文化，特别是日本的文化和社会情况。此时的戴季陶雄心勃勃，经过几次学堂风波之后，他对腐败的清政府也有了一定程度的认识，对小西三七给他讲述的海外新世界十分向往。他听从了导师的指点，决心东渡日本，寻求新的知识，寻求新的生活。

本来，如果戴季陶一直在客籍学堂或者是华英学堂学习下去的话，最终获准公费留学是不会成为问题的。但由于他的反抗行动遭到无理的惩罚，他的雄心壮志几成泡影，好在小西三七给他指点了一条新途径——自费出洋留学。

但新的问题又摆在面前，自费留学需要很大一笔资金，对于一个富裕人家来说或许不会成为问题，可戴季陶的家庭早已衰落到计金度日的境地，一下子拿出一笔巨款，谈何容易？冷酷的现实又一次使戴季陶挠头。

戴季陶把自己的想法最先告诉了无论何时总是支持帮助他的长兄，长兄深为年幼小弟的壮志所感动，全力支持他的行动。他们兄弟两人同返故里，以求争取家人的支持。在他们宣布了这个令人震惊的计划后，全家人顿时惊讶无比，高龄祖母首先反对，她断然不同意让年少孙儿漂洋过海。没有钱是个令人头疼的问题，但现在事情远不是那么简单了。

七十多岁的祖母，一生饱经风霜，如今已是风烛残年。在众多的儿孙中，她最疼爱的就是戴季陶，让他独自一人到万里之外的天涯去求学，怎能舍得和放心呢？她老泪纵横地否决了戴季陶的计划。戴季陶心中也很清楚，祖母一是担心百年之时见不到孙儿，二是不忍心让孙儿受漂洋过海孤独无助之苦。这也是戴季陶的两块心病，前途无测，心中一点底都没有。显然留日的国人不少，种种传闻也道听途说过，但他实在是太年少了，无法想象日后的艰难。再者，戴季陶和慈祥的祖母有着深厚的感情，他曾无数次发誓，长大成人后一定尽孝至死。而今正当老人家苦度残年之际，他却要辞别她出门远行，从小读孔孟、长大识周公的戴季陶于心不忍，于德难允。一连几天，戴季陶陷入深深的矛盾之中，泪水洗面，无力自拔。

戴传薪是个识大体明大义之人，他眼看着小弟痛苦不堪，自己心中也无比难受。他以小弟的学业和前程为重，千方百计地在祖母面前为戴季陶说情，并且做通了全家人的思想，一齐去说服祖母。最后，高龄祖母流泪首肯，同意戴季陶远赴日本，去独闯世界。

戴季陶满脸阴云顿释，但老问题又摆在了面前，这就是钱的问题。高祖时的殷实家道，到祖父时已是荡然无存，而今更是一金化为多用，慎而又慎，一下子拿出一笔巨款实在是困难。全家人都为这件事情着急，日常生活甚至不敢谈及"钱"字，戴传薪八方筹借，所得甚微，戴季陶几乎要放弃自己的计划。最后，戴传薪自行做主，毅然卖掉了祖传的30亩沙田，得到了700块大洋，总算解决了这个问题。

对于长兄给予的各方面支持和帮助，戴季陶一辈子都不能忘怀，他曾满怀深情地说："一直到了15岁，能够读了几部经书，看了几部史书，还学了一点很浅薄的科学，懂得一些做人的道理。我这看书作文的力量，都是由我的大哥很辛苦的教训得来的。我曾记得，常常在夜静更深的时候，我们两个人还是伏案用功。我的大哥自己苦读，一面应我质询，和我讲解。有几年工夫，夜间都是同我大哥共被而眠。我能够出来留学，也是由我大哥很坚强的决心，排除万难来帮助我的。回头一看，入世二十余年，一切的活动，一切事业荣誉，是我祖父种成的善因，也是我的大哥的灌溉栽培出的善果。上面所讲的两种因缘，一个缘之于祖父，一个缘之于长兄，这是我为人之始。"[1]把他的始之为人归功于长兄的训导，这无疑是戴季陶给长兄的一个最崇高的评价。

1905年，戴季陶叩别亲人，挥泪踏上了东渡日本的征程。这年他年仅16岁。

出了成都平原，戴季陶告别了故乡，便顺江东下。此行一去千万里，前途未卜尽坎坷。戴季陶似乎并没有过多地去考虑这些，第一次出远门，心中更多的是激动。缤纷世界，大好河山，激起戴季陶无限的情怀，特别是船过三峡，山移水转，体验轻舟猿鸣、朝辞白帝、暮至江陵的浪漫情趣，他更是兴奋无比，旅途的孤寂和惆怅被一扫而光。这是他第一次在长江上航行，多年来对这条大江的向往终于付诸实现，不知戴季陶心中做何感想。可以肯定的是，他绝对不会想到许多年以后，他曾做出归身长江的举动，而且也是在这段美丽的峡江口。

船抵汉口时，已是夕阳西下，江水被染得一片金黄，长江后浪催碾前浪，激起碎金万点，千帆万桨，往来穿梭，壮丽的景色给这座繁华的都市更增添了勃勃生机，一派大兴大盛的景象。戴季陶被眼前的情景所感染，他深深陶醉了，对前程更是充满信心，他心中唯一想到的就是：再向前迈一步，世界就会在自己的手中！戴季陶准备上岸找个客栈暂住几天，再行东下。

汉口是个繁华喧嚣的闹市，码头上更是混乱无比。戴季陶离开了自己熟悉的山山水水，闯入这个陌生的世界，他不得不提醒自己要处处谨慎。他把随身携带的700块大洋分两处存放，身上背500，提篮里放200。他本来左脚遗留有旧伤，不便步行过久，加之码头上的大斜坡更是难上，他提着沉重的行李，吃力地在人群中穿行，很快就累得气喘吁吁。他刚想停下来歇息一会儿，突然一条彪形大汉从他身后闪过来，头埋得低低的，闷声不语，一把抢过戴季陶的提篮就冲进人群里。戴季陶惊呆了，等他反应过来，那条大汉早已隐没在人群之中，他这才明白自己遇上了强盗。惊慌之中茫然不知所措，竟然放声大哭起来。周围的行人围了过来，待弄清楚发生的事情后，劝他几句，摇摇头又都走开了。戴季陶哭得更凶了，他伤心到了极点，遭此打击，出师不吉，他想此番行程就更加困难了，戴季陶简直不愿再往前走了。

---

① 戴季陶：《八觉》，见《戴季陶集》上册，上海三民公司 1929 年版，第 5 页。

与戴季陶同行赴日的还有一位族兄，他对戴季陶深表同情，但也无可奈何，只是极力安慰。待戴季陶的心情稍稍平静一点后，他又百般相劝，要戴季陶继续前行，千万不要做半途而废的事情。戴季陶受了族兄的劝告，也想开了许多。再说万里行程已到此，倘若回头岂不枉然，掉头回转实在不应该是男子汉大丈夫之所为。以前程为重，应该继续东下，而且此行并非戴季陶孤身一人，有族兄的照料，总不至于山穷水尽。于是，戴季陶擦干了眼泪，又挺起了胸膛，带着仅有的五百多块大洋，继续东行而去。

4. 留学日本

在族兄的一路照料下，戴季陶顺利地抵达日本东京，时为1905年。

1905年的东京，是中国革命党人汇集的大本营，同时也是中国各派人士表演的大舞台，在这里可以听到各种关于中国之命运的思潮与论调。孙中山经过数年的奋斗和失败后，于1905年在日本组织成立了中国同盟会，一大批革命志士聚集在孙中山先生的周围。在日本的留学生绝大多数受其影响，倾向革命，更有许多先行者加入到革命的行列中。东京已成中国革命的第二战场。

戴季陶到东京后顺利地进入了一所师范学校，开始了他的留日生活。留学的生活虽然比较艰苦，但戴季陶很快就结识了一批中国学生，有了几位好朋友。除了上课以外，茶余饭后海阔天空地闲聊一番，日子倒也很好打发，忧虑不多，浪漫不少。第二年，戴季陶家中给戴季陶的资助少了一些，但家书不断，给他的温暖一如既往。戴季陶很快就适应了日本的生活，在师范的学习还算顺利。

一天，戴季陶又收到了大哥的来信，信中告诉了他一个悲惨的消息，祖母自从戴季陶走后，一病倒床，经久不愈，终于病逝在广汉。临终前，祖母一直在呼唤着戴季陶的乳名。17岁的戴季陶读了这封信，泪如泉涌，他第一次产生了强烈的思乡之情，一连几天，无精打采。在同学们的劝慰下，戴季陶又振作起来，他决心化悲痛为力量，发愤学习，奋斗到底，不学出一点成就，绝不作罢。

1907年秋，戴季陶在师范学校毕业，转入了久负盛名的日本大学，专攻法科。入校注册时，他用的名字是"戴良弼"。

日本大学是东京地区一所著名的私立大学，与早稻田大学、中央大学等五所私立大学齐名。有许多中国留学生在这所大学就读，人数多达近千名。日本大学的校长是松冈康毅侯爵，著名学者冈田鸠山、新渡户牧野等都在该校任教，他们都是日本的法学权威，教师阵容之整齐，无他可比。戴季陶专攻法科，有幸聆听他们的教导，获益匪浅。民国诞生以后，戴季陶一直都是法学权威，许多重大立法都由他亲自主持制定，其理论基础就是源于日本大学。

初进日本大学时，戴季陶还是在语言关上碰到了难题，尽管他在十二三岁时就开始学习日语，但现在毕竟是处在日本的国土之中，口语还马马虎虎，可到课堂上就显得相当吃力，听和记全都要先在思维上翻译成中文，方才能进一步去领会日语本身的含义，常常跟不上课程的进度。戴季陶尚且如此，其他的留学生恐怕困难就更大了。在一位日本教师的指导下，戴季陶坚持每日阅读报纸，不去刻意追求全部弄懂弄通，而只是让自己的理解能力得到最大限度的发挥就行。此外，戴季陶还坚持不懈地大量阅读日文书籍，朗诵一段，背诵一段，经过一段刻苦的学习和努力后，他彻底突破了语言方面的困难，听读写能力达到了一个相当高的水平。据他的同学和好友谢健回忆说："季公、锐新都长于日本话，季公说得更好。那时留学生说日语，能够在间壁房里听不出是中国学生，同学中不过三数人，季公尤称第一。"[1]他曾用"散红生"的笔名在日本《新闻杂志》等报刊上发表过小说、诗歌和散文，其文笔超过一般的日本人。

也就是在日本大学，戴季陶结识了许多革命志士，最初结识的是山西人王用宾。王用宾原是山西大学的高才生，由官府选派到日本。他素具革命倾向，1905年同盟会成立时，他曾与孙中山面谈，要求加入同盟会，受到了孙中山的称赞和赏识。经王用宾介绍加入同盟会的山西籍革命者多达百人。以后，他多次被推举为同盟会山西支部长，还担任过太原《晋阳公报》总编辑、国民党中央执行委员会委员、公务员惩戒委员会委员长等重要职务，抗战期间，病逝于重庆。戴季陶与王用宾相识时，他已经是同盟会的积极分子。从王用宾那里，戴季陶进一步了解了孙中山先生，知道了同盟会和那伟大的事业，他也开始思考历史赋予他们这一辈人的使命。虽然戴季陶一直与王用宾保持着接触，但此

---

① 谢健：《谢铸陈回忆录》，台湾文海出版社，第25页。

时孙中山先生还未意识到要广泛发动群众，让群众积极响应他的革命主张，所以戴季陶的思想并没有产生进一步的飞跃。

戴季陶最好的几个朋友是谢健、胡森、裴钢、杨子鸿和金锐新等人，他们是在学生休息室里认识的，浓厚的四川乡音把他们吸引到了一起，他们很快就成了最亲密的朋友。戴季陶和金锐新同租一个旅馆房间，居住在东京麴町区的松滨馆，谢健、杨子鸿则住在百步之外的饭田町。四个好友同行同住，你来我往，整整三年的时间里，几乎无日不见，结下了深厚的友情，自称为"松滨四友"。1948年7月，戴季陶在南京遇到老友谢健时，他那"形容枯槁，憔悴似古稀老人"的脸上，顿生红润，露出了对"松滨四友"的无限怀念之情。谢健在回忆录中写道："他（指戴季陶）说还是当初四个人滚地板的时候好，现在老了，也滚不动了。"①

留学生中，以自费留学生的生活最为艰苦，"松滨四友"的日子就从来没有宽裕过。东京神田区是留学生的主要居住区，光是中国的自费留学生就达万人，官费生也达数千人。官费生每月由清政府发给33元（日元）的费用，以当时的生活水平，常有结余。而自费生则大都出自贫寒家庭，手头紧张者十有八九，遇有为难之时，多以高利贷向官费生借用；也可以向清政府驻口公使馆要求贷款，但数目不能超过20元，而且必须有三个官费生以自己的官费作保，到期无钱还债，则该官费生倒霉，留学生中常常有官费生被自费生拖垮的事情。一般自费生都是住在低档的日本旅馆，远远比不上官费生住的每天都供应牛奶面包、鸡鸭鱼肉的高级旅馆。但日本旅馆比较方便，许多零星费用，都可由老板临时垫付，到月底一齐结账，因而一般留学生也就最怕"米梭卡"（日语"月底"的意思）。相反，官费生则总有结余的钱，花天酒地之后又可以得到新的费用。许多自费留学生为了节省开支，常常是一日仅食一餐或者全以稀饭度日，清苦之极。

戴季陶在汉口被人抢去200大洋，来到日本几年，尽管节衣缩食，但所余无多，从来不敢大方。自从"松滨四友"结交之后，四个人加上谢健的妻子、侄女谢昭（杨子鸿的未婚妻）等，吃喝玩乐就结在了一起，"彼此都在少年，天真无邪，聚在一起，上下古今，东南西北，从革命谈到吃饭，从天文谈到蚂

① 谢健：《谢铸陈回忆录》，第130页。

蚁，极端自由"。[1]戴季陶多有钱袋艰涩的时候，因而常到谢健家去吃饭，以解燃眉之急，每当国内家里有包裹寄来一些食物时，众人总是闻香而至，急嚼快咽，吃光为止。有一次他们还闹了个大笑话。国内寄来一些腊肉，谢健的妻子和侄女恰好不在东京，"松滨四友"看着这些馋人的腊肉，不知怎么料理，一时间竟无从下口，这些高材生们最后在一阵口水声中把那些腊肉生吃下肚，居然还觉味香可口，谁也没有想到过要做熟了才好吃。

钱虽然紧张，生活也过得很艰苦，但戴季陶并没有被这清贫的生活压倒，他有着吃苦耐劳的勇气和准备，又有朋友们的帮助和接济，日子再难过也挺住了，而且他还能以进取的态度去生活、学习，从生活中寻求乐趣，这是常人所难为的。"松滨四友"的时期，实实在在是戴季陶一生中最富于浪漫色彩的时期。

戴季陶文采风流，辩才雄盛，为人又热情慷慨，在日本大学时间不长就成为风头人物，谁都知道法科有个中国留学生叫"小戴"。读二年级时，戴季陶干起一件大事来。当时日本大学有千余名中国留学生，但大家各自为政，独来独往，没有一个比较集中的组织。戴季陶有感于此，便和胡森、王用宾、谢健、杨子鸿、张伯烈等积极分子一同发起组织日本大学中国留学生同学会，戴季陶作为学生代表向校方申请，得到了松冈康毅侯爵的批准。但没想到这件事情却遭到了清政府驻日本的留学生监督田景焌的干涉。其理由是严禁留学生组织任何团体以宣传革命、谋反清廷。于是，戴季陶和同伴们开展了一次反对清政府的斗争。他们多方奔走，广泛争取支持，并与田景焌进行面对面的交锋，最后在校方的声援与斡旋下，田景焌做出了让步，批准日本大学成立中国留学生同学会。

这次斗争，戴季陶充分显示出了他的机智和才干，得到了大家的一致拥护，在筹备会议上，他被推举为主办人，谢健、王用宾、胡森、杨子鸿等十余人为协助。所有这些人，几乎都是穷过日子的自费生，谁的手中都没有一笔大钱可供同学会作经费。戴季陶便带头四处求人，连捐带借，居然凑齐了一笔经费，使得同学会的成立有了最后的着落。

由于这一番曲折，反而使得同学会产生了较大的影响。成立大会召开的那

---

① 谢健：《谢铸陈回忆录》，第25—26页。

天，日本国文部省及清廷驻东京使馆专门派了代表出席大会，日本大学的校长和大部分教授都到会观礼，闻讯而来的校内外留学生多达两千余人，许多日本学生也来参加会议，表示祝贺。大会场面宏大，超出了戴季陶他们的预料。戴季陶在大会上出尽风头，他被推选为大会主席并致开幕词，他先用成都话演说一番，又用流畅的日语再次讲演，博得了全场热烈的掌声。最后，19岁的戴季陶以他的热诚和才干，当选为日本大学中国留学生同学会会长，谢健当选为书记。会后，举行了联欢活动，戴季陶兴致勃勃地高唱了一支日本歌曲，把整个大会推向高潮。

这一天是戴季陶到日本几年来最激动最快乐的一天。当他和同伴们同到松滨馆后，竟然情不自禁地放声大哭起来，激动的心情伴着幸福的泪水一齐涌上心头。从此以后，情感丰富、满腔热血的戴季陶，每当遇到令人激动的事情，总爱以放声大哭来发泄他心中强烈的感受，整个青年时期一直如此，甚至人到中年以后，亦时常大哭。[1]

戴季陶是个富于浪漫色彩的人，他有着超人的才华、汹涌的激情、俊逸的丰采和豪放不羁的品性，赢得周围同学的尊敬和喜爱，也令不少异邦女子暗怀春心。他喜欢广交朋友，有一段时期与朝鲜留学生往来较为密切，并且结识了一位李姓皇族公主，由于这一相识，戴季陶丰富的生活中更增添了几分浪漫神秘的色彩。

他们两人是一见钟情，几乎是在第一次见面就爱上了对方。不过这位李小姐对戴季陶是早有所闻，心中仰慕戴季陶的风采已久，因而很快就被戴季陶的爱情之箭射中。没多久，他们双双坠入爱河。好友们最先发现戴季陶与这个朝鲜皇家公主的默契，全力为他们提供方便，以玉成这桩美事。但谁也没有想到，他们的爱情竟然惊动了日本官方，并且遭到了强暴的干涉，以致他们的爱情成了政治的牺牲品。

日本帝国在明治维新之后，其侵略扩张的野心日益膨胀，到19世纪末达到了顶峰。随着国力日盛，日本以武力分步骤地对邻近国家进行侵略，企图"挫败美国，制服欧洲"，最后征服世界，实现它的所谓"大陆政策"。蓄谋已久的征服朝鲜半岛就是其"大陆政策"的第二步行动。从1875年起，日本殖民主

---

[1] 陈天锡：《戴季陶（传贤）先生编年传记》，第13—14页。

义者就不断地在朝鲜半岛上制造事端，到1895年卖国贼李鸿章与日本签订《马关条约》时，日本帝国主义基本上完成对朝鲜半岛的控制，并最终在1910年底彻底吞并了朝鲜。在这一吞并过程中，日本帝国主义的侵略自始至终都遭到了朝鲜人民不断反抗，这使其侵略的步伐一直不能迈得太大。为了达到完全奴役朝鲜人民的目的，日本当局采取了种种严密的措施来监视朝鲜人民的行动。特别是在日本留学的朝鲜学生中，有很多都是爱国的革命志士，他们长期秘密从事反对日本帝国主义的斗争，因此日本政府对所有朝鲜学生都严加防范，限制其自由活动。

戴季陶和李小姐的恋爱开始后不久，即受到日本方面的监视，这是自然而然的事情。但戴季陶对个中缘由不甚了解，对各方面的忠告都置之不理，花前月下，一如既往地继续着他们甜蜜的爱情。

很快，戴李之恋就遭到了很多方面无端的限制，李小姐见状不免有些心灰意冷。戴季陶没有顾忌这一切，一意鼓励爱护自己的心上人儿，在患难和真诚中，他的情意更显得难能可贵。戴季陶决定公开自己的爱情，他和李小姐把各自的亲朋好友邀集在一起，举行宴会，宣布他们正式缔结婚约。郎才女貌，到场的友人无不衷心地为他们祝贺。两人幸福至极，戴季陶在宴席上又亮出拿手好戏，引吭高唱日本歌曲。谢健则唱了一段家乡戏——川剧《叫花子排朝》，其他朋友们纷纷吟诗赋词以为助兴。在猜拳行令声中，众人大醉。戴季陶触景生情，几分醉意几分忧愁，竟然放声痛哭，道："人生遇合，不过如此。"直到回旅馆，仍掩泣不已。

婚宴后没几天，李小姐突然失踪，和戴季陶断绝了来往，其中变故，无从说起。还沐浴在爱河中的戴季陶，没等清醒就陷入了深深的痛苦之中。这件事突如其来，当时找不到答案，现在也无从知晓，但有一点可以肯定，日方的干涉是显而易见的。戴季陶的伊甸园被莫名其妙地拆毁，他失恋了。

关于这段隐秘的爱情，"以后季公对此事绝口不谈，外间知此事者甚少，刻下恐怕只有我一人略能记忆"。这是戴季陶的好友谢健在抗战时期回忆的[①]。初恋的甜蜜与酸楚，全都被戴季陶深深地埋藏在心底，再也未提起过。

松滨馆本来是专门接待日本人的旅馆，不大欢迎中国留学生，但由于戴季

---

① 谢健：《谢铸陈回忆录》，第26页。

陶和金锐新能讲一口流利的日语，而且戴季陶以其才华常在报纸杂志上发表诗歌小说，所以旅馆老板很是佩服这个年轻的中国学生，破例让他们住了进来。日本旅馆的惯例是伙食住宿等费用都统算在一起，伙食以外的香烟、洋火、邮票等费用都可由旅馆临时垫付，到月终结账。因为敬佩戴季陶的才华，松滨馆的老板对戴季陶的账目算得并不很认真，除了住旅馆的费用外，其他的账目也就不大硬性讨要。戴季陶从家中带来的钱财早已山空海尽，倒还是老板常常借给他一些零用钱。他也很善于同日本老板搞好关系，后来甚至老板借钱给他还外面的欠债，这样一来，积久而成巨款，戴季陶根本无法还清。

到三年级时，"松滨四友"的日子已经很不好过了，有一点钱大家都挪着用，没有钱就干脆不出门。戴季陶拖欠旅馆的住宿伙食等费用无法还了，一欠就是几个月。旅馆老板这时在经济上也发生了困难，便要求戴季陶限期还钱，此时戴季陶不名一文，连学费都是金锐新用家中汇款代付的。老板催得紧，戴季陶又无从寻找办法，以至于不得不考虑放弃学业，提前归国。

最终，戴季陶在日本大学办了法科肆业手续，准备返回祖国。谢健、金锐新和杨子鸿实在舍不得和这位挚友分手，但他们都无力解决这一难题。为了给戴季陶饯行，谢健当掉了妻子归国时留给他应付万一的金戒指，得到日金5元，在一家广东料理店，四位好友痛饮了一番。凄楚之情，醉倒了四个男子汉，戴季陶忍不住内心的哀愁，放声大哭起来，最后由朋友们搀扶着勉强回到旅馆。

第二天到车站，大家才发现戴季陶的路费还差三元多，买了车票就买不起横滨到上海的船票了。众人翻遍口袋，找不出一个小钱，谢健急忙赶回旅馆，把他在日本大学两年来的讲义二十多本全部送进典当铺，得了四元多，又赶回车站，全部塞给戴季陶，这才凑齐了旅费。四个好友挥泪告别，"松滨四友"就此风流云散，戴季陶满怀愁绪地踏上了归国的旅程，这是1909年。

留学日本前后近五年，戴季陶走上了只身独闯世界的艰难旅程。在日本的生活，他有三个最大的收获：第一，初识了以孙中山为首的革命志士，这对他的一生有着重大的影响，是他人生的一个转折点，也是他一生奋斗的新起点。以后，年轻的戴季陶能够扬名海内外，成为一个重要的革命人物，在民族存亡的关键时期能积极投身于推翻反动的清政府、建立资产阶级民主政权的洪流之中，都是与他在世界观确立之初及时接触到革命分不开的。第二，从偏远闭塞的四川来到社会经济文化都走在世界前列的日本，通过对日本先进文化的学习和切身体会，他更加清楚地看到了中华民族的落后，对清政府的反动腐朽有了进一步的认识；此外，受新知识新思想的熏陶，大大提高了他的知识水平，加强了他的理论涵养，至于他日后成为孙中山的得力助手，并最终成为国民党的"权威理论家"，都应归功于此时的学习。这段时期对客观世界感性认识的深化，是他在认识论进化上的一个新阶段。第三，通过五年的留学生活，他对日本这个国家有了深刻的认识和了解，归国后，他曾写出研究日本民族的文章，其剖析之深刻，在国内首屈一指。民国以后，他则成为政府中最具权威性的日本通，对外交政策方面的制定他是最有发言权的，后来南京政府的对日政策实际上也多出自戴季陶之手。在他追随孙中山的年代里，他也为孙中山在日本活动创造了条件。

虽然如此，20岁的戴季陶毕竟过于年轻，他生性豪放，几年来更是养成了放荡不羁的习性，以致归国到上海以后，浪漫的性格立刻演变为浪荡的恶习。他曾一度沉溺于荒诞无度的生活之中，若不是后来遇上一些有识之士对他的鞭策和敲打，年轻的戴季陶很可能就此滑陷到自我放纵甚至毁灭的道路上去。另一方面，戴季陶虽然接触到了革命思想，但他在主观上的响应并不是很积极的，革命的意识在思想上也仍旧是朦朦胧胧的，所谓"吾人生不幸而遇世界人类癫狂，国民身心衰颓之时，又不幸而生为读书明理之人，则其为革命生为革命死，已是先天后天同所决定之事实"。[1]其实，全然不是那么回事。

---

① 戴季陶1936年2月17日致胡汉民函，见蒋永敬《民国胡展堂先生汉民年谱》，台湾商务印书馆1981年版，第544页。

第二章

"穷达利眼识天仇"

1. 年轻教官

1909年，中国政治处于大变动的前夜，已是风雨如晦、鸡鸣不已。全国性的收回利权斗争在不断高涨，清政府出卖利权和路权的无耻行为激起了人民的强烈不满，各地"众情胥愤，力谋抵制，商贾则议停贸易，佣役则相约辞工……"[①]这一运动持续发展，日趋激烈。

这一年的夏天，戴季陶从清凉的日本回到了灼热的上海，他踌躇满志，准备好好干一番事业。上海，是当时远东最大的工商业城市，冒险家的乐园，这灯红酒绿的十里洋场并没有给学成归国的年轻人安排辉煌壮丽的事业，而是将他置于冷酷的现实中。戴季陶回到上海，首先遇到的是经济上的困难，朋友们给他凑集的一点路费已快花光，仅剩下了四角钱，不够吃一餐饭，或者住一夜旅社，如果不想办法，就要陷于流落街头的境地。戴季陶急得长吁短叹，毫无办法，只好在茫茫人海中漫无目的地穿行，以期发现生的彼岸。

就在戴季陶"山重水尽疑无路"时，他结识了上海教育界一位知名人士张俊生。这位张先生十分同情戴季陶的境遇，慷慨解囊，给他经济上许多援助，"留他共住数日，不时地予他鼓励勖勉"[②]。这才使戴季陶鼓起对生活的勇气，顺利渡过难关。对于张俊生这位患难中相扶持的友人，戴季陶在1926年秋天写的一篇自述生平的讲稿中，作了追述。他写道："俊生先生在我初由日本归国的时候提携我帮助我，使我不致落魄穷途。并且在相交数月的短期间当中，能够很真挚的从道义上督责我。"戴季陶推崇张俊生是一位"20

---

① 《光绪三十三年十月中国大事记》，见《东方杂志》第4卷，第11期。
② 王成圣：《戴季陶的一生》（一），《中外杂志》（台北）第16卷，第4期。

年来最感激的朋友"①。

这种困难的日子没有多久，戴季陶便凭自己的努力从困境中打开了一条出路。他离开上海，只身一人来到当时江苏的省城苏州，以毛遂自荐的勇气，叩开了江苏巡抚的衙门，贸然求见巡抚。江苏巡抚瑞澂接见了戴季陶，并进行了长谈和多方考问，戴季陶均对答如流。这样，戴季陶便以日本大学法科毕业生的资格和过人的才识，赢得了瑞澂这位满族官僚对他的欣赏。而瑞澂此时正在江苏扩充势力，延揽人才，因此对戴季陶十分器重，将其收在门下，并委任他担任江苏地方自治研究所的主任教官②。

江苏地方自治研究所为官办的教育兼学术机关，能跻身其中的多为遗老宿儒、饱学之士。而戴季陶以一个20岁的青年留学生资历居然骤居主任教官之职，这自然会引起同僚们的妒忌，他们总想为难一下这个乳臭未干的小子。

戴季陶虽然年少得志，但并不敢有所懈怠，因为主任教官的主要工作，除讲学外便是核办公文，而戴对公文程式向未问津，深恐不能胜任而受人轻视，便在暗中努力学习。经多次取阅各种公牍之后，他很快便得到了其中的奥窍，同时，也对封建官场中那些烦琐程式感到厌烦。

一天，当着研究所那帮道貌岸然的长者之面，戴季陶遍取各类公文浏览一遍，然后提起笔来，连批带核，很快办完，将朱笔一甩道："啥子公牍程式，无非一个乌龟壳！"③言语铿锵，叫那些老夫子一个个目瞪口呆。

经过一段时期后，戴季陶就再也不把那种批文核牍的工作放在心上了，封建官场外表整肃的纪律终于不能锁住他那放浪形骸的性格。这时，国内风云变幻，清朝统治阶级内部发生了重大分裂，袁世凯被罢斥，载沣以监国摄政王代理大元帅，亲统近卫军，他的弟弟载洵任海军大臣，另一个弟弟载涛任军咨大臣，荫昌任陆军大臣，实现了由皇室把持兵权的意图。在这一小撮清朝贵族纨绔子弟的统治下，全国更加昏天黑地。在这种情况下，戴季陶的思想陷入极度苦闷之中，他痛恨黑暗的现实，但并没有与现实积极抗争，而是消极逃避，自甘堕落。苏州的急管繁弦、软红十丈，曾使戴季陶一度沉入迷津，他自恃有瑞澂的信任及自治研究所优渥的薪金，经常流连于秦楼楚馆、花街柳巷，而不能

①　戴季陶：《八觉》，见《戴季陶集》上卷，上海三民公司1929年版，第6页。
②　戴季陶：《怎样建设法学基础讲词》，见《戴季陶先生文存》第二册（台北版），第485页。
③　王成圣：《戴传贤的一生》（一），见《中外杂志》（台北版）第16卷，第4期。

自拔。原来在日本时高谈阔论的什么"革命""救国"等等，通通抛到了九霄云外。

戴季陶的行为，使原来忌恨他的人欣欣自喜，觉得可以抓住把柄，整他一下，因为按当时清廷的条律，是禁止官吏狎妓的。一位守旧派的大员以戴季陶喜作狭邪之游的罪名，到瑞澂那里告了他一状，没想到瑞澂早已视戴季陶为自己的股肱，不以为然地说："年轻人谁不如此，何足为病！"①这个人只好诺诺而退。我们这位守旧派大员犯了个错误，他不知道，清廷的条律只是对付人民的锁链，而对统治阶级来说，只是一个漂亮的摆设而已，是绝对不会受此戒律约束的。当时，整个清王朝都腐败了，戴季陶既然被瑞澂所看重，当作了其统治集团中的一员，这种堕落腐化只不过是同流合污而已，又有什么了不起呢？

左起载涛、载沣（溥仪之父）、戴洵

对于这一段不光彩的生活，戴季陶也自认不讳，他在后来一篇演说中反省道："……可惜那时我已经在日本养成了一种浪漫的性格，不容易改变……所以我因了自己堕落，把俊生先生的教训辜负了。现在回想，假使能够得着几个很严正而亲爱的朋友，如俊生先生，我决不至种下许多浪漫的罪恶，而使我在

---

① 王寿南：《戴季陶》，见《中国历代思想家》第55辑，第12页。

对于戴季陶的行径，守旧派有两种态度，一种如告密者之流，企图抓住把柄，以种种罪名将他整治下去；另一种则不同，试图从软的方面，即以儒家学说循循善诱，通过潜移默化的作用，使其就范，让其不仅在腐化堕落的道路上越走越远，而且在思想上也皈依统治阶级，成为封建王朝的卫道士。

一天，戴季陶正和朋友谈论，一位相貌堂堂的和蔼长者走过来，坐在一旁，静静地听他们谈笑风生。戴季陶发现老人后，出于客气，便起身离座，问其姓名，方知他是清廷刑部郎中张雨田，字孟可，正由刑部郎中改官候补知府，住在苏州等缺。戴季陶与其礼节性地寒暄几句后便告辞了，对此人也没怎么在意。

哪知第二天早晨，张雨田带了好几本书，不辞劳苦，专程往访戴季陶，一见面，便告诫说："老弟，你真是后生可畏，只可惜聪明有余，学问不足，这是你读书太少的缘故，你应该赶快多读书。"说着便将他带来的书交给了戴季陶，戴季陶正年轻气盛，目无余子，哪把张知府的话听在耳里，但见他年老意诚，当面不好峻拒，只好把书收下，待他一走，便束之高阁。

然而，这张雨田竟不惮其烦，每天都来看他一趟，殷殷问其书中内容以及读后心得，戴季陶十分讨厌这位老朽，但又不好当面得罪，便逃避到茶楼酒馆，不与其相见。但张雨田也耐得其烦，竟然追踪前往，执卷穷诘，往往使戴季陶哭笑不得，无可奈何，只得坐下来，读起张雨田指定的书来。这样，张雨田更加喜之不尽，于是频频登门，善加指导，终于使戴季陶孜孜不倦地"穷究古籍"了②。

张雨田以为戴季陶从此会循入儒门，皈依孔孟了，谁知落花有意，流水无情，戴季陶并没有按照张雨田的精心安排，成为一个饱学宿儒，封建遗少。相反，这次读书，却给戴季陶带来了两个方面的好处：其一是戴季陶由于渐渐用心于学习，很少有时间去寻花问柳、浪迹平康了；其二是他通过一段时期的专心学习，国学功底更加深厚了。戴季陶后来回忆这段经历，曾十分感慨地说："我对国学能有基础，都是张先生的所赐。"③

---

① 戴季陶：《八觉》，见《戴季陶集》（上卷），第6页。

② 胡春长：《戴季陶先生对三民主义的阐释及其影响之研究》，见《文化硕士论文》（台湾1978年）。

③ 王成圣：《戴传贤的一生》（一），见《中外杂志》第16卷，第4期。

戴季陶毕竟没有沉沦到底。他在日本接触过的新学还记忆犹新，他那曾经萌发过的爱国思想，并没有完全褪尽，那曾经照耀他生活道路的革命思想的火花还没有完全泯灭。随着国内形势的不断发展，又在他的心灵深处重新闪烁。

重新煽起戴季陶内心热情的是全国日益高涨的宪政运动。由于清政府伪言立宪，一再推迟立宪的日期，引起了立宪派的不满。早在1908年8月27日，清政府就颁布了所谓《钦定宪法大纲》，共二十三条，其中有"君上大权"十四条，"臣民权利义务"九条，都是以巩固君权为主要内容的，实质上是以立宪来欺骗广大人民，麻痹人民的革命斗志。立宪派只想实现他们宪政的主张，争取参与地方和中央政权的权利，便在各地酝酿和组织大规模的请愿活动，以推动召开国会和成立责任内阁的时间早日到来。到1909年，这种请愿活动达到了高潮，同时，各地人民的革命运动也不断高涨。

在这种革命形势的影响下，戴季陶也不甘寂寞了，他写了一篇评论，专就清政府颁布的《钦定宪法大纲》进行了分析，认为这个宪法大纲规定皇帝有颁行法律及发交议案、召集及解散议院、设官制禄及黜陟百司、统率陆海军及编定军制、宣战议和及订立条约、宣布戒严、发布命令等权力，并总揽司法权，实际上和专制帝王没有什么两样。这篇文章剥下了《钦定宪法大纲》的伪装，并对其进行了猛烈的抨击，在当时产生了一定的影响。除写文章外，戴季陶还在茶馆酒楼高谈阔论，公开对《钦定宪法大纲》放言品论，肆意攻击，革命党人的风姿又卓然可见。

戴季陶的言论引起了朝廷官吏的忌恨，原先向瑞澂告状的那位守旧派人员，以为此次是真正抓住了把柄，可以置戴季陶于死地，于是又跑到瑞澂那里，以戴季陶谤毁朝廷的危词再次告状，哪晓得瑞澂又不采纳，不以为然地说："朝廷颁布宪法大纲，原需臣民抒陈意见，庸可伤。"[①]守旧大员再次讨了个没趣。这位大员又犯了错误，因为此时，瑞澂已十分重用戴季陶，如果这位手下得意的年轻教官成为谤讪朝廷的革命党人，那无疑是瑞澂的罪过，他自己也不能开脱，因此，瑞澂只好搪塞过去。

正因为有瑞澂这棵大树的荫护，戴季陶才得以在苏州痛饮狂歌、旁若无人，过了一段轻松愉快的日子。但好景不长，1910年2月，瑞澂奉旨调升湖广总

---

① 王寿南：《戴季陶》，见《中国历代思想家》第55辑，第12页。

督，离开苏州到武昌上任去了，戴季陶失去了保护伞，再也不能像以前那样有恃无恐了。暂摄抚篆的护院藩司对戴季陶不再客气，对戴季陶的言行他早就不能容忍，现在可以摆布一下这位年轻教官了。藩司找个机会，在一次属僚集会时，当着众人之面，他声色俱厉地训斥戴季陶："汝即戴良弼耶，须知吾非瑞澂莘帅！"[①]这位藩司的言下之意，是说他不会像瑞澂那样优容他的，藩司的骄狂言语激怒了戴季陶，他想顶撞几句，知道毫无用处，便一句话也没说，拂袖而去。当天，他就搬出了抚署地方自治研究所。

戴季陶自知不能留下去了。在他刚来苏州求职的时候，曾怀有一腔热情和抱有一丝幻想，他愿意进入封建官场，以为凭着他的能力和才干，对清王朝这座坏透了的庞大机器进行小小的修整，便能使其正常运转，带动整个国家强盛起来。但在地方自治研究所的几个月官场生活，无情地打破了他的幻想，冷却了他的热情，他发觉"封建官僚机构不但无法由其本身内部加以改造，他个人反而受到排挤"。[②]他清醒了许多，他得赶紧离开这里。

苏州，这人间的天堂，曾以小桥、流水陶冶过他的情趣，也像"尿坑一样腐化过他的人格"；曾幻灭过他的理想，也曾激起过他的热情。现在，当他要离开这表面华丽的吴都时，一半是失意的惆怅，一半是眷眷的依恋。

2. 笔挟风雷

1910年春天，戴季陶离开苏州，回到了上海。回上海后，经过对苏州这段短暂的政界生涯认真反省，他不愿再到官场去厮混了，他认为应改弦易辙，另辟新径。几经考虑后，他选择了一项新的职业——新闻记者。结果，他进入了上海日报社，担任该报的编辑。

《上海日报》是一家中外日报，由原《时务报》改组而来，言论上仍属于立宪派的范围，虽对时政常有针砭，但改良的色彩十分浓厚。戴季陶在报社工作期间，常以"散红"的笔名发表一些评论性的文章，这些文字大都刚劲激烈、锋芒毕露，与整个报纸改良的基调大相径庭，刚开始还勉强被接受，后来，便逐渐为报社所不容，戴季陶又处于不受欢迎的境地。

---

① 陈天锡：《戴季陶（传贤）先生编年传记》，（台北）文海出版社出版，第16页。
② 赫尔曼·马斯特尔等：《由传统中崛生之革命——戴季陶的政治理念》。

正当戴季陶思考着怎样摆脱困境时，上海另一家颇有名气的报纸——《天铎报》在全国各省征求新闻编辑人员，这个消息，无疑使戴季陶大喜过望。

《天铎报》创刊于1910年（清宣统二年）春，董事长是浙江籍人汤寿潜，社长陈屺怀（陈布雷之兄）也是浙江籍人，编辑人员则有洪佛矢、胡甄瓦等人。汤寿潜虽为立宪派重要成员，思想趋于保守，但由于同盟会员陈屺怀主持笔政，所以《天铎报》较之《上海日报》要激进，虽创刊短短几个月，影响却日益扩大。另外，《天铎报》向全国所招之新闻编辑人员地位虽仅高于校对员一筹，但月薪为30元，这在当时来讲，是十分优厚的。正因为以上两个原因，所以招聘消息传出，应征者颇为踊跃。戴季陶一方面为以上条件所吸引，另一方面是为了跳出《上海日报》那束缚人的樊笼，便兴致勃勃地加入了应征者的行列。

《天铎报》对应征者的考试十分严格，由社长陈屺怀亲自出题，并限考生一小时交卷。这些是难不倒戴季陶的，他略加考虑，便下笔答题，胸中文思泉涌，笔下秀句迭出，很快就一气呵成，按时交卷。戴季陶以过人的学识和精湛的文采博得了陈屺怀的赏识而被录取，成为《天铎报》一名普通的编辑人员。从此，便开始了他人生史上声光交辉的"天仇"时代。

"天仇"两字，是戴季陶发表评论时用的笔名，代表了他早年强烈的爱国思想和革命情绪，暗示他与封建王朝不共戴天之仇，同时也表现出青年戴季陶疾恶如仇的性格。戴季陶进入《天铎报》后，写出了一篇又一篇以"天仇"署名的评论，这些文章"以极犀利词锋，写极激越言论，煽动力至强，引起读者兴趣。一时名满海内"。①

他此时的文章，内容涉及广泛．针对时弊几乎无所不谈，从国际问题到内政、外交，从财政金融、经济产业到教育、司法，甚至市政工程等都有。他针对当时人们关心的问题，提出自己的见解，因而受到人们的欢迎。有人评价戴季陶此时的文章"绝非近世浮泛肤浅、老生常谈之宣传文字所能望其项背，而笔政纵横，当者辟易，犹其余乎。至其情感所钟，发为言论，无殊血泪，置个人安危于度外，有凛然不可侵犯之慨"②。这个评价应该说基本上是恰当的。

清朝末年的上海，可以说是国内新闻荟萃的大都市，特别是戊戌维新时

---

① 陈天锡：《戴季陶（传贤）先生编年传记》，第17页。
② 沈怀农：《戴季陶先生之记者生涯》（上），见《中国一周》（台湾）总第661期，第15页。

期，大小报纸林立，十分热闹。后来，清朝统治者为了镇压革命，屡次下令，封闭报馆，严拿主笔，"内地报馆遂寥若晨星，或闭歇，或迁入租界"①。上海虽还存大小报纸几十家，但慑于清朝反动统治和租界当局的淫威，都不敢揭露时弊，更不用说宣传革命了，舆论界陷于"大陆沉沉亦可怜，众生无语哭苍天"的境地。这时，人民的反抗日趋激烈，湖南、湖北等地民变蜂起，相继出现了"抢米风潮"，广西、广东等地也先后爆发了抗税抗捐的斗争。在这种情况下，戴季陶的文章正好适应了人民反抗的心理，因而受到了欢迎。同时，也给清王朝和帝国主义者控制森严的上海带来了一丝新鲜空气，当然也得到同业人们的理解。1912年民国成立后，戴季陶曾回忆道："去年此日吾作记者于上海，虽提倡鼓吹者未必皆人人信从，然同业中尚有表同情者……"②

由于戴季陶的文章针砭时弊、笔挟风雷，不但使他自己的影响日益扩大，也使《天铎报》的声名大振，成为当时"提倡民族主义，鼓吹排满"的最具影响的十三种大报之一③。同时，戴季陶在报社工作兢兢业业，夙夜不懈，将全部精力贯注于编辑工作之中，因而获得了社长陈屺怀的赞赏。两个月后，戴季陶便被破格提拔为《天铎报》总编辑。22岁的戴季陶是当时上海最年轻的总编辑，他成了新闻界的风云人物，"穷达利眼识天仇"成为上海新闻界的一句日常用语。

戴季陶除任《天铎报》主笔外，还常为老同盟会员于右任在上海办的《民吁日报》撰稿。《民吁日报》也是一家权威的革命报纸，戴季陶为《民吁日报》撰稿，一方面使《民吁日报》又多了一支生力军，另一方面也使戴季陶与革命党人的关系更加密切了。

这时，大革命的浪潮，正在中国由暗滋潜长演进到汹涌澎湃，一发不可遏止，"官逼民反""绅逼民变"的情况比比皆是。孙中山领导的反清起义一次一次地失败，又一次一次地再起，社会各种矛盾空前激化，"山雨欲来风满楼"，中国正处于大革命的前夜。在这种情况下，清王朝加紧了对革命党人的镇压与迫害，戴季陶虽然还不是革命党人，但他在《天铎报》和《民吁日报》上发表的鼓吹排满的反清文章，早就引起了清廷官吏的嫉恨，欲迅速除之而

---

① 戈公振：《中国报学史》，商务印书馆1935年版，第170—171页。
② 戴季陶：《哭言论》，见《戴天仇文集》。
③ 戈公振：《中国报学史》，商务印书馆1935年版，第154页。

后快。

1911年春，戴季陶刚刚完成新婚嘉礼，还来不及度完蜜月，《天铎报》文字狱起，清廷指名要逮捕戴季陶。这个消息被戴季陶的好友、当时在上海会审公堂任法官的关炯之知道了，关炯之急忙赶往戴季陶的住处，将此消息告诉了他，并要协助他在拘捕的差役到达前逃脱。情况如此紧急，戴季陶也顾不得许多了，他匆匆告别了新婚的妻子，登上了东去的海轮，离开上海，前往日本长崎。

在长崎住了两个星期，戴季陶以为风头过去，没什么危险了，便秘密潜回上海。哪知上海政治环境较前更加险恶，清廷在各处通缉要案，大街小巷均布有查拿的差役，缉查森严，气氛恐怖。戴季陶无法在上海立足，于是独自一人到了浙江省吴兴县，匿居于云巢山道观，过了一段闲云野鹤的出家人生活。

此时正是暮春三月，江南草长，群莺乱飞，云巢山"木欣欣以向荣，泉涓涓而始流"，戴季陶在这里可算领略到了大自然的美好风光，那杂花生树、明月清风，足以使他陶醉。但他的内心还是向往喧闹的尘世，他希望早点结束这无聊的岁月，重新投身那激烈的战场，并与自己新婚的妻子会面。

不久，戴季陶的好友雷昭信（雷铁崖）来信，介绍他到南洋槟榔屿去，担任《光华日报》的编辑。他接信后，十分高兴，因为他又将重新拿起笔，在小小的报纸上宣传革命的主义了。当然，到异国去工作，这又得与新婚的妻子作长久的离别，想到这，一种淡淡的哀愁又在悄悄袭击他的心，但他还是坚定了信心，到槟榔屿去，他有他的事业。于是，他又秘密回到上海，告别妻子，登上了南下的海轮，前往槟榔屿。

海水一碧万顷，波浪接天，不时有鸥群穿浪而去，在辽阔的大海上，戴季陶的心情逐渐开朗起来。"久在樊笼里，复得返自然"，他像一只久被关在笼中的小鸟，又回到了蓝天白云间，充满着对阳光的向往，对风雨的渴望。

马来半岛的槟榔屿，是同盟会革命党人在国外的重要活动地方，孙中山、黄兴、赵声、汪精卫等同盟会主要领导人均在这里进行过革命活动，广州起义失败后，孙中山在这里召开过著名的槟榔屿会议。所以，这里革命空气浓厚，群众基础甚好，革命党人常在此聚会。戴季陶到达槟榔屿后，即任《光华日报》编辑，他重展昔日《天铎报》时的雄姿，在《光华日报》的园地里辛勤耕耘，全力鼓吹革命。于是，一篇篇措辞激烈、煽动性极强的文章在《光华日报》上出现，又由革命党人带回国内，在华侨中、在国人中，都起到了极好的宣传作用。

戴季陶的表现，引起了革命党人对他的关注，通过一段时期的考察后，同盟会决定吸收他入盟，就在辛亥武昌起义的前夕，由著名的老同盟会员黄金庆主盟，雷昭信、陈新政介绍，戴季陶在槟榔屿加入了同盟会。这样，戴季陶便成为孙中山领导的革命政党——同盟会的一名正式党员，这可以说是他革命的一个新的起点。

戴季陶在槟榔屿的生活是紧张的，也是饶有趣味的，他把整个身心都投入到了《光华日报》的编辑工作中，为了写好一篇评论，为了改好一篇文章，有时竟达到废寝忘食的程度。但当一天的工作完了，夜深人静之时，他的思想的野马又驰骋到另外一个天地，他思念远在中国的年轻妻子，追忆着他们之间这桩美满的姻缘，盘算着什么时候才能会面。只有在这时候，他那种旧式文人所特有的伤感情绪才会尽情地流露出来。

3. 美满婚姻

戴季陶的婚姻，是他在《天铎报》主持笔政时的一件大事和趣事。他自己对这桩婚事自然是十分满意，认为对他后来的生活和政治生涯产生了不可估量的影响。戴季陶的婚姻颇具戏剧性。还是在苏州时，原任江苏巡抚瑞澂离开苏州前往武昌就任两湖总督新职，戴季陶以属员的身份，亲自送瑞澂到阊门车站。瑞澂走后，他也顺便去南京访友。当他在客室里候车时，闲下无聊，便拿出一册日本作家夏目漱石著的《文学评论》来读。不一会儿，便为书中内容所吸引，整个身心都沉浸于书本中，而不觉是处身于喧嚣嘈杂的火车站。

戴季陶这种专心致志的读书神态引起了旁人的注意，邻座一位老先生见他学习甚勤，出于爱护后辈之心，便叫仆人送过一杯茶来，戴季陶连忙起身道谢，这一老一少便毫无拘束地谈起话来。通过交谈，他知道老人是吴兴名士钮耕孙先生，也将乘车赴宁，更添景仰之情。二人一道乘车去南京，坐在一起，沿途无所不谈，十分投机。到南京后，戴季陶与老人一揖而别，以为是萍踪浪迹，再也不能相见了的。

不料两天之后，戴季陶由南京返回苏州时，车上又与钮耕孙老人相遇，两人一见如故，又是一路同座，一路谈笑风生。通过前后两次交谈，老先生对戴季陶的学识大为欣赏，"翁极喜先生谈论风采，许为国器"①。钮耕孙又问起戴季陶的家世，当他得知戴还没有婚配时，当即提出愿意为戴做媒，并表示在自己亲戚家中择一淑女，与戴季陶结成连理。

对于旅途中认识的匆匆过客，戴季陶从来不抱太多的信任，即使是像钮耕孙这样的老人诚挚的许诺，他也认为是即兴之言，不过随便说说而已，并没有把它放在心上。谁知回到苏州不久，奇迹却发生了，钮耕孙老人自上海给他写来了信，信中云："与为戚家执柯，毋宁为族党议配，有女侄在沪执教鞭，子能来，当为主之。"②戴季陶阅信后，十分高兴，即按约赶赴上海，在钮耕孙介绍下，与其侄女钮有恒见面。

钮有恒女士，本名浩，浙江湖州乌程人，生于1887年（清光绪十二年）6月4日，是湖州名士钮承聪第三个女儿。7岁时，钮有恒曾发心修觉道，常常中夜起床，坐于园中一棵大树下，默默念诵磐若心经，这样坚持数年。17岁时，她决志出家，只身来到江西九江，在依塔院当尼姑。后来，因她母亲思念女儿心切，要她哥哥钮庸堂亲自到庵堂苦苦相劝，钮有恒才离开依塔院，回到浙江，入寻溪女校读书。此时，正好辛亥先烈秋瑾从日本留学归来，在该校任教，钮有恒深受其革命思想影响，并与秋瑾来往十分密切。后来，徐锡麟刺杀恩铭案发，秋瑾也遭逮捕，牺牲于绍兴轩亭口，钮有恒不能继续在寻溪女校待下去，便秘密潜回湖州，改名有恒，进入吴兴女学继续读书。在校时，她精研学业，各科成绩总是名列前茅，毕业时，以最高总分夺得第一名桂冠，为全校师生瞩目③。

戴季陶与钮有恒可以说是一见钟情，一个是风流才子，一个是窈窕淑女，特别是在当时，两人年轻气盛，都怀有激进的爱国思想，因此双方都十分满意，在钮耕孙老先生的主持下，戴季陶与钮有恒当即欣然订婚。

回苏州后，两个年轻人互相鱼传尺素、雁寄飞鸿，更增添了爱慕之情。因此，当戴季陶离开苏州，到上海进入《天铎报》后，两人便觉得彼此不可分离

---

① 陈天锡：《戴季陶（传贤）先生编年传记》，第17页。
② 陈天锡：《戴季陶（传贤）先生编年传记》，第17页。
③ 戴季陶：《莲花邬波斯迦信进姻缘纪略》。

了。1911年春，戴季陶与钮有恒在上海正式结婚①。

戴季陶与钮有恒结婚后，互敬互爱，十分惬意。钮有恒比戴季陶年长四岁，戴则敬之如姐，以致与戴季陶一起进行反清革命的同志如孙中山等，都以姐姐称呼②。有时，一些人还以此警醒戴季陶，据黄季陆回忆，1924年国民党在广州召开中央会议，胡汉民任主席，主持会议，到戴季陶发言时，他娓娓长谈，超过了规定时间，胡汉民急得没有办法，又不好当面阻止，便轻声说："你姐姐来了。"这句话果然十分灵验，戴季陶便马上结束了讲话③。

钮有恒在生活上对丈夫的照顾，确实可以说尽到了一个贤妻的责任。戴季陶后来得了精神衰弱病，妻子更是细致万分，每遇戴说话过多时，便好言劝阻。有时戴季陶会客频繁，忘记了告诫，与客人高谈阔论，钮有恒必然在里屋摇铃示意，以为提醒④。

胡汉民（1879—1936），广东番禺人。1924年国民党在广州召开中央会议，胡汉民任主席，主持会议，到戴季陶发言时，他娓娓长谈，超过了时间，胡汉民急得没办法，就轻声说："你姐姐来了。"果然灵验，戴马上结束谈话。

除在生活上精心照顾外，钮有恒还积极支持戴季陶参加反清革命斗争。钮有恒很早就加入了同盟会，对革命工作十分热心。辛亥革命后，袁世凯在上海对同盟会会员进行了严密的监视。戴季陶等革命党人在特务密布的情况下，处境十分艰险，行动极为不便。钮有恒便以自己精通日语、沪语和熟悉上海情况的有利条件，担负了许多危险的联络和庶务工作，并为孙中山担任上海东京间的联络员，后来又为孙中山承担了一些其他的杂务工作，因此也赢得了革命党人的一致尊敬。

---

① 陈天锡：《戴季陶（传贤）先生编年传记》，第17页。
② 陈天锡：《戴季陶先生与钮有恒居士轶事》，见《传记文学》（台北）第6卷，第2期。
③ 黄季陆：《初生之犊不畏虎》。
④ 陈天锡：《戴季陶先生与其夫人钮有恒居士轶事》。

　　辛亥革命后不久，戴季陶因反袁而被捕入狱，钮有恒得知消息后，忧心如焚，她托人买通了狱吏，深夜到监狱看望。当时，戴季陶正请狱中一位难友教他用英文唱圣诗，他的情绪也随着歌声时而高亢苍凉，时而低沉柔弱。忽听到狱吏高喊："戴传贤，起来，有人来看你。"戴季陶心想，这么晚了，还会有谁来看望呢？便起身下地，走到门上铁孔大小的窗口往外一看，竟是他的新婚妻子，顿时心里一阵紧张，生怕妻子看到他落得这般处境而伤心掉泪。钮有恒走近窗口，脸上却是坚定的神情，她深情地望了望身陷囹圄的丈夫，简短有力地说了几句话："你为国事下狱，我很安慰……主笔不下狱，就不是好主笔，我是特地来给你道贺的。"①说完，转过身毅然离去。戴季陶感动万分，更增添了反袁斗争的信心。这段狱中佳话，当时在革命党人中广为传颂。

　　这种患难中结成的夫妻感情是如此深长，以致须臾的分离都会使两人感到十分痛苦。因此，当戴季陶因《天铎报》文字狱起，被迫离开上海，赴南洋槟榔屿任《光华日报》编辑，夫妻较长时间分离时，这种感情更是充分表露出来。在槟榔屿，戴季陶十分思念妻子，曾给钮有恒寄过一首诗，其中有"两地一相思，相思不相及"②的句子，这两句诗看去淡雅，但细细品味，深情含蓄于中，就像秋天的云一样，虽然平淡，却深远、悠长。

　　抗战时期，戴季陶随国民政府西迁重庆，而钮有恒因患高血压，不敢远行入川，留居上海。夫妻分离达五年之久，关山阻隔，两地萦怀，在当时情况下，双方都不能用真名写信，只能互以"莲花""不空"相称，托鸿雁传情达意。戴季陶曾在给友人的信中描述了自己内心思念的苦闷，他写道："上海自去岁冬暮直至今日，日夕怀念，每一信期，必接来书，或论教法，或谈琐事，最近三四书，别情离绪，已不能已于言。结婚三十年中，虽在出死入生远隔万里之间，未尝有一字一句颓唐伤心语，前番之书，实为创例，其忧病两相因果，已至深重之时，可以想见。欲执笔向纸者数回，舐墨对纸者数回，而皆未能成一字，贤之忧病互为魔障，亦至最涨最重之时，殆与沪上人无殊。……知命之年，光阴既过，如鱼少水，斯憾能补与者，殆不可知，莲花'恐至太平欢喜日，已是芳草夕阳时'之语，无须待至将来，已可断其必然。唯如此难堪境

―――――――
　　① 陈天锡：《戴季陶先生与其夫人钮有恒居士轶事》。
038　② 陈天锡：《戴季陶先生与其夫人钮有恒居士轶事》。

遇，即在亲友中，不知几许人，正不仅'莲花'、'不空'二人而已。"①这段文字写得凄婉悱恻，足见其相思之苦。

戴季陶与钮有恒的结合，确实算得上是美满婚姻。1923年，戴季陶曾以十分庆幸与自豪的心情写过一篇《良缘记》，以记叙其事，文章写道："十余年来，余为国事奔走无暇日，有恒相余家政，井然有理，其才非常女所及。余得无后顾忧者，贤内助之力。而得此贤内助，则仁丈耕公之赐也。昔人每谓良缘夙定，盖感于奇遇而云耳。若余之受知于耕丈，其事殆类小说家言，宁非天下之奇缘耶，至于末俗论婚，辄重身世，途中邂逅，便以子女相许者，今世同未之闻。"②字里行间，可以看出戴季陶对其妻给予他生活、事业上的支持、帮助，充满着无限感激与爱恋之情，甚至对促成他们这桩婚事的钮耕孙老人也深深不能忘怀。

4．革命年代

1911年10月10日，震惊中外的武昌起义爆发了。这天晚上，武昌地区新军工程第八营的革命党人打响了起义的第一枪。他们打死了镇压起义的反动军官，一举占领了楚望台军械库，接着，推举原日知会员、队官吴兆麟担任起义总指挥。在吴兆麟的率领下，起义大军向湖北总督衙门发动总攻击，湖广总督瑞澂仓皇逃到了停在江面上的楚豫兵船。革命士兵奋不顾身，血战通宵，占领了武昌城，取得了首义的胜利。

武昌起义的胜利，无疑是闪烁于新世纪的一道彩虹，它标志着一个革命的年代来到了。之后，民主革命运动迅猛发展，革命浪潮激荡全国。武昌起义的胜利，进一步激发了广大群众的革命热情，使他们看到了中国的希望所在，"国民之盼望胜败消息者，无不急如饥渴，闻民军胜利额手相告，互相庆幸"③。散布在全国各个地区的革命党人纷纷发动新军和会党起义，以响应武昌地区的壮举。

当武昌起义胜利的消息传到马来半岛的槟榔屿时，正在《光华日报》当

---

① 戴季陶：《与陈天锡书》，1939 年 8 月。
② 戴季陶：《良缘记》，1923 年。
③ 《中国革命记》第 2 册。

编辑的戴季陶真是喜出望外，大有"忽传剑外收蓟北，初闻啼泪满衣裳"的感受，他高兴得号啕大哭，不能自已，革命的热血又在他全身奔流，好几天都处于狂欢和激动之中。他不能远离战场，毅然决定回国。这样，戴季陶告别了槟榔屿，即从南洋穿东洋，便下浦江向长江，以一介书生，投身于革命的洪流之中。

10月20日左右，戴季陶来到武汉。这时，首义之区的革命虽在蓬勃发展，但局势依然十分严峻。湖北总督，即过去戴季陶在苏州的故主瑞澂，逃到楚豫兵船后，即电请清政府"调湘豫巡防队来鄂会剿，并派大员多带劲旅赴鄂剿办"[1]。清政府也认为，"如大军迅赴事机，一经得手，匪势必迎刃而解"。[2]因此，急派陆军大臣荫昌率大军南下，与在起义中逃到汉口刘家庙的湖北新军第八镇统制张彪所率残余会合，然后统一调度，将汉口重重包围。而武汉市内，形势也不容乐观，残余旗兵尚未肃清，清廷奸细，混居城内，进行造谣，搅得"秩序大乱，遂有匪徒乘势抢劫"[3]。一些市民对起义者并不完全了解，人心还没能稳定下来。

10月24日，清军前敌军统冯国璋率军占领滠口，革命军奋力抵抗，伤亡甚多，退守大智门。28日，冯国璋出动全军向汉口进攻，形势十分危急。戴季陶来到汉口后，即与革命军一起，投入到保卫武汉的战斗中。这时，同盟会主要领导人之一黄兴也来到武汉，任战时总司令，革命军士气大振，同仇敌忾，英勇拒敌。戴季陶以一名普通士兵的身份，直接参与战斗，并且表现尤为出色。在攻占汉口招商局的战斗中，戴季陶一马当先，始终在革命军前列勇敢冲杀，最后，与革命军一起一举占领招商局。在胜利的喜悦中，戴季陶提议，将招商局中清朝封建统治者与洋人勾结起来剥削、压榨中国人民所得的不义之财一火焚之，他的提议得到了大家的响应。于是，革命军便点火焚烧了招商局的川土货栈。一时，火光冲天，烈焰滚滚，群众雀跃欢呼，戴季陶内心也充满了无比的激动与兴奋。[4]

在保卫武汉的战斗中，人民的热情极度勃发，男女老幼都以各种方式支援

① 杨玉如：《辛亥革命先著记》，第118页。
② 《辛亥革命前后》（盛宣怀档案资料选辑之一），第16页。
③ 李剑农：《武汉革命始末记》，见《辛亥革命》（五），第174页。
④ 丁士源：《梅楞章京笔记》，见《中国现代史丛刊》（台北版），第265页。

前线，革命军也英勇作战，奋力杀敌。然而，由于军事上的失利，汉口终于失守，清军占领汉口后，为了报复起义者，竟火烧汉口，"火延烧三日三夜不熄……汉口繁盛区俱成一片焦土"①。

武汉保卫战的失利，对热情正浓的戴季陶无疑是一盆当头冷水，他开始对革命进程作理智的思考。他觉得推翻清王朝，并非像他原来所想象的那样一帆风顺，恶势力是决不肯轻易退下去的，要取得最后胜利，就不能怕失败，要一直坚持战斗下去，"'不妥协，不退让'这两句话，是革命主义者的精神，有这个精神，就可以做革命主义者，没有这个精神，就不能做革命主义者"②。戴季陶正是基于这样的信念，才没有因暂时的失利而灰心，而是继续坚持战斗。

此时，武汉的形势虽然逆转，但全国的形势却很好，特别是国内最大的工商业城市上海的革命方兴未艾。在这种情况下，原来聚集武汉准备开会选举总统的各省代表纷纷东下，戴季陶也决定东下上海，到革命的中心去。当东去的轮船徐徐开动的时候，戴季陶望着汉口的断垣残壁、焦土余烟，内心充满了对清朝统治者的深仇大恨，同时也下定决心，准备到上海去大干一番。

上海，正酝酿着一场大的革命风暴。在陈其美、李平书、钮永建等的主持下，武装起义正在策动之中。戴季陶到上海后，立即参与了起义的领导工作，他协助陈其美等积极筹划，各方奔走，进行起义前的各项准备工作。他们不仅将上海各革命党派联合起来，成为一个统一体，而且还与商界上层人物进行联络，争取了上海商团公会会长李燮和倾向革命，得到了一些商界头面人物的同情。他们经常在一起集会，进行商量策划，"商界贤达如沈公缦云、王公一亭、叶公惠钧、顾公馨一与民党中褚慧僧、于右任、谭延闿、戴季陶、陈英士、张岳军等诸志士设秘密机关于沪北后马路天宝栈，而《民立报》亦为机关之一焉。每集会辄在深夜，而由商团团员之参加民党者挟实弹手枪，偶怀炸弹以卫"③。

此时，全国已有好几个省先后宣告独立，革命的烈火已成燎原之势。上

---

① 李春萱：《辛亥首义纪事本末》，见《辛亥首义回忆录》第二辑，湖北人民出版社1980年版，第185页。

② 戴季陶：《人格的自杀与人格的复活》，见《戴季陶言行录》，上海广益书局1929年版，第9页。

③ 伍特公遗稿：《上海商团光复上海纪略》，上海市社会科学院历史研究所藏，见《辛亥革命在上海史料选辑》，上海人民出版社1966年版，第147页。

海市区，清军已经不敢出营执行公事，上海道台刘燕翼不得不恳求商团带枪巡逻，以维护街市治安。上海华界已在革命势力控制之下。正在此时，黄兴从武汉给上海方面写来了信，云："弟到此间，虽亲战两次，未能获胜。极盼宁、皖响应，绝彼海军后援，则易驱除也。"①陈其美等领导人认为，南京、安徽发动起义，可以绝彼海军后援，如上海能够发动，则对武汉方面是更大的支援，因此，决定11月5日组织上海起义。这时，情况异常紧张，形势一日数变，为了不误时机，11月2日陈其美、李书平、戴季陶等在上海城厢自治公所举行会议，决定起义提前到11月3日举行。

11月3日午后，起义爆发。起义军首先占领了闸北巡警总局，接着，戴季陶与陈其美、钮永建又亲率民军进攻江南制造局。江南制造局为上海军事要地，驻有炮队营及巡警兵等，防卫甚严，"故欲光复上海，非先攻克该局不为功"②。此时，江南制造局方面已知民军起义的消息，因此戒备更加森严，于江滨列排炮六尊，要口设水机关枪，在大门口架设一挺小钢炮，大有与民军决一死战之概。下午3时，陈其美、戴季陶等率民军敢死队两百多人，向江南制造局发动进攻，由于寡不敌众，结果失败，陈其美被俘。

李平书见此情况，心慌意乱，竟想撤出上海，以保存实力。他在南市毛家弄商团公会会所召开紧急会议，以定对策，戴季陶、钮永建等慷慨陈言，认为"驻军有先生（指陈其美）为人质，必以为革命军为先生安全，停止进攻，防守必懈，乘其懈而急攻之，不仅可脱先生于险，且可一举而占制造局"③。因此力主战斗，决不退缩，大家都表示"与其引颈待戮，无宁为国殉身"④。李平书还犹豫不决，戴季陶等人及多数商团团员群起鼓噪，大呼："若不发动，我等今日愿血洒阶前，誓不散归。"⑤在这种情况下，李平书无可奈何，只好决定再度组织进攻。

午夜，革命势力重新集结起来，商团团员、反正的士兵、警察、学生、市民和革命党人组成的敢死队多达三千余人，在李燮和、戴季陶、钮永建等人的率领下，向江南制造局再度发起进攻。这时，局门紧闭，民军乃以汽油举火焚

---

① 黄兴：《致潘训初等函》，载1947年10月10日《新闻报》双十节纪念刊。
② 《辛亥革命在上海史料选辑》，第149页。
③ 惜秋：《民初风云人物》第10辑（上），三民书局出版（台北），第308页。
④⑤ 伍特公：《上海商团光复上海纪略》，见《辛亥革命在上海史料选辑》，第151页。

屋，局内敌人一片惊乱，失去斗志，民军
蜂拥而入，到第二天"9时，全局为民军
占领"①。

上海光复了，戴季陶回到指挥驻
地，远望着江南制造局那座中式建筑的飞
檐在明灭不定的火光中显出的轮廓，激动
得流下了眼泪。在光复上海的这次决定性
战役里，"戴传贤和钮永建亲率民军冲锋
陷阵，建立了很大的功劳"②。

上海光复后，戴季陶为了更好地宣
传革命，他与原在《天铎报》时的同事周
浩一起，筹划在上海创办一张新式的报
纸——《民权报》，以作革命党的喉舌。
正当他准备重操旧业，在新闻舞台上大显
身手时，革命斗争又一次改变了他人生的
历程。

陈其美（1878—1916），浙江吴兴人。
1906年加入同盟会。1908年在上海创办《中
国公报》。1911年与宋教仁在上海组织同盟
会中部总会。

武昌首义成功后，各省响应，东北地区的人民也和全国人民一道勇敢地
投入了这一斗争。活动在奉天省及其他各地的革命派首领张榕、商震、柳大年
等集合到省城沈阳，商定起义大计，然后"分头秘密集会，共谋起义，促动关
外三省独立"③。他们争取了驻沈阳附近的新军第二混成协协统蓝天蔚倾向革
命，并在各地联络了一些新军。1911年11月初，蓝天蔚等在沈阳发动起义，结
果被清朝反动官僚赵尔巽、张作霖血腥镇压。蓝天蔚等于11月22日逃出沈阳，
到大连后乘船到上海④。

蓝天蔚到达上海后，即和当地革命党人取得联系，上海方面由戴季陶负
责接待。戴季陶悉心听取蓝天蔚介绍东北地区的革命形势，并且为东北地区革
命党人的英勇斗争所深深吸引，对赵尔巽、张作霖等反动官僚残酷镇压革命运

① 《光复报》1911年11月4日第1号"要闻"。
② 王成圣：《戴传贤的一生》（二），见《中外杂志》第16卷第5期。
③ 《中国近代史资料》第4期，中华书局出版1957年。
④ 《辛亥革命》，第6册，第364页。

动的罪行感到无比愤恨。他迅速地把东北的情况转告给上海方面的革命领袖陈其美、黄复生等人，以尽快取得上海对东北的支持。他还为蓝天蔚等人多方联络、广找朋友，使他们尽快熟悉上海的情况。同时，他还妥当地安置了大批从东北逃亡到上海的革命党人。这样，蓝天蔚等人在戴季陶的帮助下，很快在上海站稳了脚跟，并重新聚集力量，把大批从东北逃来上海的革命同志团结在周围。一些原东北革命的领导人如蒋春山、商震、朱霁青等人，也与蓝天蔚等重新会合，继续进行光复东北的斗争①。

为了在东北再度掀起革命风暴，一些同志便陆续重返东北，以发动革命力量，再图义举。戴季陶通过与蓝天蔚、商震等一些人的接触，深深地为这些东北志士舍身忘家的行为所感染，也热切地向往东北——那个神秘的严寒的北国。在孙中山就任南京临时大总统后，戴季陶认为，华东地区的斗争已告一个段落，对革命影响举足轻重的应该是尽快光复东北，于是，他毅然离开了繁华的上海滩，附轮北上，直驶东北的大连。

戴季陶到大连后，住在两通二町四十一番地蒋春山的家里，与东北革命党的其他领袖一起，筹划起兵事宜②。

戴季陶以一文弱书生，为什么会放下《民权报》的文职事务不干，离开上海，跑到东北去从事军事斗争呢？关于这一点，他在抵大连后，与蒋政源、商震联名给陈其美写过一封信，这封信说明了他赴东北的动机与宗旨，信中云：

"英士同志大人钧鉴：敬启者：满洲为北方头项，亦为满奴逋逃之所。迩者，南方北伐队旦夕将出，然而就势与地论之，则以南伐北，殊非易事。若先一举而锄其发源之地，则援助无人，逋逃无处，南军一临，唯有束手归罪而已。同人等有鉴于此，所以不顾利害，而尽力于此蕞尔之区。

蓝君秀豪（天蔚）在沪，一切情形想已详细而达，此间惟俟蓝君所筹军舰一到，即便全部响应，直取奉天！成败虽不可料，亦惟尽心力为之耳。"③

从这封信可以看出，戴季陶赴东北一举，是从推翻整个清王朝的革命大业出发的。东北可以说是清王朝的大后方，戴季陶试图一举锄其发源之地，使南军北伐时，清统治者援助无人，逋逃无处，只有束手归罪，这种直捣黄龙的举

---

① 《陈布雷先生回忆录》，第48—49页。
② 王成圣：《戴传贤的一生》（二），见《中外杂志》第16卷第5期。
③ 戴季陶等：《与陈英士书》，1912年1月16日。

动，可以说是颇具战略眼光的。

在全国不断高涨的革命形势影响下，东北的形势也开始好转，革命力量逐渐聚集，各地群众斗争不断发展。当时，革命党人筹划东北再次举事的秘密机关有两处：一处在沈阳，以商震为临时代表；一处在大连，由戴季陶、商震、蒋春山、张光如等主持，担任一切筹备事宜。在大连的秘密机关设在浪速町二十八番地，定名"同学会"①，戴季陶等以"同学会"的名义，紧张地进行起义前的各种准备工作。很快，他们便把大连周围一些地区的革命势力联合起来了。他们还利用各种关系，广泛联络，争取到了商会的同情，如大连商务总会、西冈子商会等都表示愿意出资筹款，支援革命党人发动的起义。

在一切准备就绪后，戴季陶等电请南京临时政府，迅速任命蓝天蔚为主要负责人，主持东北光复大计。孙中山接电后，即任命蓝天蔚为关外大都督，率师北伐，直取奉天。蓝天蔚就任关外大都督后，随即委任戴季陶为关外都督府交通部长。

1912年1月中旬，蓝天蔚率北伐军乘海容、海珍、南珍三艘军舰，另备商船三只，载沪军一部、闽军一部，并上海商团及十字军、学生军等，浩浩荡荡，誓师北上，很快抵达烟台，并十分顺利地占领了这座城市。随即，戴季陶、商震也从大连跨海到达烟台，欢迎北伐大军，并与蓝天蔚一起，共同指挥这次光复东北的壮举。此时，革命军军容强盛、势力大振，但要进入防守严密的东北，完成光复大计，还有困难。革命军面临的最大困难是缺乏枪械军火，在这种情况下，戴季陶便火速电告上海方面。上海民军领导人陈其美接电后，即命沪军将领刘基炎押运大批枪支弹药，前往烟台。

但刘基炎中途突起歹念，悄悄将这批军火改运登州，以图据为己有，然后扩充势力，成为拥兵自重的军阀。

这个消息很快为戴季陶所知，他"以为北伐大事，关系至重，戎机一误，前途何堪"②，便决定亲自与刘基炎会面，不惜一切，夺回军火。他假托有事，邀请刘基炎到海容舰上议事。

刘基炎军火到手，利令智昏，自以为他的阴谋不会外泄，对于身为文人的交通部长戴季陶一点戒备也没有，对其邀约也根本不怀疑。刘基炎十分坦然

---

① 冯自由：《中国革命二十六年组织史》，第299页。
② 陈天锡：《戴季陶（传贤）先生编年传记》，第20页。

地到海容舰上赴会，戴季陶早有准备，他和关外都督府外交部长彭汉怀守候在船上，当刘基炎得意扬扬地登上海容舰时，戴季陶与彭汉怀便亮出手枪，对准他的胸口，刘基炎大惊失色，退路全无，只好束手就擒。戴季陶将他押进舰上的一个小房间，当面揭破他的阴谋，勒令他将吞没的军火交出来。刘基炎一赳赳武夫，却被两位文士制住，茫茫大海上，逃走不能，反抗无用，无可奈何之下，只好应允将吞下去的械弹吐出半数。

不几天，军火很快运到，有了武器装备，烟台民军声威大震。1月底，烟台民军接到黄兴电报："请贵军快速依据原定计划，实行进兵北伐。"[1]于是，蓝天蔚、戴季陶即派驻烟台的关外民军和上海商团两营，乘军舰两艘，跨海北伐，民军很快在辽东半岛尖山口登陆，当地革命群众群起响应，反动清军望风披靡。2月6日，革命军占领瓦房店。10日，攻克庄河厅城，革命军声势日益壮大。

正当革命军追击残敌、乘胜前进之时，清宣统帝溥仪于1912年2月12日宣告退位，统治中国两千多年的封建帝制被推翻。

清帝退位后，南北议和，孙中山功成身退，临时参议院选举袁世凯为临时大总统。袁世凯任职后，下令取消关外都督，并解散关外都督府驻大连、烟台的各级机关，对关外大都督蓝天蔚，则以将军名义迫其"出洋游历"[2]，同时，派亲信曲同丰将商震所率革命军全部改编。关外都督府既然不复存在，"皮之不存、毛将焉附"，作为关外都督府交通部长的戴季陶，自然无事可干，只好自己知趣下野。

东北是不能待下去了，戴季陶便打点行装，登上了回上海的海轮，他望着渐渐远逝的大连，心中涌起一种无可名状的情感，是胜利的喜悦，还是失败的惆怅，他自己也不知道。

轰轰烈烈的革命年代结束了，戴季陶有声有色的革命生涯也暂告一个段落。在这短短的几个月中，他度过了人生史上辉煌的岁月，他从南洋槟榔屿回国后，时而汉口、时而上海、时而大连，参与了许多重大的斗争，在这些威武雄壮的斗争中，他是一个出色的革命者。他在斗争中表现的勇敢、智慧、热情，赢得了革命党人对他的尊敬和信任。1912年10月，当稽查局选派参加革

---

① 《盛京日报》1912年2月2日。
② 《辛亥革命》（六），第364页。

命、有功民国的青年出国留学时，陈其美等人便向袁世凯推荐了戴季陶、汪兆铭等10人出国留学[1]，虽然后来因袁世凯卖国、革命党人发动二次革命而没能实现，但这可以说是对戴季陶在辛亥革命中所建勋绩的肯定。

同时，我们从戴季陶在辛亥革命中的表现可以看出，这一时期，他革命的热情多于理智，浪漫超越现实。他往往向往血与火的激动人心的争斗，却较少愿意从事艰苦细致、长期的实际工作。他回国后，上海处境艰难，而武昌起义正烈，他即溯江赴汉；武汉保卫战失败后，形势渐危，而上海正待举义，他便乘舟东下；上海胜利后，情势复杂，而东北战事正紧，他即附轮北上。总之，年轻人的浪漫性在他的身上表现得十分鲜明，对反封建的民主革命，他还没有长期斗争的思想准备。就像戴季陶后来反省自己的那样，表现出了他"十六七岁到三十岁当中无恒心的、个人享乐的、无节制的思想和行为"[2]。当然，作为一个小资产阶级出身、受过西方资本主义教育、对国家兴亡又很敏感的20世纪初的青年人，这种情况是可以理解的。

5.反袁系狱

东北革命结束后，戴季陶回到上海，再度从事新闻事业。他与《天铎报》的老同事李怀霜及同盟会员周浩一起，继续以前的工作，共同创办了《民权报》，由周浩担任发行人，戴季陶担任总编辑，于1912年3月1日正式创刊。戴季陶仍以"天仇"笔名著论，品评时政，激昂慷慨，而且文笔较之前更加老练。特别是对篡夺辛亥革命成果的袁世凯，更是猛烈攻击、毫不顾忌。

在此之前，戴季陶与袁世凯有过一次直接接触，因此对包藏祸心的袁世凯有深刻的认识。那是1912年2月15日，临时参议院选

袁世凯（1859—1916），河南项城人。

[1] 徐咏平：《陈英士先生其美年谱》，（台北）商务印书馆出版，第296页。
[2] 《戴季陶集》（上卷），第9页。

蔡元培（1868—1940），浙江绍兴人。
1927年任国民政府大学院院长。

举袁世凯为中华民国第二任临时大总统。孙中山为了要袁世凯按约到南京就职，于2月18日派遣由蔡元培率领的代表团到北京迎袁南下，戴季陶即以《民权报》记者身份随迎袁代表团北上。

关于戴季陶在迎袁代表团中的身份问题，学术界有不同看法。胡春长所著《戴季陶先生对三民主义的阐释及其影响之研究》、王成圣所著《戴传贤的一生》都认为戴季陶为代表团正式欢迎员。我们认为这是不正确的，从当时代表团的阵容来看，有临时政府教育总长蔡元培、次长魏宸组、海军顾问刘冠雄、参谋次长钮永建、法制局长宋教仁、陆军部军需官曾昭文、步兵第三十一团团长黄恺元、湖北军政府外交司长王正廷、前议和参赞汪兆铭等，代表团层次很高，成员多为孙中山多年共同奋斗的战友，而戴季陶当时与孙中山认识不久、接触不多，且还年轻，只23岁，不会被孙中山任命为正式代表。罗家伦所著《国父年谱》一书，也没有把戴季陶算作代表团正式欢迎员。台湾中国史料研究中心出版的《中国现代史专题研究报告》，第一辑发表的黄季陆的文章，认为戴季陶是以《民权报》记者身份随团前往。另据孙中山1912年2月18日致袁世凯电文，将代表团成员名单一一列举，其中也没有戴季陶[1]。因此，我们认为，戴季陶为代表团随团记者是可信的。

在北上的行程中，戴季陶和宋教仁、蔡元培针对辛亥革命后广大民众仍处于苦难生活中的实际情况，组织了"社会改良会"，以关心民生、改良社会为宗旨。

2月27日，蔡元培所率欢迎团到达北京[2]，受到袁世凯的热情接待，他命令大开正阳门（按清例，非皇帝出入不开此门），迎接专使，以表示"敬重"之意，他与蔡元培等"一见面则应允赴宁就职"，并决定赴宁路线为先至武

---

[1] 北京《正宗爱国报》1912年3月11日。
[2] 《盛宣怀档案资料选辑之一》，第266页。

昌，再顺流而下南京。他和代表团成员亲切交谈，溢美之词不绝于耳，尤其是对每位代表的往事与经历，表现出十分熟悉的样子，历历如数家珍。这种虚伪的态度，使第一次见到袁世凯的戴季陶感到十分厌烦。正谈笑中，忽然一位北洋军官闯了进来，撇开众人，径自上前与袁世凯交头接耳、窃窃私语，这种鬼鬼祟祟的样子，更加引起戴季陶的满腹疑云。通过与袁世凯短时间的接触，戴季陶冷眼旁观，已经对其心怀鬼胎有所洞察了，但这只是自己个人的想法，不便向代表团其他成员公开明说，因此，"先生既恶虚伪，又觉其必有异图，漏夜独自离北京赴天津，抵津时，即闻北京兵变，又立即南下，著论严斥袁氏奸宄"①。

戴季陶回到上海后，以《民权报》为基地，开辟"直刀直入录"专栏，专对袁世凯及其卵翼下的官僚政客军阀实行口诛笔伐。针对袁世凯不肯南下就职这件事，戴季陶即写文章进行抨击，在文章中，他一针见血地指出：袁世凯无意离开他的势力范围，自北京南来南京就职，所以他一手导演北京兵变，酿成纵火流血事件，再以北方秩序未复，他必须留在北京镇压为词，将要他入南京就职的协议推翻。

戴季陶的文章，可以说是比较早地将袁世凯窃国的阴谋揭露于国民面前的，因而也引起了袁世凯对他的忌恨。

袁世凯不肯南下就职，孙中山被迫再次迁就退让，3月6日临时参议院议决允许袁世凯在北京就职，袁世凯第一步阴谋获得成功。袁世凯在北京就任临时大总统后，便开始第二步的阴谋，即毁弃《临时约法》。当时，袁世凯提名唐绍仪为国务总理，组织第一届内阁。唐绍仪本是深得袁世凯信任的清朝官僚，这时加入了同盟会，以"调合南北"功臣自居，不免与袁世凯发生矛盾。按《临时约法》规定，大总统发布命令须经国务院副署，唐绍仪特别强调这一"责任"，袁世凯感到这是对大总统权力的限制，使他不能指挥如意，独断专行，一怒之下，便逼迫唐绍仪下野。

唐内阁倒台后，袁世凯提出新的内阁人选，但不能得到参议院的同意，便一次又一次向参议院施加压力，强迫参议院接受他的提议。针对这一事实，戴季陶很快写了一篇文章，对袁世凯的阴谋进行了揭露，认为袁强迫参议院接纳

---

① 陈天锡：《戴季陶（传贤）先生编年传记》，第21页。

其意，就是阴谋称帝①。这就击中了袁世凯的要害。

袁世凯的内阁人选得不到通过，于是便想解散参议院，但《临时约法》中却没有大总统解散参议院的规定，袁世凯便授意手下喽啰，在约法的解释上做文章，遂有人为迎合袁的心理，对约法第三十四条作歪曲解释，以赋予大总统有解散参议院之权。这无疑是破坏约法的叛逆行为，戴季陶对此极为愤怒，他大声疾呼："此次约法所以不认大总统有解散参议院之权者，盖以吾国共和制度新立，国基未固，若与大总统以过大之权，恐且有野心家利用之以帝制自为！……倡解散参议院及废止约法者，是更民国之罪人，宜以刑法处叛逆之条治之。"②

戴季陶直截了当地指出："袁世凯拟欲解散参议院，并授意禁卫队干涉参议院……袁氏之欲帝制自为也久矣！然外则迫于大势，内则制于约法，此其所以不敢公然为独断之举也！"③这就将袁世凯包藏的祸心一下子解剖开来。

在另一篇文章中，戴季陶将袁世凯玩弄两面手法的虚假面目揭露得淋漓尽致，他写道："袁世凯之罪状已宣布至数十次矣！而袁更进一步，欲干涉参议院之自由，一面则利用临时宪法，一面则利用党见纷争，至欲解散参议院，另行组织，噫！专制魔王之辣手段，至今更别开生面矣！"④

戴季陶的文章，在各地引起了强烈反响，全国舆论纷纷对袁世凯破坏约法的行为进行指责。在这种情况下，袁世凯也不敢冒天下之大不韪而公开解散参议院，于是，一面采取武力干涉政策，一面收买共和党议员，对参议院实行分化瓦解。在袁世凯威胁利诱之下，他所提内阁名单，终于在参议院获得通过。对此，戴季陶更是愤慨万分，他指出，袁世凯这种卑劣作法，使中国走向专制之途，最终必出现"帝制自为"。他在文章中写道："今日之政争亦急矣！虽然，所以造成此现象者袁氏实不能谢责，盖唐内阁之倒，袁世凯迫之使倒也！……陆征祥之出也，袁盖利用之作傀儡，而达其总统专制之目的也！……故可断言，袁世凯之行为，假共和之名而拥兵力以行专制也……质言之，则谓今日

① 戴季陶：《兵力专制中政潮》，见《戴天仇文集》，第119—122页。
② 戴季陶：《约法第三十四条解释问题》，见《戴天仇文集》；另见《中国现代史料丛书》第1辑，文星书店1962年影印版（台北）。
③ 戴季陶：《呜呼共和之前途》，见《中国现代史料丛书》第1辑。
④ 戴季陶：《袁世凯专横无道》，见《中国现代史料丛书》第1辑。

之中国，非君主专制不可，而耸袁世凯做皇帝耳！"①

同时，戴季陶还对袁世凯利用共和党人的阴谋进行了揭露，对为袁世凯复辟帝制效力的共和党人大加鞭挞："袁世凯未加共和党者也！而何以亦与同盟会死力相抵制哉，盖袁氏者，专制政体中之健儿也！其所笼络之人物，大多数皆宪政党及政闻社之滑才也！其部下又皆专制无二之武夫也！……袁氏欲利用共和党而固其位置，共和党亦欲利用袁氏而开其升官发财之路，如斯而已！"②

在另一篇文章中，对共和党人为袁世凯卖命的无耻行径，戴季陶愤怒斥责道："共和成立之前，则为满清效死，而反对革命人物也。共和既成之后，则为政府效死，而反对革命人物也，一言以蔽之曰：利禄熏心而已！"③

对袁世凯卵翼下的官僚政客、议员军阀，戴季陶也无情地实行口诛笔伐，不稍假于辞色，一概抨击无余。

由于戴季陶的文章对袁世凯复辟阴谋尽情揭露，再加词锋犀利、文字劲烈，一时为人们广为传诵，《民权报》也声誉日增，读者越来越多，大有洛阳纸贵、不胫而走之势。戈公振在《中国报学史》中有如下评价："民国后，新闻界有'竖三民横三民'之称，竖三民者，民呼、民吁、民立也，横三民者，戴天仇所创之民权、吕志伊所创之国民新闻、邓家彦所创之中华民报也。横三民言辞激烈、感情用事……"④这个评价是符合实际情况的。戴季陶的言行引起了袁世凯对他的极端仇视，并终于不能容忍。当时，袁世凯已继任临时大总统，大权在握，正急于清除异己，扫除复辟帝制道路上的障碍，于是，首先拿戴季陶开刀。1912年5月22日，一伙租界巡捕气势汹汹地闯进民权报社戴季陶的办公室里，出示拘票，上书"戴天仇鼓吹阅报者杀袁、唐、熊、章，应即提究"⑤。所谓袁、唐、熊、章，即袁世凯、唐绍仪、熊希龄、章太炎，他们当时因依附袁世凯、诋毁孙中山而受到戴季陶的斥责，因此，便构成了戴季陶反政府的罪名。戴季陶当即指着拘票，振振有词地申辩："拘票上写的什么鼓吹阅报者杀袁、唐、熊、章，这算是什么罪状？何况，袁、唐、熊、章都不住在

---

① 戴季陶：《今日之政治观》，见《中国现代史料丛书》第1辑。
② 戴季陶：《共和政治与政党内阁》，见《中国现代史料丛书》第1辑。
③ 戴季陶：《道德之贼》，见《中国现代史料丛书》第1辑。
④ 戈公振：《中国报学史》，上海商务印书馆1927年版，第159页。
⑤ 陈天锡：《戴季陶（传贤）先生编年传记》，第21页。

上海租界，你们凭什么抓我？"巡捕根本不管戴季陶的申辩，不仅抓住他，而且还想抓报馆其他人，他们问报馆的发行人是谁，戴季陶冷笑答道："你们是执法的，应该懂得法律，你们带来的这张拘票上，并没有列本报的发行人，怎么可以胡乱牵扯毫无关系的第三者呢？"巡捕语塞，只好将戴季陶一人带回捕房。在租界捕房，戴季陶厉声质问领班："我这个案子，原告是哪一位？和租界捕房有什么关系？租界捕房是否有这个权力，代中国政府在租界里滥捕无辜？"连续三问，问得捕房领班瞠目结舌、哑口无言，再也不敢和戴季陶多说什么，命令巡捕将他身上所携物品，如挂表、名片、图章、铝币等全部缴出，归捕房暂时保管，然后将戴季陶推进了囚室。这是戴季陶第一次坐牢狱，他真正体会到了铁窗的味道。囚室里半明半暗、阴气惨惨，进得室中，便是一阵令人发呕的霉味扑鼻而来。室中先前已有两名囚犯，见戴季陶西装革履、衣冠楚楚，不像是罪犯的样子，便笑着问他："先生，像你这样的人物，怎么也会到这种地方来呢？"戴季陶满怀悲愤和悒闷，便以自嘲的口吻答道："仓颉造字累我，鸦片条约病我，更进一步说，又有阶级制度苦我，强弱关系害我。我识字，我住租界，我不做官，我是中国人！有这种种原因，我就到这里来了。"

听了这番话，两名囚犯也不禁感慨万千，对帝国主义与封建专制政府相勾结，迫害正直的知识分子的罪行深恶痛绝。

由于戴季陶精通法律，雄辩滔滔，再加也无什么把柄被捕房抓住，这就使一向自诩为"文明自由"的租界当局无法将他定罪。另外，还有朋友们尽心营救，所以当规定的羁押期限一到，捕房只好将他无罪开释了。这次牢狱之灾虽然只有短短的几天，但却给戴季陶很深的感触，他曾写过一篇《五月二十二夜》的短文，记叙了他被捕的经过和感想。他对帝国主义与革命为敌的面目，对袁世凯专制制度的黑暗看得更清楚了。因此，他出狱后，更加无所顾忌地反对袁世凯、反对封建专制制度。回到报馆，他反复品味着妻子钮有恒探监时对他说的几句话："报馆不封门的不是好报馆，主笔不下狱，不是好主笔！"顿时，反袁的信心倍增，他满怀激情，挥动大笔，把这几句话写在编辑室的墙上，以随时激励他与袁世凯复辟帝制的丑行做斗争。

出狱后，戴季陶除了在报纸上继续写文章对袁世凯进行抨击外，还发挥自己的文学特长，编写剧本宣传革命。戴季陶在日本留学时，就对戏剧发生兴趣，一度参加戏剧团体"春柳社"的活动。这时在上海，为了使反袁斗争深入人心，戴季陶利用闲暇时间编了一个极富爱国思想和新文明的剧本，聚集了一些演员，积极排演，准备在上海经常演新剧的"新舞台"公演。

当时在上海的几位国民党元老如吴稚晖、沈缦云等看到剧本后深受感染，他们怂恿戴季陶也参加演出，并表示可以和戴一起粉墨登场。戴季陶对表演艺术可是门外汉，一窍不通，但出于一时热情，也就答应了，挑选角色时，"稚晖先生扮'小热昏'，先生因系外行，恐演出笑话，故担任本行，扮新闻记者一角。事先读剧本二三天，及来至后台，忽心中作慌，竟全部遗忘，愈读愈不能记忆，此时突被人从后推，谓表演时间已到，急遽间跑出幕门，走至台口，竟将自己所应表演之举动，与所应说之言词，抛忘净尽，于是只得从另一幕门而入"①。从这件颇具笑料的小事中，可以看出，戴季陶当时宣传反袁、宣传革命是颇费心力、无所不为的。对于那些诋毁革命、诬陷革命党人、阿谀奉承袁世凯、为袁世凯复辟帝制而推波助澜的人和言论，戴季陶更是容之不得，给予迎头痛击。

袁世凯担任临时大总统不长的时间，便撕破了虚伪的面具，露出狰狞的面目来。他为了扫清复辟帝制道路上的障碍，便与帝国主义相勾结，准备对革命党人进行武力镇压。

当时，袁世凯虽然从革命派手中窃取了中央和许多省的权力，但还没有控制整个中国，也来不及完全恢复被革命派打得七零八落的半殖民地半封建秩序，资产阶级革命党人仍然保留着七八个省的地盘和十几万军队。为了镇压革命派，袁世凯一方面采用分化瓦解的办法，"大肆收买粤、湘、赣、皖高级将领，如粤之王和顺、赣之陈廷训、皖之胡万泰等，皆入袁之彀中"②；另一方面，则逼迫南方裁军，于是，黄兴控制下的民军被裁撤殆尽，南京留守府也被撤销。江浙陈其美的民军坚持不撤，袁世凯便公开对陈其美等进行指责，说他们"左又是捣乱，右又是捣乱"，无耻吹嘘自己是"受四万万人民付托之重，不能以四万万人之财产生命听人捣乱"③，摆出了一副杀气腾腾的样子。袁世凯手下一帮喽啰也摇旗呐喊、大造舆论，对革命党人进行指斥。他们还以旅京江苏人的名义，致电江苏省议会，对陈其美进行攻讦，其电云："陈其美盘踞

① 陈天锡：《戴季陶（传贤）先生编年传记》，第22页。
② 柏文蔚：《五十年经历》，见《近代史资料》1979年第3期。
③ 《上海时报》1913年5月24日。

沪上，拥兵自雄，军政府应撤不撤，梗国家之统一，增苏民之重累……横施构乱，煽惑人心，动摇国本，国贼民仇，不诛何待！"①大有兴师问罪之势。

对于这种无端的攻击，戴季陶十分气愤，他即写文章据理进行反驳："一、……陈其美非武昌首义后之临时革命党也，数载以来，经营革命事业于上海者，陈实其首，……而杭州光复，亦陈其美之首功，南京之克，其军需之接济，亦赖上海。往事如斯，何可尽泯其天良，而肆其簧鼓耶！二、共和初成，北都甫定，时政府尚在南京，陈已呈请辞职，袁氏就总统任，陈又电请撤沪军之缺，事事俱在，昭昭然也。……陈其美既非割据一方，又非希图高位，今并总长亦辞去矣，何谓'梗国家之统一'？然则持事强硬，而不阿附袁世凯熊希龄者，皆可谓'梗国家之统一'矣！……至以陈留唐绍仪之电为'横施构乱'，更一望可知其运动江苏公会者，亦不过因反同盟会，而遂及于陈其美，又可知矣。至谓'动摇国本'，吾国之国本，共和也，陈其美为建设共和之人，吾即知陈为确定国本之人，中华民国，由革命而来者也，是中华民国本于革命，陈其美为施行革命之人，吾更知为巩固国本之人，而此辈乃谓光复中华者为'民仇'，为'国贼'，是有意破坏民国，破坏共和也。"戴季陶认为"非伤尽良心者，决不忍出此语，亦非有心破坏大局，挑起内乱者不出此"。在文章结尾，戴季陶愤怒地慨叹道："世间无公理，强权而已；天下无是非，成败而已。举世皆盗贼，复何言哉！"②这篇文章写得堂堂正正，痛快淋漓地揭露了袁世凯一伙破坏大局，挑起内战的阴谋，受到了革命党人的欢迎。

总之，在反袁斗争这一重要的时期，戴季陶是同盟会中坚持资产阶级民主革命的一位党人，他反对袁世凯复辟倒退的行为，在辛亥革命后，当许多人沉醉于共和完成的胜利喜悦中时，他能比较冷静地考虑问题，并高举起革命的旗帜，虽然为此下狱，也在所不惧，这是难能可贵的。他确是拥护资产阶级革命宗旨而从事文字奋斗的一员健将，他那意气纵横、声光逼人的文章，对于揭露袁世凯复辟阴谋，警醒人们继续战斗，起到了一定作用。有人描写戴季陶的文章在当时受欢迎的情况，"民初，有《戴天仇文集》行世，专鼓吹推翻帝制，宣传革命主义，文笔犀利绝伦，一时争相传诵，其倾倒有如是者"。③这种描

---

① 《陈英士先生年谱》，第37页。
② 戴季陶：《伤革命》，见上海《天铎报》1912年7月16日。
③ 时希圣编：《戴季陶言行录》，上海广益书局1929年版，小引第1页。

写当然有些夸张的成分，但却可以看出，戴季陶的文章在反袁斗争中所起到的宣传作用。

另外，我们也应该看到，戴季陶毕竟是一介书生，在文字战场上，他是冲锋陷阵的勇士，但在实际革命过程中，他在行动上又是趋向保守的。他因反袁而下狱后，也曾有过悲观的情绪；他号召人们和袁世凯战斗，而当他自己置身于战场上时，又临场怯阵，如1913年二次革命时，他因做策反工作而误入敌阵，竟"十分紧张"[①]。这些资产阶级知识分子的弱点，在戴季陶身上有十分明显的反映。

---

① 黎东方：《蒋公介石序传》（台北版），第37页。

第三章

孙中山的得力助手

1. 初谒总理

在戴季陶的政治生涯中，孙中山对他的影响是十分大的，由于他在辛亥革命前后的出色表观，便获得了孙中山对他的信任，他也就能比较长的时间在孙中山身边工作，并从孙中山身上获得不少教益。他曾经颇有感慨地说过："在国家社会工作的上面，指示我、教训我、鼓励我的人，第一就是孙先生。"[1]

据戴季陶自述，他第一次见到孙中山先生，是1905年初他在日本留学的时候。那时，孙中山"集合全国之英俊，而成立同盟会于东京之日"，他曾亲往恭聆演说[2]。这一年，戴季陶才15岁，是个风华正茂的少年学生，而孙中山已经40岁，是同盟会的领袖、富有经验的革命家，由于年龄差距太大，他们没有发生什么交往。所以，戴季陶在日本虽见过孙中山，但并非与孙中山相识，匆匆忙于革命的孙中山也没有与戴结成忘年之交。戴季陶自己也说，他"不过看见总理对同盟会的同志演说，知道总理是一个革命家，想到总理一定很伟大的"[3]。

1910年2月，广州起义失败后，孙中山逃亡北美，后来又赴日本，但日本政府与清廷相勾结，不准孙中山居留，于是孙中山便偕家属于6月25日离开东京，经香港来到马来半岛的槟榔屿。在这里，孙中山继续坚持革命活动，指导各地同盟会组织整顿工作，并召开了具有历史意义的槟榔屿会议。这些，都使革命党人深受鼓舞，但却引起了帝国主义者的不安，这一年的年底，南洋英殖民当局以孙中山的活动"妨碍地方治安"为名，勒令孙中山出境，

① 戴季陶：《八觉》，见《戴季陶集》（上卷），第5页。
② 戴季陶：《总理行谊讲词》，见《戴季陶先生文存》三续编，第118页。
③ 王寿南：《戴季陶》，见《中国历代思想家》第55辑，第21页。

12月6日，孙中山离开槟榔屿赴欧美筹款。

1911年春，戴季陶因《天铎报》的文字风波亡命到槟榔屿。这时，孙中山虽已离岛，但他的家属仍寄居在槟榔屿。戴季陶经同盟会员雷铁崖等的介绍，成了孙中山家的私人教师，为孙中山的两个女儿——15岁的金琰和14岁的金琬讲授国文，孙家两位小姐每天跟他学习两个小时，这样，戴季陶便成了孙家的常客。但他还是没有机会与孙中山见面，对此，戴季陶十分遗憾地说："这时，本人对于总理还是不大认识。"①

孙中山的子女

戴季陶真正与孙中山相见，是辛亥革命爆发后，孙中山从欧洲回国、抵达上海的时候。1911年10月10日，武昌首义一举成功，孙中山当时正在美国，从报上欣然得知国内起义成功的消息，认为："此时吾当尽力于革命事业者，不在疆场之上，而在樽俎之间所得效力更大也。故决意先从外交方面效力，俟此问题解决后回国。"②于是，孙中山离美赴英，后又到法国进行一系列外交活动后回国。

12月25日，孙中山自海外归抵上海，随行人员有胡汉民、谢良牧、李晓生、朱卓文、黄菊生等，另有美国军事专家荷马李及日本志士六人。孙中山一行受到了上海革命党人及广大群众的盛情欢迎，黄兴、陈其美等领导人特备专轮，亲自前往迎接，并举行盛大的欢迎仪式。戴季陶以同盟会党员兼新闻记者的身份参加了这次欢迎活动，这是他第一次晋谒总理，心情格外激动。但见孙中山虽然旅途劳累，但仍精神饱满，谈吐不凡，一派革命家的风度。戴季陶因为是新闻记者，一直和孙中山相距很近，并能与孙中山面对面谈话。在回答中外记者问题时，孙中山宣称："予不名一钱也，所带回者革命之精神耳！革命

① 王寿南：《戴季陶》，见《中国历代思想家》第55辑，第21页。
② 《孙文学说》，见《中国国民党二十年史迹》，第106页。

孙中山像，戴季陶以同盟会党员兼新闻记者身份第一次晋谒孙中山，心情格外激动。

之目的不达，无和议之可言也。"①并指出："从前种种困难虽幸被破除，而来日大难尤甚于昔。今日非我同人持一真精神、真力量与此困难战，则过去之辛劳将归于无效。"②孙中山这种不屈不挠、坚持到底的革命精神深深感动了戴季陶，他在心底更增加了对孙中山的敬仰之情。

此时的戴季陶虽有《天铎报》时期的英名，但在革命党中资历还浅，尚属年轻后辈，他虽以新闻记者的有利条件与孙中山面对面谈话，但毕竟是以普通党员的身份欢迎作为革命领袖的孙中山，孙中山事务繁多，很快就把这个年轻的记者给忘了。

孙中山回国后，被南京十七省代表会议选为中华民国临时大总统。12月29日，上海同盟会总部举行欢迎孙中山大会，戴季陶参加了会议，再次见到孙中山，并且在会议开始之前与孙中山作了一次短暂的交谈。孙中山询问了戴季陶的姓名和个人的一般情况，才知道眼前这个年轻人就是风云一时的戴天仇，也曾担任过自己女儿的国文教师，于是，孙中山眼中露出了信任的目光。

这时，大会开始了，孙中山即席发表演说，他指出："今民族主义、民权主义二者虽已将达，而欲告大成，尚须多人之努力，况民生主义至今未少着手，今后之中国首须在此处着力。"③他的话，赢得了与会者的阵阵掌声。

30日，由孙中山主持召开同盟会本部临时会议，戴季陶作为新闻记者再次参加会议，并再次见到孙中山。会议在孙中山主持下改订同盟会暂行章程，并再次发表宣言，宣言驳斥了"革命军起、革命党消"的论调，指出："言夫其成功，则元凶未灭，如虎负嵎，成败未可预睹；即日成矣，而吾党之责任，岂

---

①　《孙文学说》，第 108 页。
②　《民立报》1911 年 12 月 26 日。
③　《民立报》1911 年 12 月 30 日。

遂终此乎？"①孙中山的这几次讲话以及由他主持拟定的宣言，给戴季陶的印象十分深刻，他认识到，武昌首义虽然成功了，但革命并没有完结，"成败未可预睹"，还须十分努力。他的革命信念较以前更加坚定了。后来，戴季陶能够一直跟随孙中山，进行一次又一次的革命斗争，颇有一种顽强的精神，这与孙中山回国后的几次讲话给他的帮助和教育是分不开的。

这两次会议以后，戴季陶与孙中山逐渐熟悉起来，戴季陶常去孙中山住所，聆听孙中山的教诲并请教一些问题，孙中山赞赏戴季陶的革命热情和好学精神，也愿意和这位年轻人交谈，两人开始忘记年龄的悬殊，感情由融洽到亲密起来。

1912年9月11日，孙中山受任为督办全国铁路事宜，并于10月14日，在上海设立铁道督办办事处，负责研究铁路工程资料，规划铁道建设。办事处成立后，戴季陶被孙中山聘为机要秘书。从此，他便在孙中山的直接领导下工作，这也是他政治生涯中一段重要的历史时期。当时，孙中山46岁，戴季陶才22岁，能够得到孙中山如此信任，确实不易。戴季陶曾颇为自豪地说："本人在当年追随总理的同志中间，要算是最年轻的一个。"并说："在此后的十多年间，总有三分之二的时间没有离开总理过。"②

戴季陶正是由于长期在孙中山身边工作，才能直接聆听孙中山的教诲，直接处于孙中山的思想熏陶之下，仅在开始一两年间，在外交工作方面，孙中山对其"谆谆教训，不下数十次"③。戴季陶从中所得教益，甚是不浅。

不久，戴季陶又担任了孙中山的专职记室。那时，孙中山经常奔走各处，与地方同志讲述革命理论与建国之道，戴季陶总是不离左右，担任笔记。他记录孙中山的讲话，往往既快又准确，很得孙中山的赞许。几个月后，他将孙中山这些演讲记录进行精心整理，辑成《民国政治纲领》及《钱币革命要义》两本书，使孙中山的这些重要讲话能够完整保存下来。

1912年2月10日，孙中山乘轮船"山城丸"自上海启程赴日本考察，带了他所信任的同志一道前往，如马君武、宋耀如、何天炯等，其中也有戴季陶，可见孙中山此时对戴季陶已不是一般的信任，而是作为亲密的战友来看待了。

---

① 《民立报》1911年12月31日。
② 王寿南：《戴季陶》，见《中国历代思想家》第55辑，第22页。
③ 戴季陶：《跋自写外交官任用意见书》，见《戴季陶先生文存》第一册，第139页。

孙中山此行的目的是"图中日两国亲交，并访旧友"①。因此，在日本期间，遍访各大中小城市，广泛接触各界人士，戴季陶也随孙中山访问了长崎、门司、下关、东京、横须贺、名古屋、京都、大阪、神户、宫岛、福冈等地。他协助孙中山向日本政界领袖介绍中国革命，同各地工商巨子研究开发中国的实业计划，访问、交涉、演讲、应酬，几乎无日或虚。孙中山东西辗转、南北奔波，戴季陶始终形影不离。在访问期间，戴季陶既当秘书，又要对孙中山生活上加以照顾，还要充当译员、担任记录，整日里忙忙碌碌、不知疲倦，出色地完成了各项任务。

在孙中山这次访日活动中，戴季陶以他流利的日语、广博的知识、很强的外交能力、辛勤的工作，协助孙中山了解了日本社会、政治及产业发展的一般情况，宣传了中国资产阶级革命，同时也完整地记录了孙中山在各种场合与各种人物的谈话，给后人留下了一份珍贵的历史文献资料。如孙中山在日本时，曾与三任首相的桂太郎作过长达15个多小时的密谈，全由戴季陶担任翻译与记录，除他之外，无第四人知其详情。15年后，戴季陶在他的《日本论》一文中追记出来，人们才知道这次重要的政治谈话的内容。

戴季陶兢兢业业地工作，使孙中山对他的欣赏与厚爱倍增，他们之间的关系已在师友之间，超过一般同志。戴季陶对孙中山的起居生活十分关心、照顾周到；孙中山也对戴季陶倍加爱护。还是在神户访问时，孙中山见戴季陶每日里只是玩命工作，不注意休息和养生之道，便疼爱地责怪道："你今日再不养生，他年老时，将不得了。"②嘱咐他特别要注意，以免累垮了身体。

孙中山曾经赠送给戴季陶一副对联，上联是"淡泊明志"，下联是"宁静致远"。这种殷殷勉励，一方面表现了孙中山与戴季陶很深的私人情谊；另一方面，也体现了孙中山对戴季陶一片真诚的希望。孙中山希望戴季陶始终保持革命党人的本色，不追求物质享受，一心一意为实现自己的理想而努力；在各种复杂的情况下能够冷静地考虑问题，目光远大，跟随历史的步伐前进。当然，后来的戴季陶辜负了孙中山对他的一片期望之情。

此时的戴季陶完全是出于对革命领袖的景仰才愿意跟随孙中山、在孙中山身边工作的，而对于孙中山的革命思想，他还没有认真研究并加以接受，对

---

① 《孙中山先生日本游记》，见《民谊》第6号。
② 戴季陶：《致孙夫人书》，见《戴季陶先生文存》，第293页。

孙中山的伟大人格，他也没能真正体会，可以说，戴季陶并没有真正了解孙中山。同时，由于孙中山正致力于实业建设，对袁世凯的复辟阴谋没有引起注意，这种和平思想对戴季陶也有一定的影响，他也曾一度沉湎于经济建设的宏伟蓝图中。一般来说，政治革命之后，应当全心全意致力于经济建设，因为革命只是手段，经济建设使国家富强起来、人民过上幸福生活，这才是目的。辛亥革命后，孙中山、戴季陶注重实业建设，这是难能可贵的。但关键在于，辛亥革命只是赶跑了一个封建皇帝，整个中国还处于半殖民地半封建社会中，民主革命的任务并没有完成，在这种时候要搞经济建设是不可能的。而戴季陶却整天沉醉于物质建设的美妙幻想中，革命年代那种激情慢慢在消退，他的目光已不去注意袁世凯的倒退与革命面临的难题了。他认为：现在的关键是"百业之母——运输"[1]，铁道、机车、轮船、河道、港口，已成了他不断思考的问题，在他看来，似乎天下已经太平，革命已经到底，只要铁轨铺到云南、新疆、内蒙古及东北，那么中国便可以千秋永固，不致被帝国主义瓜分了。

这种看法代表了当时革命党人的普遍心理，表明了资产阶级革命的不彻底性。也正是在这种思想指导下，革命党人便容忍了袁世凯一步步走向反动、一步步走向被革命党人搬掉了的封建王座，造成了辛亥革命失败的悲剧。

2. 亡命日本

正当戴季陶陪孙中山在日本紧张地访问和考察，专心致力于铁路建设的研究，醉心于使中国成为"世界第一富强之国"[2]的美好图画中时，国内发生了震动一时的"宋案"。

宋教仁是同盟会主要领导人之一，与戴季陶有一定私交。他在袁世凯所谓"新旧协力合作""朝野合作"的虚假气氛下幻想改组同盟会，建立第一大党，组织责任内阁，来分散袁世凯的权力。在他主持下，同盟会修改了纲领，改组为国民党。在1912年底到1913年初的国会选举中，国民党在参、众两院870个席位中获得392席，占整个议席的45%，成为议会的第一大党。宋教仁十分高兴，即以未来的内阁总理身份，奔走于湖北、湖南、安徽、江苏、南京和上海

---

① 戴季陶：《今日之国势》，见《戴天仇文集》，第37页。

② 《民立报》1912年8月22日。

等地，到处发表演说，抨击时政，苦心编织着资产阶级共和国的美丽花环。但他太天真了，议会选举中的胜利，使他忽视了北洋军阀集团手中的武力。在民主空气日益高涨的时候，袁世凯决心用铁血手段消灭革命势力，以维护他的专制统治。1913年3月20日，宋教仁由上海启程，准备到北京，刚进车站，就遭到袁世凯布置的凶手的枪击，于22日死亡。

袁世凯的枪声打断了孙中山、戴季陶的铁路狂想曲，他们得知"宋案"发生的消息后，即离开日本长崎，风尘仆仆地踏上了归国的旅程。

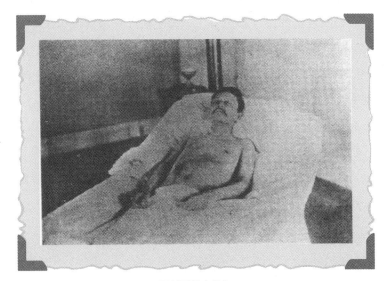

遇刺后的宋教仁

3月27日，孙中山与戴季陶抵达上海。当晚，由孙中山主持，在黄兴寓所召开了国民党高级干部会议，研究对策。戴季陶也参加了会议，这是他第一次参与国民党高层决策。会议气氛十分凝重，大家一方面对宋教仁的死表示哀悼，另一方面，对袁世凯暗杀革命元勋的无耻行径感到愤怒。会上，大家纷纷提出各种对策，要求声讨袁世凯。孙中山认为："事已至此，只有起兵，因为袁世凯是总统，总统指使暗杀，则断非法律所能解决，所能解决者只有武力。"① 黄兴等人持不同意见，他们认为南方兵力不够，"主张听候法律，与袁世凯相周旋"，而不主张对袁用兵。戴季陶虽然是第一次参加这样的会议，且又十分

① 孙中山：《人民心力为革命的基础》，见《孙中山选集》，第542页。

年轻，但却表现活跃，他在会上充分发表了自己的意见，表示赞成孙中山武力讨袁的主张，不同意黄兴"法律周旋"的意见，并"与黄兴再三的辩论，无奈黄兴不改变他的看法"[①]。这样，国民党内形成两派意见，各不相让。这就使国民党在政治转换的历史关头，不能形成统一的看法，拿不出正确的策略。

正当国民党内部围绕"宋案"争论不休的时候，袁世凯却已杀气腾腾地准备对南方革命党人诉诸武力了。为了筹集军费，袁世凯匆匆与帝国主义签订了拖延五年之久的《善后大借款》。袁世凯的卖国行为激起了以孙中山为代表的资产阶级革命派的坚决反对，黄兴等人也站到了孙中山一边，主张武力讨袁，连一度拥袁的章太炎也认为"项城不去，中国必亡"[②]。各地群众和革命党人纷纷撰文谴责袁世凯卖国，革命空气再度高涨起来。

6月份，袁世凯采取先下手为强的策略，连续下令免除了三位国民党籍的都督，即江西都督李烈钧、广东都督胡汉民、安徽都督柏文蔚的职务，并密派北兵南下，围剿革命党人，国民党被逼得走投无路，只得仓促应战。7月12日，李烈钧在孙中山的支持下回到湖口，以江西讨袁军总司令名义发布檄文，正式兴师讨袁，"二次革命"爆发。

在全国革命形势的影响下，戴季陶完全从铁道救国的迷梦中警醒，他积极地投入到二次革命的第一线。

这时，黄兴已到南京，在那里运动讨袁的军队，南京遂成为举足轻重的地方。戴季陶急忙从上海赶往南京，与黄兴一起，鼎力进行讨袁大计。当时，南京虽在国民党势力控制之下，但形势依然十分严峻。袁世凯知道黄兴在南京运动军队的消息后，也考虑到南京的重要性，便派其死党朱卓文携巨款潜入南京，企图以重金贿买南京第八师的下级军官，"要他们杀死师长、旅长，然后宣布独立，邀孙先生赴宁而害之"[③]。双方都在按自己的计划行事，形势十分紧张。

戴季陶到南京后，即协助黄兴在第八师中做了大量工作，他与广大下级军官和士兵交朋友，向他们宣传民主共和的思想，揭露袁世凯实行封建专制的罪恶行径，争取他们倾向革命。待一切工作做好后，黄兴、戴季陶便在李相府

---

① 王寿南：《戴季陶》，见《中国历代思想家》第 55 辑，第 23 页。

② 《章太炎政论选集》（下册），中华书局 1977 年版，第 661 页。

③ 惜秋：《民国风云人物》（上册），第 90 页。

召集第一、第八两师各级军官及各单位主管军官会议。戴季陶在会上宣布了袁世凯杀害元勋、毁弃约法、破坏宪政的罪行，号召大家起兵讨袁，广大军官都表示响应，少数袁党死硬分子如要塞司令吴绍璘、讲武堂副堂长蒲镒等表示反对，黄兴、戴季陶即采取革命手段，当场将这几名反动军官逮捕，并毫不留情地杀掉了。这样一来，官兵士气大振，纷纷表示拥护黄兴、戴季陶起兵讨袁。随后，黄兴、戴季陶即以江苏都督程德全的名义宣布独立讨袁，黄兴任江苏讨袁军总司令，成为李烈钧湖口起义的第一个响应者，全国人心为之一振。

南京虽然树起了反袁旗帜，但内部却颇为不稳，讨袁军中一些意志不坚定者，仍受到袁世凯的收买，如陈之骥等接受袁世凯的重金后，便不再努力作战，所以南京形势，日渐紧张。在这种情况下，黄兴、戴季陶力挽危局，坚持战斗。在戴季陶建议下，他们将一些受袁世凯收买的军官撤掉，另换上革命党人，如以洪承点为第一师师长、朱熙为第二师师长等，并且对作战方案另作了修改，以图开创新的局面。但此时，形势急转直下，徐州落入敌手，湖口已成败局，沪宁铁路已被袁世凯下令全线停车。这样，南京对外交通断绝，经济方面日益困难，弹药、粮饷供应不上，南京已是一座危城。更为严重的是，黄兴、戴季陶等讨袁军高层领导人，已处于袁党的监视之下，黄兴的卫队营长接受了程德全"捉拿黄兴"的密令，随时准备下手。这就使南京讨袁军处于内外交困的境地。

为了保证黄兴的安全，在戴季陶的劝说下，黄兴于7月28日离开南京赴日本，戴季陶仍留在南京坚持斗争。

黄兴离开南京后，形势更加严峻，"南中诸将，如章梓、洪承点、冷通等亦相继而逃"[1]。统帅逃跑，军中一片混乱，军官人心不稳，士兵纪律涣散。再加南京对外交通断绝已有多日，经济困难已成为主要问题，军队缺乏弹药粮饷，市民没有物资供应，整个南京城陷入极度的混乱之中。

在这种情况下，戴季陶只好经常到城内各处活动，安稳人心，由于他善于与一般士兵开诚布公地谈心，对一些市民作鼓舞人心的演讲，所以很受士兵群众的欢迎，"一般同志闻天仇来，亦莫不欣然有喜色。交相告曰'天仇先生，

---

① 何海鸣：《金陵纪战》，见《民初政争与二次革命》（下编），上海人民出版社1983年版，第590页。

中山之代表也，天仇来，经济问题有着矣'"①。因此，大家都很愿意与戴季陶交谈，也希望戴季陶能拿出对策，解目前之危。

面对危局，戴季陶采取了以下几个办法：第一，迅速筹款。他一方面给上海陈其美等写信，请求援助，并准备亲自到上海去办理此事。第二，整顿军队。戴季陶认为："现实最要之问题即军队漫无统帅，师长及上级军官多逃去，宜从速开军事会议，令各师举出师长、旅长以定秩序。"②

办法确定后，戴季陶即开始行动。当天晚上，戴季陶在南京市银圆局筹得小笔款项，任命李华侬为军需长，邵衡林副之，对这笔专款进行管理。第二天，戴季陶召集讨袁军一些主要军官在都督府开军事会议，会议确定由何海鸣担任讨袁军总司令，并由各师举出师长，第一师举徐涛为师长，第八师由戴季陶推荐王兆鸾为师长；会议还任命了旅长、团长等。

由于筹集到了少量资金，军队各级都重新确定了长官，再加上革命党人在军队中进行了大量工作，于是，南京讨袁军中，士气又重新高涨起来。大家决心克服经济困难，团结一心、共渡难关，如"第八师各军士宣言：暂时决不支饷，以有饭吃为止。一俟大局敉平，讨袁目的达后，再支全饷。……现在已一致决心，无内变之虑"③。

但由于资产阶级的软弱性，讨袁军在全国范围内处于劣势，不能坚持下来。南京形势虽有好转，依然不能救全国形势于万一，袁世凯在各处向革命党人发动进攻，北洋军处处得势，不久，各地的讨袁斗争相继失败，南京再次告危。9月1日，北洋军张勋部以炸药轰崩南京城垣，城中守军纷纷外逃，南京遂被张勋占领。

南京陷落后，戴季陶没有外逃，而是坚持留在城里继续从事反袁斗争。为了挽回败局，他联络了第一师、第八师中的一批中、下级军官，图谋再举，但不幸消息泄露，没能成功。北洋军到处捉拿戴季陶，城里一片白色恐怖。

这天，戴季陶办完事，刚从外面回来，只见北洋军已将他的住处——由日本人经营的宾来馆围得水泄不通，一些士兵已进入宾来馆，正在搜捕。戴季陶想要退缩，已经来不及了，便只好装出漫不经心的样子，坦然前行，因为北洋

---

① 何海鸣：《金陵纪战》，见《民初政争与二次革命》（下编），第 600 页。
② 何海鸣：《金陵纪战》，见《民初政争与二次革命》（下编），第 601 页。
③ 《民权报》1913 年 8 月 31 日。

军士兵并不认识他，再加他讲一口流利的日本话，那些士兵被哄住了，以为他是日本人，便放他进去。戴季陶昂然进入宾来馆，然后携一名日本妓女，双双翩然而出，居然奇迹般地闯过了险关①。但戴季陶再也不能在南京待下去了，他只好怀着依恋的心情，离开了这块已被袁世凯铁蹄践踏的六朝形胜之地。

戴季陶离开南京后，程德全宣布取消独立，其他各省也先后取消独立，9月12日熊克武放弃讨袁的最后一个据点重庆，"二次革命"失败。袁世凯命令他御用的北京总检察厅，下令通缉发动"二次革命"的国民党领袖们，分"首魁"及"执重要事务"两部分，黄兴等五人列名为"首魁"，戴季陶被列为"执重要事务"的34名通缉犯之一，孙中山也被明令通缉。

在这种通缉在案的情况下，戴季陶随时都有被捕的危险。但他由于有了这次反袁斗争的锻炼，革命斗志并没有低落。他回到上海后，制订了一个庞大的计划，决定到东北去，重新聚集旧部，组成一支精悍的军队，从东北打进关内，直捣北京，推翻袁世凯的专制独裁政权。基于这种想法，他即从上海再度北上，第二次到了东北的大连。

当时，全国的反袁斗争形势已经低落下去，但在大连，反袁斗争却正秘密进行。大连本地的革命党人宁武、刘纯一、石磊、傅笠鱼、王明山等人不顾环境恶劣、条件困难，发起组织了"实业研究会"，并以此为基地，积极进行反袁活动。他们发展党员，筹措款项，购置军火，已经有了一定的基础，只等时机一到，便拉起军队，公开打出反袁的旗帜。

戴季陶到达大连后，很快与宁武等人取得了联系。大连的革命党人对戴季陶的到来十分高兴，他们欢迎戴季陶把内地反袁斗争的经验带到关外来，并希望他能指导东北地区的反袁斗争。

戴季陶通过一段时间的调查，充分了解了东北地区的革命斗争情况。当时，大连虽有了反袁斗争的领导机构——"实业研究会"，但整个东北地区的革命势力仍然比较分散，且多数革命党人还对袁世凯抱有幻想，认为"若决计不举袁氏，则中国恐遭分崩之惨"②，幻想在国会中进行合法斗争，就能使袁世凯的勃勃野心有所收敛，因此，他们反对采取所谓"破坏统一"的武装斗争的手段。在这种情况下，戴季陶虽有宏图万里，也鼓翼难飞。

---

① 王成圣：《戴传贤的一生》（二），见《中外杂志》第 16 卷第 5 期。
② 《盛京时报》1913 年 5 月 27 日。

这时，他从革命党人处知道，孙中山已于8月4日偕胡汉民离开中国到达日本，在日本继续从事反袁斗争。于是他决定去日本与孙中山会合。9月25日，戴季陶装扮成日本新闻记者，化名岛田政一，乘轮船"台南丸"，黯然神伤地离开了大连，和他同行的有日本人山田纯三郎。

轮船离开大连，在碧波接天的大海上缓缓前行，望着船尾剪开的朵朵浪花，戴季陶心中不禁涌起淡淡的乡愁，他开始感觉到革命的艰难，想到革命的前途，竟不寒而栗，他抬起头来，凝望着天水相交的远方，不知何处才是他的归宿，不禁长长叹了一口气。

轮船很快到了日本的门司，戴季陶从门司搭急行列车直达东京。关于到日本的目的，据山田纯三郎云："孙之忠实干部戴传贤此次至日，系由于集合大连之同志，与孙联络中断，乃渡日计划联络，同时商今后工作方针。"[1]戴季陶此次到日本，确实是为了商量今后工作方针，以鼓起再斗争的勇气。

此时，"二次革命"失败，袁世凯在国内实行黑暗的独裁统治，资产阶级革命派遭到严重迫害，军队溃散、党人星散，中国上空，封建帝制的阴云迅速凝聚。在这严重的关头，国民党内部思想混乱、意见分歧，加上生活困难，互相诟谇，"二十年来之革命精神与革命团体，几乎一蹶不振"[2]。但孙中山并没有灰心丧气，也没有被袁世凯的嚣张气势所吓倒，"自东渡以来，夙夜以国事为念"[3]。他急需重整旗鼓，更急需一批坚定的骨干分子，因此，戴季陶的到来，使孙中山喜出望外，他要戴季陶继续当他的机要秘书。

这时，孙中山为了安置同志、培养干部，以继续进行革命，与黄兴、李烈钧等在日本办了两所学校，其一为军事研习所，对外称"浩然庐"；其二为政法学校。前者研究军事，后者则学习政治、法律。戴季陶到日本后，由孙中山委派到政法学校担任翻译，这样，他在为孙中山担任机要秘书的同时，又多了政法学校这一常例工作。他不但欣然接受了这一任务，而且还尽力去做好这项工作，为培养革命人才尽自己的一份心力。

戴季陶在日本最大的任务，可以说是协助孙中山创立中华革命党。"二次革命"的失败，给孙中山以很大的触动，他花很大的精力，认真总结了革命

① 罗刚编著：《中华民国国父实录》第三册，正中书局（台湾）1988年版，第2310页。
② 邹鲁：《中国国民党史稿》第一册，中华书局（台湾）1960年版，第160页。
③ 孙中山：《致黄兴书》，见《孙中山选集》，第109页。

失败的经验教训。他认为革命的失败"非袁氏兵力之强", "乃同党人心之涣散"①, 特别重要的是国民党在"二次革命"中"对号令不能统一, 事党魁未能服从"②。正是这些原因, 才招致革命失败。为了重新集结革命力量, 孙中山决定另组一个党, 以重新焕发革命精神, 这个党要忠于革命、忠于革命领袖。对于孙中山总结革命所提出的几条经验教训, 以及关于组党的设想, 戴季陶是完全赞成的, 因而他积极参加了孙中山的组党活动。

为了筹建中华革命党, 孙中山在东京多次召开会议, 讨论建党方案和原则, 戴季陶参加了这些会议, 并担任书记, 会前会后的一些事务工作, 戴季陶也积极承担。《革命方略》是中华革命党的主要文件, 为了慎重起见, 孙中山前后召集讨论会达17次, 广泛征求各方意见, 戴季陶曾出席讨论会有九次, 每次均担任书记, 并被推选为起草委员之一。在《革命方略》起草过程中, 他充分发挥自己的写作才能, 对每个字、每句话都仔细斟酌, 尽量把各方意见反映到文件中来, 经过戴季陶及其他起草委员的努力, 《革命方略》终于成为中华革命党的纲领性文件。

经过一系列的准备工作, 另行组党的条件已经成熟, 1914年7月8日, 孙中山在东京筑地精养轩召开大会, 正式宣告中华革命党的成立。为了克服以前号令不一的状况, 孙中山反复强调"此次立党, 特主服从党魁命令, 并须各具誓约"③, 并在大会上当众宣誓加盟, 当选为总理。陈其美、居正、许崇智、胡汉民、张静江分别当选为总务、党务、军务、政治、财政等各部部长。戴季陶以创始者的身份, 成为中华革命党最早的党员之一, 并被孙中山任命为浙江支部长(戴季陶没有到职)。

戴季陶不仅是中华革命党的高级组织干部, 也是宣传战线上的一员干将, 他在日本期间, 一直担任《民国杂志》的编辑。《民国杂志》创刊于1914年5月10日, 中华革命党成立后, 便成为该党的机关刊物, 由胡汉民任总编辑, 居正为发行人, 长期为《民国杂志》写稿的有戴季陶、朱执信、苏曼殊、邹鲁等人, 在戴季陶等人协力举办下, 《民国杂志》成为中华革命党宣传革命的喉舌。戴季陶曾在《民国杂志》发表了《中国革命论》等多篇文章, 这些文章都

---

① 孙中山:《致黄兴书》, 见《孙中山选集》, 第96—97页。
② 黄警顽:《南洋霹雳华侨革命墨迹》, 上海文华美术图书公司1933年影印版。
③ 黄警顽:《南洋霹雳华侨革命墨迹》。

以反袁为主要内容，用大量篇幅揭露袁世凯独裁专制、媚外卖国的罪行，鼓吹进行"三次革命"。

另外，戴季陶还为孙中山研究世界问题做了大量助手工作。当时，孙中山对世界历史、地理及现状十分注意，为了使孙中山更好地了解这些情况，戴季陶便在《民国杂志》一度负责世界大事记的专栏，分欧洲、美洲、亚洲三部分，分别汇记所发生的大事，在记叙这些事件时，戴季陶既从纵的方面追溯事件的起源，又从横的方面记下事件对各方面的影响，使人看后一目了然，这就大大方便了孙中山的研究，使他能比较快地明了国际政治的发展情势，并做出自己的反应。

由于戴季陶的努力工作，他很快被中华革命党人视为该党的重要干部。1914年，中华革命党的主要领导人田桐曾向孙中山提出两项同志名单，一为已经受盟立誓的"各省重要人物一览表"，一为"未曾加入团体（中华革命党）之重要人物一览表"，戴季陶列在受盟立誓的"各省重要人物一览表"中，表中云："戴天仇，浙江吴兴，前民权报记者，次重要人，民国二年十月二日受盟。"[1]这说明戴季陶在中华革命党内的地位在不断提高。

在日本期间，戴季陶曾随陈其美回国，第三次前往东北进行革命活动，这是在1914年的春天。

当时，戴季陶与陈其美认为："辛亥、癸丑两役失败原因固多，而以东北各省根基薄弱，不能直捣北京关系最大，今后我党如仍偏重南方，忽视北方，覆辙相寻，决无成功希望。不如蹈瑕抵隙，改在东北进行，培养根基。"[2]孙中山听从了他们的建议，便派他们到东北大连，进行"培养根基"的工作，他们的直接任务是负责建立革命机关，策动东北三省的革命运动。

此时，国内反动势力十分猖獗，东北地区的旧官僚、军阀如奉天的张作霖、赵尔巽，吉林的陈昭常、孟恩远，黑龙江的宋小濂等加紧勾结，逐渐形成了以张作霖为首的反动军阀统治的一个特殊地区。封建势力卷土重来，过去革命党人的机关、团体几乎被破坏殆尽。大连本是革命党人集中的地方，此时也因反动势力的压迫，"逃往海外者甚多，余者寥落若星辰，或操营业以自给，

---

① 蒋永敬：《民国胡展堂先生汉民年谱》，见《新编中国名人年谱集成》第12辑，商务印书馆（台湾）1981年版，第172页。

② 吴相湘：《孙逸仙先生传》（台北版），第1252页。

犬养毅（1855—1932），曾任记者、主笔，后步入政坛。犬养毅在明治时代对中国极表关切，孙中山到日本后，犬养毅予以庇护，积极支持孙中山的活动。

或任教授以糊口，或为谋生活计，于国事竟不闻问"①。在这种情况下开展革命活动，显然是十分困难的。

戴季陶与陈其美到大连后，便分头去联络旧日党人，向他们介绍孙中山在日本坚持斗争的情况，鼓起他们的勇气。在这些党人的支持下，很快便恢复了旧时的机关、团体，随后，又继续发展，在东北三省内建立了近三十个革命团体。这些团体都统一在中华革命党的旗帜下，继续进行反袁斗争，在这些斗争中，陈其美、戴季陶起着主要的领导作用。据东北革命党人王新命后来回忆，陈其美是东北革命运动的最高负责人，戴季陶副之。那时，由陈其美所发的命令和委任状，除他自己署名外，副署人是戴天仇②。另据山田纯三郎回忆："1914年，我得到东北溪湖的马贼将攻击沈阳以打倒张作霖的消息，于是跟陈英士和戴季陶到大连请满铁理事犬养信太郎介绍，以满铁作为根据地，策划一切，但没有成功。"③这都说明戴季陶为东北近代革命运动做出了一定的贡献。

戴季陶在东北的活动，也引起了反动势力的忌恨，东北地区每年冬防，奉系军阀头子张作霖都要下一次悬赏通缉戴季陶的命令。各处防范甚严，戴季陶随时有被捕的危险。

那时，东北革命党人宁梦岩也住在大连，戴季陶与之过从其密。宁梦岩的次女乳名小二，虽然年纪小，但极聪明机警。有一次，宁梦岩带她到戴季陶住处来玩，正好碰上日本警察前来搜查，戴季陶对此突然事件毫无思想准备，一时竟不知所措，但小二却机灵地将文件物品一一掩藏起来，且毫无破绽.竟骗过了警察。戴季陶对其十分钟爱，多次要收为义女，并要带往日本念书，怎奈宁夫人不许，只好作罢。

①　《盛京时报》1915年8月25日。
②　王新命：《新闻圈里四十年》。
③　山田纯三郎：《辛亥革命与孙中山的中日联盟》，见陈鹏仁译：《论中国革命与先烈》，第240页。

戴季陶与陈其美在东北地区虽然进行了卓有成效的工作，但在张作霖奉系军阀的严密统治下，局面还是难以打开，因此，他们在大连工作一段时期后便认为：在东北进行革命活动阻力重重，东有日本、北有帝俄，不如率领同志到关内活动。基于此种想法，戴季陶与陈其美便匆匆离开大连，又回到日本。

戴季陶这次在大连的时间虽然短暂，但工作还是十分努力的。据陈其美后来写给东北革命党人周炎游的信上说，戴季陶离开大连到日本后，曾生过一次病，幸不久即告痊愈[1]。

这一年，戴季陶的夫人钮有恒女士也从上海抵达日本，与戴季陶团聚。

戴季陶在日本期间，还曾与日本政界、军界一些要人有过接触和交往，有些是公事来往应酬，有些是私交。这些人有的后来成了法西斯分子，有的成了侵略中国的干将。

如日本立宪国民党领袖犬养毅，是个狂热的法西斯分子。戴季陶当年与他私交甚厚，他在竞选内阁首相时，戴季陶甘愿担任其助选员，为其不辞劳苦，奔走于日本各地，到处发表演说、拉选票。他的频繁活动，使犬养毅的对手几乎惨败。就因为此事，日本法律特别规定，限制外国人参加日本的助选活动[2]。

九一八事变时担任日本关东军司令的本庄繁，当年也与戴季陶过从甚密，戴季陶常邀本庄繁到其住处，讨论近东、中东军事地理的问题。

此外，戴季陶还与日本海军中将秋山贞、日本参谋部次长田中义一中将也有较多的交往。虽然这些人当时并没露出法西斯与侵略者的面目，但戴季陶与他们的关系如此之深，恐怕不是十分光彩的事情。

3. 讨逆护法

护国战争爆发后，为了更好地指导全国各地的反袁斗争，孙中山于1916年4月27日秘密自东京回到上海。戴季陶也结束了羁旅异国的生活，"直挂云帆济沧海"，随孙中山一起返国。

戴季陶回国后不久，袁世凯便在全国人民蜂拥而起的反对复辟帝制的怒潮

---

① 转引自王寿南：《戴季陶》，见《中国历代思想家》第55辑。
② 吴相湘：《戴传贤我佛心肠》，见《春秋》（台北）第3卷第1期。

中死去，讨袁军事遂告结束。黎元洪继袁为中华民国大总统，实权却操在国务总理段祺瑞手中。段本来就与袁世凯是一路货色，他上台后，继续敌视约法与国会，敌视革命党人，所以北方政局依然是阴霾笼罩、战云四伏。南方政局也好不了多少，护国战争结束后，南方各军阀开始互相征战、扩大势力、抢夺地盘，到处是一片血雨弹痕、破壁残垣的景象，广大人民仍旧是挣扎在水深火热之中。

面对如此形势，戴季陶高昂的情绪一下子低落下来，整日长吁短叹、无所事事。一日，他无聊已极，便到上海郊外龙华游玩，此时已是暮春季节，虽然天气暖和、春日融融，但桃花已渐残落，柳树已是郁郁葱葱，再也没有昔日妩媚的景象，戴季陶忽然勃发诗兴，吟了一首五言绝句："去年车马地，今年旧战场；桃残春黯淡，衰柳带斜阳。"[①]这首诗带有十分伤感的情绪，与其说是哀叹春的逝去，不如说是哀叹自己理想的不能实现，表现了他在国内日益恶化的政治局势下一筹莫展的心情。

政治局势继续恶化，终于酿成了1917年6月的督军团事变及7月的张勋复辟丑剧。当张勋酝酿复辟时，曾派大批复辟分子到日本多方活动，企图取得日本帝国主义的支持。为了弄清日本方面的态度，孙中山急派戴季陶赴日本访问。

6月21日，戴季陶抵达日本，他带着孙中山给日本政府要员的信件多封，开始了紧张的政务活动。当时，日本帝国主义对张勋复辟总体上是支持的，但最高决策集团内部意见并不统一，要弄清这里面错综复杂的情况，短短的几天时间确非易事，但戴季陶凭着他的聪明、胆识及与日本朝野广泛的联系，却很好地完成了孙中山交给他的任务。

首先，戴季陶去会晤秋山贞海军中将，由于彼此很熟悉，私交又好，他便不经通报，一直闯入里房。秋山贞正在书房瞑目静坐，听见脚步声，便睁眼看去，见是戴季陶，大吃一惊，连忙起身寒暄道："你几时来的，所来为何？"戴季陶取出孙中山的信，双手递给秋山，等他读完，方问道："你看中国的大局怎样？"秋山并不马上回答，他坐下来，闭起眼睛，口中念念有词好几分钟，才睁开眼睛，望着戴季陶说："不出十天，中国将有国体的变更，发生在

　　① 戴季陶：《民国五年咏龙华诗》，见《戴季陶言行录》，第521页。

北京，可是发生后很可能失败。"戴季陶故意露出疑惑不定的神色问："你能不能说明是什么样的变更，将如何发生，怎样失败？"秋山贞微微一笑．装出神秘的样子答道："以我的能力，现在只能预见到如此，往后的事情，且待局面出现以后再看吧。"说完后，秋山贞又闭起双眼，不再说话。

戴季陶已知秋山贞的话大有含义，但不便再问下去，便起身告辞，临走时，秋山贞还特意关照他应该到东京地势最高的金生旅社去住宿。从秋山家出来后，戴季陶便遵照秋山的意思，用电话向金生旅社订好房间，再吩咐侍役把他的行李送过去，然后，他马不停蹄，接着去拜访日本参谋部次长、陆军中将田中义一。

田中义一是一个积极主张侵略中国的法西斯分子，与中国的复辟势力有很深的交往。他是日本长洲系军阀的嫡系，和秋山贞一样，是日本政坛上极有权势的人物。

田中义一的住所是一幢和洋合璧式的华屋，戴季陶来后，被侍役导入书房，在那里等候田中接见。戴季陶抬眼扫视了一下这个雅致的书房，只见书房的墙上，挂着一副泥金的新对联，上款是"田中中将雅正"，下款赫然是"弟张勋拜书"。这时，田中自内室出来，一见戴季陶在注视那副复辟派急先锋送给他的对联，脸上便现出不安的神色，但很快便镇定下来。两人互致问候后，不等戴季陶说明来意，田中就急切申辩，说明他如何坚决反对中国的复辟运动，如何为此特地去见张勋，告诫其切不可逆潮流而动，否则将会引起国民的反对，落得不好的下场等。田中的话越说越长，越说越奇，反倒使戴季陶觉得十分生疑，他并没说田中与张勋复辟有关，也不曾怀疑田中唆使张勋复辟、充当其后台，田中竟如此大费唇舌、极力分辩，这不正是"此地无银三百两"吗？戴季陶已不需再说什么，他已了解了田中对复辟的态度，于是很快与田中告辞。

从田中义一家中出来，戴季陶驱车直往金生旅社。来到旅社门口，看到一派车水马龙、门庭若市的热闹景象，戴季陶急忙向旁人打听，方知策动中国复辟的阴谋分子正在这里聚会，复辟党的所谓"肃王派""恭王派""宣统派"的头目，正拿着日本财阀的赏金，在这里大肆挥霍，做着复辟成功、龙袍加身的黄粱美梦。戴季陶看到眼前的情况，再把秋山贞与田中义一的态度两相对照，已将日本两大势力——陆军与海军对张勋复辟的态度、动向摸得十分清楚了。有了这些一手的材料，戴季陶对时局的观测，就有了相当的把握。当天晚上，他顾不得一天奔波的劳累，连夜赶写了一份很详细的报告，将在日本所了解到的情况以及自己根据这些情况所做的推测全部写出，第二天便给孙中山寄出。这样，他仅用两天时间便圆满地完成了这项艰巨的任务，对于孙中山准确地把握国内外政治形势、确定革命党人的应变策略，起到了很大的作用。

戴季陶回到上海后，专门写了一篇文章，题为《关于日本之观察》，连续刊载于上海《民国日报》，根据他在日本所了解的情况，对日本政府及其所谓"亲善政策"提出了温和的批评。

在革命党人的坚决斗争下，张勋复辟的丑剧仅上演了12天就匆匆收场了。段祺瑞恬不知耻地以"再造共和"的元勋自命，再次当了国务总理。他承袭了袁世凯的全部反动政策，叫嚣："一不要约法，二不要国会，三不要旧总统。"①这激起了全国人民的强烈反对。

孙中山始终认为："约法与国会，共和国之命脉也。"②如果听任国会解散、约法废弃，"则数十年革命事业的成绩，固全被推翻，而将来国家根本之宪法，亦无从制定"③，这是万万不能容忍的。

1917年7月6日，孙中山南下广州，揭起了护法运动的大旗。戴季陶与廖仲恺、朱执信等作为孙中山信赖的同志，也一起南下，参与护法运动。

9月1日，孙中山在广州成立中华民国军政府，并以大元帅的名义任命戴季陶为法制委员会委员长。后来，又任命戴季陶为兼职的大元帅府代理秘书长。不久，戴季陶又奉命兼任外交部次长（外交部长为林森）。这样，在军政府中，戴季陶集三项要职于一身，成为重要角色。当时，军政府刚刚成立，各种事务，千头万绪，都得戴季陶过问或办理，但戴以他勤奋的工作和过人的才识，将种种复杂的事情，处理得井井有条。

戴季陶的工作赢得了军政府的称赞，也使孙中山对他的信任与日俱增，以至不可须臾离开。

孙中山主持广州军政府时，曾计划将驻在汕头的陈炯明部队改造成一支革命的军队，当时他派了文武两员干将前去汕头，帮助陈炯明整顿这支队伍，这

---

① 觉民：《天津通讯二》，见《民国大新闻报》1917年7月22日。
② 《民国日报》1916年5月6日。
③ 孙中山：《复头山满犬养毅述护法目的书》，见《国父全集》第三册，第547页。

文武两员干将，武的是蒋介石，文的即是戴季陶。

戴季陶到汕头后不久，孙中山又感到军政府在对日外交方面也离不开戴季陶，于是又急电汕头，召戴季陶回广州主持对日外交事务。而戴季陶在汕头一段时间的工作令陈炯明刮目相看，陈炯明也不愿戴季陶离开，忙电广州，请孙中山准许戴季陶留汕头继续工作。孙中山执意不准，再次回电陈炯明说："介石知已留相助，唯季陶接洽对日事件，实难久离，盼嘱速返。"①短短数字，可以看出孙中山此时对戴季陶寄予何等的厚望。

蒋介石青年照。孙中山主持广州军政府时，计划由陈炯明改造一支革命的军队，当时他派文武两员干将前去帮助陈炯明，这两员干将，武的是蒋介石，文的即是戴季陶。

戴季陶回广州后，受孙中山命，主要任务是主持接洽对日外交事务。为了更好地向日本国民宣传中国的资产阶级革命，摸清日本各界对中国革命的态度，戴季陶又一次跨海东渡，这是他这一年中第三次赴日。他这次赴日访问，不是作为军政府的代表，而是作为国民党的代表，这样，他在日本期间，不仅与日本政府官员，而且与各党派领袖、各界著名人士进行了广泛接触与认真交谈。戴季陶把当时中国的政治形势及孙中山领导的护法运动和孙中山护法的目的、主张向他们作了宣传，并听取了他们的意见。通过戴季陶的努力工作，争取了日本各界一些上层人士对中国革命的同情，了解到日本朝野对中国革命的态度，再次顺利地完成了孙中山交给他的访日任务。

9月16日，戴季陶满面春风地回到上海。17日，他在应记者采访时透露了日本朝野对中国政治的看法，他说："日本朝野对中国政治上之观察，则多以为中国武人专政之风不去，无益之兵不裁，则政治毫无整理之希望。至于中日亲善之语，已为两国通人之口头禅，实则今后问题，非亲善问题，乃两国能协力行动与否之问题，日有国力，中国乏国力，若中国不能进为有力国家，则两

---

① 转引自王寿南《戴季陶》，见《中国历代思想家》第55辑。

国无从协力，亲善乃成虚语，尤望吾国民之了解者也。"[1]透过戴季陶这段话可以看出，当时日本各界人士大部分对孙中山领导的革命是抱善意态度的，日本人民对中国人民是友好的。但是他们所提出的解决中国问题的主张是不正确的。戴季陶十分赞赏这种主张，也认为中国要去武人专政之风，只有裁无益之兵，否则政治无整理之希望。这种主张表面看起来似乎有些道理，但戴季陶没有看到，在北洋军阀独裁统治的中国，要想裁兵是根本行不通的。在这些军阀眼里，在中国这个半殖民地半封建社会里，有兵就是草头王，因此，谁也不会放下手中之兵，提出裁兵的主张，这只是一种幻想。戴季陶这种主张，对后来孙中山提出兵工主义、废督裁兵的政治方案，无疑是有一定影响的。

护法运动开始不久，南方军政府内部由于亲英、美势力的大肆活动，发生了重大分裂。在滇、桂系军阀和反对孙中山的政学系政客的参与谋划下，广州非常国会于5月20日悍然改组军政府，将大元帅制改为总裁合议制，实权掌握在西南军阀之手。孙中山愤然辞去大元帅职，离开广州。戴季陶亦辞去军政府各种职务，满怀出师未捷的酸楚，郁郁回到了上海。

朱执信(1885—1920)，早年留日，1905年参加同盟会。护法运动中，任广州大元帅军事联络，并掌握机要文书，成为孙中山的主要助手。

这次护法运动的失败，对戴季陶是个不小的打击，年轻的戴季陶，曾怀了一腔爱国热情，参与了推翻清王朝的革命斗争，他疾恶如仇，誓与清朝统治者不共戴天，小资产阶级的激情在他身上奔流，他把革命看得浪漫而简单。辛亥革命后，袁世凯窃国，使他经受了第一次打击，但他仍然奋起反袁，反袁后又参与护法运动，这些斗争却一次又一次地失败，没有达到他预期的效果，就像他后来所说的那样："……许多事业的造因，完全由我而起，但是所有过去的事业，尽是播种，而无收获，只有造因，而无结果。"[2]这对于总爱在理想天地里驰骋的戴季陶来说，是个严峻的考验，戴季陶不能接

① 《中华新闻》1917年9月26日。
② 戴季陶：《八觉》，见《戴季陶集》（上卷），第25页。

受这冷酷的现实，他理想的双翅停止了扇动，继而情绪低落、意志消沉，竟不思再起。

戴季陶陪孙中山到上海后，孙中山的心情虽然也十分痛苦，但并没有向恶势力屈服，而是发愤闭门著书，总结"奔走国事三十余年"的经验，以此来"启发国民，唤起新社会"，到"异日时机成熟，一致奋起，除旧布新，此即吾党主义之大成功也"。

而戴季陶则举家迁到浙江吴兴，寄寓松雪故园莲花庄，过起隔离尘世的桃花源生活来。吴兴地处太湖之滨，这里山峰秀丽、河流纵横，水上帆樯出没，田畴交错、竹木荫翳，风景如画。戴季陶常与老同盟会员张静江等人寄情于山水之间，他们晴登莫干山、雨临太湖畔，步履相伴、扁舟过从，有时流连于"木欣欣以向荣"的景色，有时领略"野渡无人舟自横"的乡间情趣，两人谈诗论文，乐而忘返。

后来，同盟会另一元老胡汉民也来到吴兴作客，戴季陶与他在衾衾楼一起读书，早晚相伴、形影不离，读书之余，还学书法，胡汉民喜爱曹全碑拓，认为字数多而书法劲秀，便以此临摹，戴季陶则习松雪帖[1]。二人同此雅尚，玩得十分惬意。

除胡汉民外，同盟会一些重要领导人如朱执信、廖仲恺也间或从上海来游，以呼吸一下乡间新鲜空气，戴季陶便陪着一起游玩，他们一边徜徉山水，一边吟诗作文。此时的戴季陶早把"政治""革命"抛到了九霄云外，真可谓"不知今夕是何年"了。

这时，吴兴城外的云巢山道观举行坛会，传纯阳祖师临坛主持，由于戴季陶颇有哲理的文章深具影响及本人在当时的名气，也被邀请祭坛，戴季陶在坛会上得到一个法名"本乾"，纯阳祖师为他专门作序，全文如下：

"戴子知本乾之意乎？佛以慈悲为本，乾元普度群生；老以道德为本，乾元利济群生；孔子以仁为本，乾元博爱群众。三圣首出庶物，无非各正性命，终日自强不息，虽勉闲邪存诚，渐至德博而化，操修纯粹而精，自能保太和，协乎刚强中正，泊及同声相应，风从天下文明，乾之义极矣。阳极则阴生，阴生而后静，静而有恒，恒而后志一。夫人苟能一志潜修，持有恒之志，本乾刚

---

[1]　蒋文敬：《民国胡展堂汉民年谱》（台湾版），第226—227页。

之德，坚守中正之操，则进乎大同不难矣。是故易之言曰，乾道乃革，天下文明，人能明乎革新乾道之体，以用行于天下。日趋夫文明之正轨，当自然遂进乎大同。戊子勉哉，愿子顾名思义，本乎乾德，本乎恒德，超人入圣，基于此矣，勉乎哉，勉乎哉。"①

这一段关于道家修身养性的语言，似乎使戴季陶顿开茅塞，他觉得于宗教中更能找到精神寄托，他从这段话中，为自己规避现实、游山玩水找到了理论根据，因而对宗教也有了一种特殊的感情，可以说，以后戴季陶对佛教感兴趣也是从这里发端的。戴季陶在1940年五十寿辰时，还把这段赠言恭敬地楷录为座右铭，称之曰"云巢先生"。居正说："季陶对于宗教的情感甚强烈，世间罪恶痛苦，感受敏锐……"②

吴兴的山水确实叫戴季陶流连忘返，以后他又多次到此生活，以此作为逃避社会、逃避革命斗争的世外桃源。他这种不求进取、自甘消沉的表现，引起其他革命党人的不满，就连曾经与他一起逍遥的朱执信，也毫不留情地批评他："现在这些自命高尚而作隐遁生活的人，都是过分的贪婪，既然吃众人做成的饭，穿众人做成的衣，住众人做成的房子，就应为众人做事。"戴季陶不以为然地分辩，说他到吴兴只是暂逃规避，并没有做隐士的意思，将来还是要出来的。对此，朱执信在给他的一封信中责备道："你们既然不是做隐君子的人，此刻何苦跑开，将来既然仍旧要跑出来，现在下乡，岂非多事？"③朱执信的批评并没有引起戴季陶的重视，他仍旧寄情山水、移性诗文，甚至向往起晨钟暮鼓、黄卷青灯的佛教生活来，他研究和笃信佛教的思想也是此时萌生的。这时的戴季陶，再也没有"天仇时代"那种革命豪情了，思想消极到了极点，精神颓废到了极点。

后来，戴季陶回忆这段生活时，也认为朱执信的批评是正确的，他反省道："现在想来，我当时搬到湖州去，实在是含有偷懒和规避的意义，他（指朱执信）的反对是很正当的。"④当然，无论怎样反省，总是不能抹去这段苟且偷生的生活痕迹，他毕竟在斗争的生死关头逃离了战场，构筑起一个虚假的

---

① 陈天锡：《戴季陶先生编年传记》，文海出版社出版（台北），第40页。
② 居正：《忆季陶入世观》，见《革命人物志》第8辑，第272页。
③ 引自戴季陶：《怀朱执信先生》，见《戴季陶言行录》，第215页。
④ 戴季陶《怀朱执信先生》，见《戴季陶言行录》，第215页。

安乐窝，掩藏了自己，而不是像孙中山、朱执信那样，重新投入战斗。特别是朱执信，跃马横枪，驰骋于战场，以马革裹尸，赢得轰轰烈烈的死，这与戴季陶形成鲜明的对照。同时，这段闲情逸致的生活、这种消极低沉的情绪，也影响了戴季陶今后的生活道路和他的性格、思想。

4. 再揭旌旗

戴季陶的桃花源生活并没有维持多久，五四运动的浪潮便波及了太湖之滨的吴兴。由于巴黎和会中国外交的失败，中国人民蕴藏心中已久的爱国激情如火山一样爆发了，学生运动风起云涌，无产阶级作为一个觉悟了的阶级登上了政治舞台，自由的钟声响了，新世纪的曙光现了，这一切鼓舞了戴季陶，使他不得不面对现实。他觉得五四运动证实了他五年前的分析，即中国之革命将继续展开，反帝国主义之思潮将使人们拥护革命的情绪大为增强。而现在，国家存亡的现实惊醒了学生、工人、商人、市民，他们加入了革命的行列，因此戴季陶认为现在应该用孙文学说去影响他们，使之能加入孙中山的革命阵营。于是，戴季陶那还没彻底冷却的血液又沸腾起来，决心出来再干一番，他便又回到了上海。

戴季陶回到上海后，受孙中山之命，负责创办《民国日报》副刊——《星期评论》。1919年6月8日《星期评论》正式在上海出版，办报的宗旨是：介绍世界大势与思潮，唤起不满社会现状的青年，使他们能够了解该打破的是哪些，该解放的是哪些，该建设的是哪些。在戴季陶的努力下，《星期评论》很快便成了一份权威性的急进报纸。紧接着，戴季陶又协助孙中山组织"建设社"，筹办《建设》月刊。"先是议定名，胡汉民欲命名'改造'，国父不以为然，谓建设为革命之唯一目的，如不存心建设，既不必有破坏，更不必言革命，遂定名为'建设'。"[1]

《建设》杂志于8月1日创刊，内容分论说、纪事、通讯、杂录、他山之石等栏，采用新式标点符号，文体自由，文言白话皆可，是一份内容广泛、形式活泼的刊物。

---

[1] 罗刚编著：《中华民国国父实录》第五册，中正书局（台湾）1988年版，第3462页。

孙中山要戴季陶创办《星期评论》和《建设》杂志，是为了更好地宣传革命理论，以"激扬新文化之波澜，灌溉新思想之萌蘖，树立新事业之基础，描绘新计划之雏形"①。因此，戴季陶常在这两个刊物上发表文章，针砭时政，评论社会问题，揭露帝国主义的罪恶，宣扬民主、爱国的思想。大约在这个时期，戴季陶接触到了社会主义新思潮。

五四运动给中国人民以新的觉醒，戴季陶也从这一革命运动中看到了以青年学生为主体的大规模群众运动所发挥的巨大作用，他所参与的护法运动最缺乏的就是广大群众的政治热情。他从中吸取了新的经验，认为革命最要紧的是教育群众、发动群众。他曾写文章赞誉五四运动中的校园宣传人士，认为他们的宣传加强了抵制日本运动的能力，他十分感慨地写道："孙中山说：'知难行易'，这是一个普遍的原则，我相信这个主张是合理的。就以我们此刻所处的遭遇，所做的事业来说，以少数的'知者'要抵抗多数'不知者'来实行自己信奉的主义，一定要先使这许多不知者知，然后才能联合许多的知者来行。联合许多知者来行，不是难的，先使许多不知者知，这是极不容易的。"②这里，戴季陶提出重视唤醒民众，是正确的，但认为唤醒民众是最难的，却是错误的，他不了解民众，也不可能知道发动民众的真谛。对于戴季陶这些自命为先知先觉的天才来说，这永远是一道不能解答的难题。

就在五四运动发生后不到半年的时间，孙中山为了更好地领导国内的革命斗争，以便"重新创造一个国民所有的新国家"③，便在10月10日将中华革命党改组为中国国民党。戴季陶积极参加了这一改组工作。他参与了起草《中国国民党规约》的全过程，并提出了自己的见解，他认为：国民党应以教育、宣传为基础，不宜仅只利用政客作军政活动。这是他自1916年反袁以来的一贯主张，他力图将这些主张写进规约，孙中山虽有同感，后来因格于众议，而没能将之写进规约，戴季陶每每引为遗憾。但规约总的来说比原来中华革命党纲领有了进步，规定了"以巩固共和，实行三民主义"④为最高革命原则，这就改变了中华革命党只"实行民权、民生二民主义"的纲领，但这时的三民主义中

① 黄季陆编：《总理全集》（下册），第160页。
② 戴季陶：《致陈竞存论革命的信》，见《建设》杂志第2卷第1号。
③ 《孙中山在寰球学生会演说词》，1919年10月18日，上海1919年印本。
④ 《中国国民党规约》，见邹鲁《中国国民党史稿》第1篇，第287页。

的民族主义仍是大汉族主义，缺乏反对帝国主义的内容。

1920年7月，直皖战争爆发，孙中山利用北洋军阀混战之机，派廖仲恺、朱执信到福建，向国民党人陈炯明传达命令，令其统率援闽粤军回广东驱逐桂系军阀陆荣廷，以便重新在广州建立革命的大本营，并声明经济方面可由上海国民党本部承担。这时，援闽粤军已从开始的8000人发展到两万余人，扩编成两个军，孙中山把这支部队视为最可靠的革命武装力量。

为了从经济上援助陈炯明的军事行动，上海的国民党人开始另辟新路，寻找生财之道。戴季陶此时在上海，一来无事可做百无聊赖，二来他在吴兴的浪漫消遣使他经济上十分拮据，三来可以冠冕堂皇地支援革命，于是，戴便参加了上海证券物品交易所的经营活动，做起生意来。据曾任上海证券物品交易所理事的魏伯桢说："戴季陶、张静江、蒋介石等因为经济非常拮据，共谋生财之道，乃和日本某企业代表协商开办交易所，在上海组织了一个名叫'协进社'的秘密社团谋划其事，又和虞洽卿等拉拢，成立了上海证券物品交易所。"①

戴家原本经营商业，戴季陶从小耳濡目染，也颇受这种商业气息的熏陶，对于贱买贵卖、投机取巧的商人手腕，他也略知一二，因此，他参加交易所活动后，居然屡屡中的，在较短的时间内，获至大利。魏伯桢回忆说："开始时股票价在30元左右。到1920年春已拍到每股50多元。及至年终每股涨到120元。这时每股所欠缴的股款3/4，即37.5元，已全数缴清，交易所已实收股本500万元。'协进社'所有的3万股，据我所知，戴季陶、张静江、蒋介石等最多只分给重要社员1.5万股（包括我的1000股在内），其余所存1.5万股早已卖到市场上去了。现在为了要缴3/4的股款，戴季陶、

张静江像。戴季陶、蒋介石和张静江曾在上海开办交易所。

---

① 魏伯桢：《上海证券物品交易所与蒋介石》，见《文史资料选辑》第49辑，第149页。

张静江、蒋介石等又将日商方面做押款的7万股股票全部赎出而卖掉3万股。这样加前存1.5万股，以每股平均获利60元计算，共可获利270万元。除去（一）日商押款87.5万元；（二）还有4万股保留下来的股子，每股应缴37.5元，共需150万元；两共237.5万元。尚余32.5万元，当然为戴季陶、张静江、蒋介石等所得。至于已缴足50元的4万股票，市价每股已值120元，共值480万元，也为戴、张、蒋所有了。真所谓空手人翻云覆雨，白手起家，凭空发了大财。"[1]他们正是以这样的手段，在上海滩尔虞我诈的商业场上，在重重叠叠的证券起落当中大发横财的。

经济上的收获只是其一，重要的是他在政治上的收获。这一时期，他与同在证券物品交易所的张静江、蒋介石、陈果夫等人开始了密切交往，这几个浙江人以地域作为纽带，紧紧地抱成了一团，成为江浙财团及上海帮会势力在政治上的代表。特别是与蒋介石的交往，更为他今后的政治活动及权势的不断提高创造了有利的条件。

戴季陶与蒋介石的交往当然可以追溯到很早以前。1905年，戴季陶到日本留学进振武学校，第二年，蒋介石首次赴日进清华学校，那时两人不在一校，也不认识。后来蒋介石回国，到1908年春，蒋再度赴日，也进了振武学校，与戴季陶同在一个学校，虽然不同年级，但却是同学，而且都是浙江籍人，这便开始了两人的来往，但关系并不密切。二次革命时，两人都在陈其美麾下工作，也只是一般交往而已。两人的深交却是在上海从事证券物品交易所经营的时候，可以说，他们两人的感情是在投机取巧的风险活动中建立的。当时，上海滩是冒险家的乐园，在这个国际都市的市场上，从事交易所买卖是极冒险的事业，在买卖供求中，充满着赌博、投机、欺骗、诱惑、冒险、凶残等，一人的发财建立在多数人的倾家荡产上，由于共同利益的驱使，戴季陶与蒋介石走到了一起，并在饱尝了经营中的甜酸苦辣后结成了知己。

戴季陶曾在一封信中向蒋介石殷殷表白："……自信爱兄……唯有一爱，在爱之变体成为痛则有之，决不成为愤也。"[2]蒋介石也颇带感情地向戴表示："然兄之待吾，私爱之厚，道义之深，有过于孙先生与静江之待吾者；而

① 魏伯桢：《上海证券物品交易所与蒋介石》，见《文史资料选辑》第49辑，第152页。
② 戴季陶：《致蒋介石先生书》，见《戴季陶先生文存》第四册，第1481页。

吾之待兄，固亦奉为畏友良师……"①这两人关于友情的剖白似乎有点过头，略显虚伪，但还是可以说明，此时的戴季陶与蒋介石的关系，已超过国民党中的一般同志了。所以，他们互相间称兄道弟，戴季陶的儿子戴安国也称蒋介石为"三伯伯"，这种亲密的程度，不是常人所能相比的。

经营证券交易所的成功，不仅使戴季陶个人从经济上走出了山穷水尽的境地，而且也多少资助了援闽粤军的军事行动，援闽粤军"于这年8月回师讨伐桂系时，饷糈奇绌，亦赖戴以经营所得助之，始得开拔"②。

交易所获利越来越多，戴季陶与蒋介石等便将股票价格越抬越高，1921年初，交易所股票每股市价抬高到一百五六十元，到年终时竟涨到每股二百数十元。这时，戴季陶、张静江、蒋介石等不仅不缴证据金，反而强迫常务理事郭外锋、闻兰亭等收受空头支票，充作现金。这就使现货与期货（本月期货与下月期货）的差价越来越大，差金打出愈多，致会计上的现金大量支出，交易所由外强中干到捉襟见肘，露出种种危机。

在这种情况下，戴季陶等仍没能引起足够注意，还在肆意抬高股票价格，企图趁此机缘，大捞一把，这就注定了他们在商业市场中失败的结局。

果然，没过多久，戴季陶与某钱庄往来，因所开支票超过存款数十元，被钱庄拒付，这样，戴季陶一下子信誉扫地，并以此为起点，他与蒋介石等的经营也陷于破产，从买空卖空的巅峰一下子跌落下来，戴季陶沮丧不已，从此告别了经济活动的舞台，以后再也没有涉足过。

这段时间，戴季陶还协助孙中山做了一件有意义的工作。孙中山在上海著书时，曾比较留心各书局出版的中小学教科书，他认为这些书缺点甚多，民国成立八九年了，教科书大多还是老一套，既没有反映辛亥革命的成果，也没有吸收国外资本主义教育的先进方面，而革命、建设所需大量人才，教育是十分重要的。因此，孙中山对学校的教育方针、教学方法，以及教材的选择、教科书的编辑等方面，不断提出了自己的意见，并决定委托自己信任的同志来具体从事这一工作。这样，戴季陶便受孙中山之命，研究中小学教育事宜，并且负责编辑初等师范，普通中学，初等、高等两级小学的教科书。同时参加这一工作的还有胡汉民、朱执信、廖仲恺等人。

① 毛恩诚：《民国十五年以前之蒋介石先生》，第119页。

② 吴相湘：《戴天仇季陶传贤三位一体》，见《民国百人传》（台湾版）第二册，第125页。

在孙中山的指导下，戴季陶等人首先集中于编辑国文、中国历史、中国地理三科教科书，由朱执信任总编辑，戴季陶、胡汉民、廖仲恺分别任编辑。戴季陶在担任教材编辑时，积极工作、兢兢业业，他广泛搜集了各书局先后出版的各种教科书、参考用书、课外读物计数百种。另外，他还搜集了外国师范和中学的应用图书、小学教科书等各种读物，以及关于教育制度、教学方法的各类出版物。然后，他认真阅读了这些书，并进行研究，比较各种书的优劣，做下了详细的笔记。待这一切都完成后，才开始着手编辑新教材的工作。但就在此时，回粤之师迭克广东各城，革命形势起了变化，戴季陶等编辑教科书的工作遂告停顿。

援闽粤军在以孙中山为首的国民党人领导、支持下，在战斗中取得节节胜利。1920年11月1日攻克广州。25日，孙中山离沪赴粤，戴季陶与胡汉民、廖仲恺、唐绍仪、伍廷芳等也随同前往，一些国会议员也相率而至。29日，孙中山在广州军民的一片欢迎声中，重新组成军政府，宣布继续执行职务，表示"此次归来，即本斯旨，于广东实行建设，以树全国之模范，而立和平统一之基础。"[1]在戴季陶、胡汉民、廖仲恺等忠实同志的大力协助下，再一次揭起了护法的旌旗。

这时，孙中山的思想已经较之前进了一步，认识到光举起护法的旗帜，"断断不能解决根本问题"，要达到打倒军阀、推翻专制统治，统一中国，促进国家繁荣富强，必须建立正式政府。1921年4月7日，非常国会在广州召开，参、众两院联合通过《中华民国政府组织大纲》，并选举孙中山为非常大总统。戴季陶继续留在孙中山身边协助工作。

孙中山在重建广州革命政府时，事业万端，亟待用人，几次函电在奉化滞留的蒋介石赴广州供职，但蒋都以家母有病而推脱。孙中山极望蒋介石出山，以托重任，因此十分着急。戴季陶自以为与蒋介石交情深厚，为替孙中山解忧，便自告奋勇，亲自去浙江劝说蒋介石。戴季陶不辞劳苦，车船相间，连日兼程，于12月25日，千里迢迢抵达奉化。见到蒋介石后，戴季陶以情动人，以理相劝，一会儿以"革命""党国事业"等辞晓以大义，一会儿又以"广州政府此时缺人""此去奇货可居"等词说明厉害，希望蒋介石能看在他这个把

① 《民国日报》1920年12月1日。

兄弟面上，随他一起赴广州任职。但蒋介石有自己的想法，他辞职离开广州，滞留奉化是假，以图捞到更大的职权是真，不达目的是不肯出山的。孙中山此次只是要他回广州，而没有说明给他什么职务，所以他决计不加理睬。对于戴季陶的一番劝说，他根本没有听进去，当然也不可能理解戴季陶话中隐藏的真谛，没等戴的话讲完，便恶语相待，与戴大吵了一架，戴季陶撞了一鼻子灰，自讨没趣，只好怏怏而回。

后来，蒋介石也许觉得这样太过分了，曾给戴季陶书信一封，检讨自己"为人不自爱惜，暴弃傲慢"，认为"有何面以对良师益友"①，大有"悔不该当初"的心情。戴季陶亦回书一封，和盘道出了自己不远千里，到奉化请他出山的一片良苦用心，信中云："即劝兄赴粤，虽属为公，亦有一半系为兄个人打算"，因为戴季陶当时对国民党内各种势力作了认真权衡，觉得蒋介石可能成为国民党内最有权势的后起之秀，但蒋介石长时期不待在广州这个革命中心，不在孙中山身边，就不容易把握住各种政治时机，以图进取；另外，蒋介石动辄辞职，负性使气，次数多了，就容易引起孙中山及其他国民党人的厌恶，有碍政治上的发展。基于这些，戴季陶再次推心置腹地劝说蒋介石道："然而杯酒失意，辄任性使气，不稍自忍，以此处世，深虑招祸，既不然，亦足碍事业之成功。"②

蒋介石接到戴季陶信后，不知是为其肺腑之言深深感动，还是蓦然领会了其中的要诀，虽然还在表白自己决不"趋炎附势""贪位恋栈"，但毕竟是接受了戴季陶的劝告，决定"赴粤决以援桂动员之日为期"③。蒋介石回广州，孙中山很高兴。戴季陶也一举双得，既使蒋介石觉得戴是为自己升沉着想，能体面回粤应感激这个把兄弟，又使孙中山觉得，戴能为自己分忧解难，完成别人所不能完成的任务。想到这些，戴季陶心里颇为得意。

孙中山为了把广东革命政府建成一个理想的政府，把广东建成中国的模范省，他在法律、政治制度方面下了不少功夫，可谓煞费苦心。他参考了各国的法律，了解了各国的施政情况后认为"各国宪法，只分三权……不完备地方很多，而且流弊不少"，因此，他向国会提出，应由国会制定"五权宪法"，作

---

① 蒋介石：《致戴季陶先生书》，1921 年 1 月 14 日。
② 戴季陶：《致蒋介石先生书》，1921 年 1 月 14 日。
③ 蒋介石：《再复戴季陶先生书》，1921 年 1 月 20 日。

为"治国的根本法"①。他需要找一个既懂法律又是他最信任的同志来起草这个"治国的根本法"，他选中了戴季陶，把起草广东革命政府的宪法草案及各法律文件这个重大任务委托给了他。于是，戴季陶又开始了关于法律的研究。

为了写出一部能反映孙中山思想的宪法，戴季陶根据孙中山的意见，找来了各国的一些法律文件，进行认真的阅读、仔细的研究，在此基础上，写出了数万言的法律草案。为了查找资料，他常奔波于上海、广州之间，又以安静写作为由，一度回吴兴家居。他在给蒋介石的一封信中谈道："弟此次回沪以来，曾为粤省拟成数万言之法律案，今尚有数案在起草研究中，学究能事，本仅有此，虽日偷安，尚足自恕耳。"②经过一段时间的辛勤工作，戴季陶将法律草案一一写成。这些法律草案在一定程度上反映了孙中山的政治思想，反映了资产阶级革命的成果，对以后广东革命政府的法制建设起到了一定的作用。

1922年蒋介石就任大本营参谋长时的骑马照，蒋介石将此照赠送给张静江。

中国国民党在广东建立政权后，孙中山便欲图谋北伐，但遭到了陈炯明的反对，孙中山多次迁就，希望陈炯明不要反对北伐，但陈炯明阳奉阴违，暗中与北洋军阀相勾结，反对孙中山。1922年6月16日，在北洋军阀策动下，陈炯明率其所部叶举等，炮轰总统府，孙中山在卫队保护下，离开总统府，登上停在珠江上的永丰舰，坚持和叛军斗争近两个月之久。终因孤军无援，不得不离开广州回到上海，第二次护法运动又遭失败。

当陈炯明发动叛乱时，戴季陶正在吴兴养病，他得知消息后，急忙奔赴上海迎接孙中山，并住进了孙中山在上海的寓所，陪伴孙中

① 《孙大总统五权宪法讲演录》，广东官印刷局 1921 年印本。
② 戴季陶：《致蒋介石先生书》，见《戴季陶先生文存》，总第 1481—1482 页。

山，为其分担失败的痛苦。苦闷、彷徨的情绪笼罩着孙中山，戴季陶也饱尝了屡屡失败的苦味。正是在这种愁肠百结的嗟叹声中，戴季陶结束了这段追随孙中山护法的政治生涯。

戴季陶从1911年年底初谒孙中山到二次护法失败这十年中，对于孙中山领导的民主革命，他几乎是每役必从，于斗争的关键时刻，总是与孙中山共同战斗，在当时，确实可以说是孙中山忠实的追随者之一。他给予孙中山的革命事业以很大的支持，孙中山也给予他很多的信任、教育和影响，这也是戴在当时能够坚持民主革命、屡败屡起的重要原因。他曾在给蒋介石的一封信中谈到自己对孙中山景仰之深的心情，他说，孙中山的革命事业日趋于成功，"自主倡革命以来，其所持主义，在中国之推行，进步之速成，较各国之革命史上成绩为优"。因此，对于孙中山的革命精神、学问、品格，他自愧弗如，"而不能望先生德量于什一，非不欲学也，质不如也……"①他在接受新闻记者访问时，以"崇高、伟大、仁慈"六个字来颂扬孙中山的人格。当然，他把孙中山的优点总结为"忠厚、和平"，即算不是对孙中山革命精神的阉割，起码也是一种曲解。

---

① 戴季陶：《与蒋介石先生书》，见《戴季陶先生文存》，第1481—1482页。

戴季陶一生

Daijitao de Yi Sheng

第四章

共产党的同路人

1. 粗识马列

从1902年马克思主义开始在中国的早期传播，直到俄国十月革命前夕，中国人对马克思主义的接触并不是很多，关于它的介绍大多都是零星的片断的，甚至有误解和歪曲，在中国社会几乎没有产生什么大的影响，即便是先进的中国人，也不知道究竟什么是真正的马克思主义。俄国十月革命后，中国社会受到了巨大的冲击，马克思主义被十月的风送到了中国思想界。当时五四运动也震荡了中国社会各阶层，先进的知识分子更加热烈地追求新思想，他们发出了改造中国社会的强烈呼声，积极探讨改造中国社会的方法。各种新思潮纷纷涌现，促进马克思主义在中国的广泛传播成了五四运动最为重大的意义。

随着马克思主义宣传高潮的掀起，马克思的社会主义成了公认的"时髦"，许多刊物几乎每期都有一篇或数篇专门介绍社会主义的文章，很多年轻人都把它誉为人类的福星，甚至认为它将消除人们往日的"三灾八难"，应当欢天喜地、争先恐后地去迎接它。人们对资本主义已经不像五四以前那样向往了。众说纷纭的社会主义宣传成了一剂社会的兴奋剂，人们为它激动，但普遍都觉茫然。正如瞿秋白所说的那样："社会主义的讨论，常常引起我们无限的兴味，然而究竟如俄国19世纪40年代的青年思想似的，模糊影响，隔着纱窗看晓雾，社会主义流派，社会主义意义都是纷乱，不十分清晰。"[①]在社会主义宣传热潮中，以戴季陶、沈玄庐主编的《星期评论》和1920年初迁回上海的《新青年》以及上海《民国日报》的"觉悟"副刊这三份刊物在上海地区最为著名，它们领导着上海乃至全国社会主义宣传的

---

① 瞿秋白：《饿乡纪程——新俄国游记》，见《瞿秋白文集》第一集，第23—24页。

潮流。

　　戴季陶的搭档沈玄庐是浙江萧山人，早年的经历亦颇不平凡，由于帮助同盟会发动河口起义被人告密，遂留学日本。1910年回国后联络革命党人，从事反清斗争。"二次革命"失败后，再次流亡日本，潜心研究各派社会政治学说，尤其醉心于社会主义学说，他曾是《新青年》的积极撰稿人。在社会主义学说风行一时之际，戴季陶与沈玄庐合作创办了《星期评论》，并使这一刊物成为宣传马克思主义的阵地。

　　作为一个资产阶级的激进民主主义者，戴季陶为什么会对马克思主义产生如此之大的兴趣呢？应该说有两个原因：第一，戴季陶随孙中山进行民主革命屡遭失败，已经有了某些失落之感，这种失落感越往后就越明显。此时动荡不定的国际形势，帝国主义的世界大战震醒了还沉浸在空泛的民主主义梦幻中的戴季陶；随着十月革命的胜利、五四运动的爆发，人民群众的革命热情高涨，鼓舞和鞭策着戴季陶；而反映人民群众要求的马克思主义在中国的广泛传播已成为不可阻挡之势，戴季陶不得不去正视这个问题，正视这个震撼了中国思想界，被军阀官僚们视为"洪水猛兽"的怪物，去赶赶这个"时髦"似乎更符合戴季陶的性格。第二，戴季陶毕竟是一个富于思想的人，仅仅赶"时髦"显然不是他的最终目的，他试图把马克思主义纳入三民主义的轨道，然后挥舞这面更加"时髦"的大旗去争取群众，让所有的工农民众都皈依到三民主义的思想中来。关于这个目的，他在《访孙先生的谈话》一文中，通过介绍他与孙中山先生的谈话作了很好的说明：从上海六三罢工来看，"工人直接参加政治社会运动的事，已经开了幕，如果有知识有学问的人不来研究这个问题，就思想上知识上来领导他们，将来渐渐的趋向到不合理不合时的一方面去，实在是很危险的"，因而要用"温和的社会思想来指导社会上的多数人"，以避免"那些做煽动功夫的人，就拿了一知半解系统不清的社会共产主义，传布在无知识的兵士和工人里面……发生出动乱来，真是一塌糊涂，没有办法了"①。正是基于以上两个原因，戴季陶在这一时期，看了大量的有关社会主义学说的书籍和文章。到了后期，戴季陶受各方面思潮特别是社会主义思潮的影响，他的思想发生了一些微妙的变化，而且这个变化是积极的。但戴季陶的根本主张却仍然

---

① 《星期评论》第3号，1919年6月22日。

如旧，从《工人教育问题》一文中，我们可以知道戴季陶的基本意图是"使中国可以循'社会民主主义'的正轨，向'平和''文明'的方面进步，免除激切的社会革命危险。……以'温和的''不流血'的进步是最好"①。在《社会民主化的英国政治》一文中，戴季陶进一步谈道："社会民主主义"是"世界政治进化、社会进化的潮流。……逆了这个潮流的民族，没有一个不受流血、饥馑的惨祸。且看俄罗斯就是一个很大的榜样。"②

这样，戴季陶在研究社会主义学说方面比以前兴趣更大。他主编的《星期评论》周刊从1919年6月8日创刊到1920年6月6日自动终刊，共出版了53期。戴季陶既是主编，又是主要撰稿人，他前后共写了一百三十余篇文章，几乎每期都有几篇重要文章出自他的笔下。从世界观和历史观来说，戴季陶、沈玄庐都是彻底的唯心主义者，他们在社会主义宣传的热潮中认识、研究社会主义，并且做了一些传播工作，但终归是很肤浅的。由于受孙中山的旧民主主义思想的影响，在当时的环境下，他们不可能全面正确地认识和接受马克思主义，从本质上来看，他们是抵制和拒绝承认马克思主义的，这点可在他们创办这份刊物的动机和目的中看出。

在戴季陶所著的这么多文章中，主要涉及四个方面的问题：关于俄国革命与苏俄政府的问题；关于社会主义在中国的实施问题；关于中国社会的经济问题；关于国际国内的劳工问题。这四个方面也是《星期评论》的重要宣传内容。

（一）关于俄国革命与苏俄政府

《星期评论》宣传俄国革命与"布尔什维克"的文章，多出自戴季陶之手，对于这个方面，戴季陶自己并没有很深刻的研究和正确的认识。他否认了俄国革命深刻的社会根源和人类历史发展的必然性，任意夸大了俄国革命流血和残酷的一面。他认为俄国革命是由下面三个原因造成的：（1）帝俄"政府专事助长'阶级压迫'，使社会运动的进行不能健全发育"，以致使农工阶级趋于"直接行动"。（2）"主张改造国家改造社会的人不肯用渐进的忍耐功夫，专用反抗的手段，加增阶级压迫的程度。"（3）"一般下级人民智识程度太低

---

① 《星期评论》第3号，1919年6月22日。
② 《星期评论》第4号，1919年6月29日

下，没有接受合理思想的能力。"①这三个方面的原因，终于造成了"不幸的结果"——战乱与饥馑。在夸大宣传俄国的流血与灾祸方面，他在许多文章中多次论及。与此同时，戴季陶极力宣传和推荐英国的"社会民主主义"，主张阶级调和，反对革命行动。联系到中国社会的现实，他一方面提醒革命知识分子和工人不要操之过急，否则就会重演俄国的悲剧，于国于民皆不利；另一方面，告诫资产阶级和政府"要学英国的'退让精神'，不要步俄国阶级压迫的后尘"②。在《工人教育问题》一文中，他更加直露地说："因为中国这个国家和民族，在世界上的地位，在近代文明上的价值，比俄国还不如，一旦爆发社会革命，国内乱事与外国的压迫，同并作这残杀暴虐的现象，真是想起来就令我们毛骨悚然。"③他最大的主张就是"'温和的''不流血'的进步，是最好的"。戴季陶的这些宣传实际上是阶级调和论，他既认识到了阶级斗争的可能性，又否认了阶级斗争的必然性，实际上与孙中山先生在这个方面的观点和认识是近似的。

《星期评论》对列宁领导的苏维埃新政权的态度，可从两个方面来看，一方面，它不赞成甚至是反对苏俄的社会主义制度；另一方面，又主张要研究苏俄，但这种研究是基于反对苏俄的基础上的。关于苏俄的情况，戴季陶在《星期评论》第二十六号上以三个多版的篇幅发表了《俄国的近况与联合国的对俄政策》一文。他先对"一点也不去研究俄国的劳农政治究竟是一个怎么样的东西，只是瞎排斥、瞎害怕"的态度提出批评。然后，他以较大的篇幅仔细分析了英美等列强对俄态度的变化，得出了这样的结论：随着苏维埃政权的愈来愈巩固，在国际上的地位逐步提高，各国都已放弃了对俄的干涉政策，纷纷考虑甚至已经准备与世界上第一个社会主义国家建立外交关系，这可能是形势发展的大流。戴季陶认为："中国是一个很弱的国，中国的国际交涉，处处时时，都是受各国影响的，都是不能独立的……所以中国国家对俄的态度应该如何？对劳农政府的态度能够如何？这个问题，在国际正义缺乏而中国国民又没有很大的决心和能力的今天，总不能够取与别的国太背驰的态度。"加上俄国政府"已经宣言抛弃从前罗马诺夫王朝时代对中国的侵略政策，废除一切密约"，

① 《星期评论》第4号，1919年6月29日。
② 《星期评论》第4号，1919年6月29日。
③ 《星期评论》第3号，1919年6月22日。

所以"劳农政府的政策，从俄国国内的政治上讲，姑无论好不好"，"我们应该认识他在这一点已经是可以和中国相容的"。戴季陶由初期反对"布尔什维克"、反对苏俄社会主义革命，到对苏俄政府的态度的变化，并提出了上述主张，在1919年底还是比较先进的。但戴季陶的主张有一个重大的因素杂在其间，即以英美等帝国主义列强的态度为准绳，这无疑不能不使戴季陶的先进主张大打折扣。1920年4月，苏俄对华宣言发表，《星期评论》立刻表示了热烈的欢迎，在第四十五号上登载了宣言的全文，并且认为这是"一个世界历史上空前的消息"，给予高度的评价。戴季陶写了《俄国劳农政府通告的真义》一文，称赞苏俄政府的对华宣言"的确是自有人类以来空前的美举！任何民族，任何国家，在历史上从来没有这样伟大的事业，没有这样清洁高尚的道德"。同时，戴季陶呼吁中国人民要觉悟起来，"做一个为世界被掠夺者的自由而战的自由人民！"这是戴季陶对苏俄政府态度最为赞赏、最为明确的时期。

（二）关于社会主义在中国的实施

从戴季陶一系列文章中不难看出，他虽然做了一些宣传马克思主义的工作，但他从根本上是反对社会主义在中国实施的。在马克思主义的根本问题，即阶级斗争的问题上，他彻底暴露了他的真实思想：他试图以中国传统的阶级平等、互助、仁爱思想来抵制阶级斗争学说。他认为："我们中国人，是从古以来就有'平和'、'互助'的精神的。我们中国从古以来，对于'社会组织'就是极力排斥'自利'，赞美'利他'的。我们如果把中华民族'利他'的精神，恢复起来，把'科学精神'来做肥料，我们这样大的一块土地，这样多的人民，真可以做成一个理想的'平和国家'，理想的'互助社会'。"①戴季陶甚至认为，中国古人的这种理想，"的确是社会主义"②。他着重强调中国民族的特点，提出中国人要选择合适于自己的独特的道路。他指出：由于各民族历史的精神及现代境遇不同，马克思主义应用于各个不同的民族，就发生了分化，在德、英、法、俄等国分别产生了不同的结果，可见社会主义并不是一个"严格的主义"，而只是一个"世界的时代精神"，各民族按照自己的历史特点和现在的境遇，采取自己的特殊方式去迎合这种时代精神，就是它自己的社会主义。中国人"所能走的路，还得要我们自己开。开得一步才走得一

---

① 戴季陶：《对付"布尔什维克"的方法》，见《星期评论》第3号，1919年6月22日。
② 戴季陶：《孝慈》，见《星期评论》第10号，1919年8月10日。

步，自己开辟，才是自己的正路"①。戴季陶抽象地承认了社会主义理论的必然性，但又反对社会主义在中国的实现，他的言论似乎很有道理，但实际上是否认了俄国十月革命所验证了的马克思主义的普遍原理。这其中也反映出戴季陶自身在认识上的片面，导致了他日后在行动上的很多矛盾之处。

（三）关于中国社会的经济问题

在经济方面的研究，戴季陶等人以"本社同人"的名义在《星期评论》第二号上发表了一个完整的政治经济纲领，名为《关于民国建设方针的主张》，共七章二十九条。纲领的中心意图是主张在中国大力发展民族资本主义，认为这是救国救民的根本办法。这个纲领明显的是要抵制社会主义在中国的实施，把国人的思维和行动纳入资产阶级共和制的轨道中去。纲领指出五四运动时期是全国人民大觉悟的时期，是一个"危险的时期"，中国的思想界，迎合着世界的新潮流而震荡起来。"'布尔什维克'咧！'阿拉奇士姆'咧！社会共产主义咧！种种的新制度新思想，乘着这'思想的震荡'，都萌芽起来。……但是我们国家的建设、社会的组织，在目前这个时代，是绝不能够照那几种的主义去实行的。"②戴季陶在另一篇文章里指出，要达到政治上的"国民自决"，必须实行经济上的"国民自给"③，只有这样，中国才能完全地站起来，才能实现政治上的目的。因而要集中力量，兴办各种各样的大工业，发展民族资本主义。总之，《星期评论》及戴季陶等人在中国经济问题方面的一系列文章，都是以孙中山先生的民生主义理论为基础的，主张大力发展民族资本主义，把中国建设成一个资产阶级共和国。它所代表的是中国民族资产阶级的利益，其主张和设想反映了他们的要求和理想，对孙中山先生的民生主义思想有所补充和发展。

（四）关于劳工问题

《星期评论》所有的文章中，篇幅最多的是关于劳工问题，这个问题也是戴季陶最为关心、研究最深的问题。从戴季陶在《星期评论》前后发表的文章来看，他的劳工思想可分为两个阶段。

在第一阶段，戴季陶研究劳工问题取得了这样一些成果。其一，在《星期

---

① 戴季陶：《"世界的时代精神"与"民族的适应"》，见《星期评论》第17号，1919年9月28日。
② 戴季陶：《关于民国建设方针的主张》，见《星期评论》第2号，1919年6月15日。
③ 戴季陶：《国民自给与国民自决》，见《星期评论》第1号，1919年6月8日。

评论》上编发了许多反映工人生活情况的文章，并且很直率地指出了中国工人受压迫受剥削的具体情形。他谈到中国工人状况时指出："再也没有像中国这样苦命的工人。"①戴季陶所写的最重要的一篇文章是发表在《星期评论》第三十五号上的《中国劳动问题的现状》一文，他以相当多的篇幅全面地分析了工厂工人的劳动时间、劳动态度和工资等方面的情况，得出了他们的劳动时间最长、为资本家创造的利润最多、从来都是任劳任怨、没有什么反抗、而获得的工资却是最低的这样一个结论。他认为劳工生活在中国社会的最底层，因而表示了极大的同情和关注。在1919年前后，能做出这样的评价，表达出如此明确的态度，这无疑是进步的，能看到这一点，戴季陶的劳工思想就有很多可取之处了。其二，戴季陶发表了一系列文章，希望引导工人运动走上改良主义的道路。五四以后，中国工人运动蓬勃发展，工人组织也随之兴起。针对这一动向，戴季陶把自己的阶级调和论运用到指导工人运动上来，先后写了《工人教育问题》《组织工会第一层的注意事项》《社会民主化的英国政治》等一系列文章，一方面指导工人要进行一些经济斗争，改善劳动条件和待遇，但要做到"不可带政治色彩……应该保持与雇主阶级的调和"②，而且强调指出，"以为一定要炸弹、手枪、军队，才能够革命，才算是革命，那就错了"③，"平和的组织的方法和手段是革命的新形式"④。戴季陶替工人设计了一个改良主义的工会，试图引导工人运动脱离政治斗争。另一方面，戴季陶一再告诉资本家们，要学英国资本家，适当地做出一些让步，给工人一些好处，以避免因压迫过度而引起革命。其三，戴季陶反对社会主义与中国工人运动相结合。总之，戴季陶前期的劳工思想是从以宣扬阶级调和出发的，追求英美的资产阶级民主政治，反对马克思主义在中国工人运动中运用，害怕运动走向极端化、尖锐化，希望能引导劳工运动走上改良主义的道路。

戴季陶劳工思想的转变，是在1919年10月美国国会否决了关于中国山东问题的提案以后开始的。当1920年4月苏俄政府发表了第二次对华声明后，戴季陶深深地感觉到了资产阶级民主的虚伪，公开赞成苏俄"建设主义的根本信

① 戴季陶：《工人教育问题》，见《星期评论》第3号，1919年6月22日。
② 戴季陶：《组织工会第一层的注意事项》，见《星期评论》第13号，1919年8月31日。
③ 戴季陶：《我和一个朋友的谈话》，见《星期评论》第17号，1919年9月28日。
④ 戴季陶：《革命！何故？为何？》，见《建设》第1卷第3号，人民出版社1980年影印版。

条"①。这时期，他的思想往马克思主义又靠近了一步，在宣传马克思主义方面，也实实在在地做了一些工作。《共产党宣言》就是《星期评论》约请陈望道翻译的，戴季陶自己也细读了不少有关马克思主义的书籍。在文章中经常引用一些马克思主义的名词。他全文翻译了考茨基的《资本论解说》这本著作，在《建设》杂志上连载。他最具唯物史观的一篇文章《从经济上观察中国的乱源》也是在这一时期写下的。他这一时期的劳工思想发生了一些重大变化。他对于劳工问题的看法起了变化，他认为，"劳动问题现在渐渐成为中国的唯一重要问题了"，"由五四运动举起来的烽火，照得遍地都红。许多年来被囚在金和铁炼成的囚笼里面的中国工人，也由这五四运动的呼声，惊醒了起来，发出一个极大的光辉"②。正因为戴季陶敏感地看到了这一点，所以他号召"从事文化运动的人……切切实实的为'无产阶级的新文化'尽力"③。由于认识上的变化，他开始承认"有产阶级与无产阶级的对立"，这种对立是"近代产业革命后所发生的资本家生产制的结果"。④这一认识极具马克思主义的观念，因为它把矛盾的根源归结到了生产制度上来了。这确实是戴季陶劳工思想的一个重大转变。戴季陶大声疾呼："工人呵！大家要明白点！政府不分中外，法律不分华洋，是他们的，是他们处罚我们的。"⑤他把资本家与工人的关系生动地比喻为虎与羊的关系，他说："雇主和工人同一个公所，好比老虎和羊子同一个牢，于老虎有好处，于羊子是丝毫没有好处的。"⑥戴季陶号召工人们要赶快觉醒起来，"中国的劳动者，倘若要得良好的劳动条件，除了自己的奋斗外，再也没有第二条路。想靠资本家和资本家培养出的政府来保护劳动者，恐怕是一辈子做不到的呢"⑦！因为"就劳动运动的先例来看，没有一个劳动者的地位，不是由他们阶级的奋斗得来的"⑧。戴季陶抛弃了早期的改良主义和阶级调和的论调，提出了阶级斗争的问题。这一重大转变，使他的劳工思想具有了相当的革命性，他的思想也更加接近马克思主义。这样，戴季陶放弃了"改良道路"，开始宣传劳工的"直接行动""根本解决"等革命主张，他彻底否定了自己过去提出的"阶级互让精神"，强调"互助"的基础是

---

① 戴季陶：《俄国劳农政府通告的真义》，见《星期评论》第45号，1920年4月11日。
②③④ 戴季陶：《文化运动与劳动运动》，见《星期评论》"劳动纪念号"，1921年5月1日。
⑤ 戴季陶：《上海的同盟罢工》，见《星期评论》"劳动纪念号"，1920年5月1日。
⑥ 戴季陶：《劳动问题杂感》（三），见《星期评论》第51号，1920年5月23日。
⑦⑧ 戴季陶：《中国劳动问题的现状》，见《星期评论》第35号，1920年2月1日。

要站在"平等"上面，"而两个绝对不平等的阶级，要他们讲互助，这是一个笑话"①。戴季陶喊出了"革命是急激的进化"的口号，发出了"中国人今天在世界上如果不用'急激的进化'，在'世界文化生活'的当中，将要失了存在的地位"②的呼声。从此后，戴季陶的劳工思想发生了全盘的变化，这个变化是积极趋向革命的。

戴季陶的劳工思想由前期的"改良主义"和"阶级调和"转变到了"阶级对立"和"急激的进化"上来，这无疑是他的思想的一个积极向上发展的变化，这个发展过程紧扣五四运动以后中国社会思潮的主旋律，迎合了时代进步的主流。戴季陶研究劳工问题所取得的成果，使他加入了中国先进知识分子的行列，对中国革命早期的发展，做出了一定的贡献。但应该强调指出的是，戴季陶毕竟是个资产阶级民主主义者，他所代表的终究不是无产阶级的利益，所以他研究劳工问题感情色彩不重，所持的态度亦是超然于外的，从他文章中个人感情的流露，我们可以看出他的思想感情并没有真正站在无产阶级的立场上，他只是处在一个思想波动、变化的初期，何去何从？走哪条路？能否真正成为无产阶级革命的鼓手？一切还得看他今后思想的发展。

不管怎么说，《星期评论》在广大读者中是深受欢迎的，无论是进步的知识分子，还是普通的工人、市民，都对之有好感。《星期评论》的销路也很广，除单独销售外，还附随《民国日报》免费赠送。其文章材料丰富，涉及面广，又宣传马克思主义，倡导工人运动，针砭时政，文笔精辟，所以它一诞生就给人一种耳目一新的感觉。《星期评论》最大的贡献，也是戴季陶在五四时期最重要的活动，就是在客观上宣传介绍了马克思主义，走在了时代潮流的前列。《星期评论》与《每周评论》《湘江评论》成为当时国内宣传社会主义思潮的三大评论性刊物，享有盛誉。尽管《星期评论》的主编们在主观意图上并没有这个想法，但客观效果确实如此。这是《星期评论》值得肯定的一点。在这一时期，戴季陶还与胡汉民、朱执信、廖仲恺等人共同负责《建设》杂志的编辑事务，同时也是主要撰稿人。《建设》杂志在孙中山先生的领导下，支持和响应了反帝反封建的群众运动，是五四时期享有盛誉的新文化刊物。在宣传马克思主义的浪潮中，戴季陶与陈独秀等一批先进的知识分子走在了一起，他

---

① 戴季陶：《新年告商界诸君》，见《星期评论》第 33 号，1920 年 1 月 18 日。
② 戴季陶：《学潮与革命》，见《星期评论》第 39 号，1920 年 2 月 29 日。

经常和陈独秀写信给陈炯明，研讨社会主义，并同邵力子、汪精卫等人时常到各学校去演讲。陈独秀曾说，"戴季陶对马克思主义信仰甚笃，而且有过相当的研究"①，此言大可信之。甚至有些学者认为，陈独秀"信仰马克思主义，最初也许是受李大钊、戴季陶等朋辈的影响"②，此言则就不可贸置可否了。但戴季陶在五四时期的活动无疑是具有进步意义的，而且是应该肯定的。在1919年前后，戴季陶的一系列活动，包括他与孙中山先生的《建设》杂志的关系，应该说是积极进步的。戴季陶在报界的奋斗史上，这段时期是继"天仇时代"后的又一个高峰，其意义不可低估。

尽管如此，我们仍不难发现，戴季陶在《星期评论》时期的一系列活动，充满了矛盾，他常常以两种面目出现，既有进步的一面，又有反动的一面。这个矛盾一直影响着他日后参加发起上海共产主义小组的活动，随后又退出这一活动进而成为反共的先锋人物，其思想基础即源于此。在这两年的时间里，他与陈独秀等早期马克思主义者结下了较为深厚的友情，同时与孙中山先生保持着更加紧密的联系，戴季陶交替受他们的影响，自始至终都处在一种矛盾心理之中。《星期评论》于1920年6月6日自动终刊，戴季陶此时的活动，亦告一段落。

看来，戴季陶不可能成为一个马克思主义者，他也终究没有成为马克思主义者。

2．歧路徘徊

五四运动引起了世界各国的关注，旅俄华侨和俄共党组织更是时刻关注着这一运动的方向。1920年1月，俄共（布）远东地方委员会领导库施那利约夫（A·Kushnaryov）和塞克海扬诺娃（M·Sakhyanova）向俄共（布）中央委员会报告，请求批准他们同中国革命建立经常的联系。在此以后，处于地下的俄共（布）远东局海参崴支部领导人也向共产国际报告，打算派一个小组到中国

---

① 转引自韦杰廷《四一二反革命政变前的戴季陶》，载《长沙水电师院社会科学学报》1988年第2期。

② 转引自韦杰廷《四一二反革命政变前的戴季陶》，载《长沙水电师院社会科学学报》1988年第2期。

陈独秀（1880-1942），1915年9月在上海创办《青年杂志》（从第2期起改为《新青年》），是五四运动领袖之一。

了解情况，并与中国进步力量建立联系。共产国际很快批准了他们的报告，同意以共产国际工作组的名义，派出人员到中国开展工作。1920年5月，共产国际工作小组启程赴中国。

也就是在1920年前后，中国各地的马克思主义者纷纷聚集在一起，各地研究马克思主义的小组也不断成立，中国共产党正在酝酿筹建之中，其中心人物是"南陈北李"。1920年2月，李大钊伴送陈独秀回上海，在天津他们交换了建党的意见。3月，李大钊、邓中夏、高君宇在北京大学秘密发起组织了"马克思学说研究会"，为建党做思想上和干部上的准备。

就在这时，共产国际工作小组到达北京。小组的负责人是维经斯基（亦译魏金斯基），成员有旅俄华人、俄共党员杨明斋和库兹涅佐娃、马迈也夫等人。"他们从在北京大学任教的俄籍教授柏烈伟那里，了解到李大钊的基本情况。然后通过柏烈伟的介绍，杨明斋先与李大钊会见，安排了李大钊与维经斯基的会谈。"[1]他们多次交谈了俄国十月革命和建立中国共产党的问题，分析了局势，取得了一致的意见。之后，经李大钊的介绍，共产国际工作小组一行南下上海，与陈独秀会晤。

维经斯基、杨明斋等人于5月到达上海，首先会见了《新青年》主编陈独秀，随后多次接触，具体地研究了建党问题。双方都认为，组织中国共产党，加入共产国际是中国革命的当务之急[2]。经陈独秀介绍，当时任《星期评论》的主编戴季陶与沈玄庐、李汉俊和《时事新报》的负责人张东荪等人，作为宣传研究马克思社会主义的积极分子，也会见了维经斯基这位最初来中国的共产国际代表[3]。同年8月，由陈独秀发起，组成了中国第一个共产主义小组，即上

---

① 余世诚、张升善合编：《杨明斋》，中央党史资料出版社1988年版，第7页。
② 王维礼主编：《中国现代史大事纪事本末》上册，黑龙江人民出版社1987年版，第147页。
③ 据李达、张国焘、陈公博等人的回忆。

海共产主义小组。戴季陶也参加了这次活动，成为该小组第一批成员。同时参加小组的还有陈公博、周佛海、李达、陈望道等人。

关于戴季陶在上海共产主义小组成立前后的活动，资料记载得很少。戴季陶是否正式加入共产党，从目前的资料来看，他仅仅是参加了初期的活动。1933年3月出版的《陈独秀评论》一书中载有署名仿鲁的一篇文章，名《清算陈独秀》。这篇文章对陈独秀、戴季陶等人在中国共产党成立初期的活动有较为详细的描述，"民八（即1919年），陈独秀自北大教育长被逐抵沪……而苏俄适派俄人维丁司克（即维经斯基）偕杨明斋及韩人安某，携款到沪，为苏俄做宣传，并负组织共产党之责任。……遂与陈独秀密商进行……经磋商再四，第一步，先收罗左倾及有革命性之青年，组织社会主义青年团。其时又以国内思潮汹涌，倡无政府者最多，反对孔孟及旧礼教者亦甚多，反对军阀者亦极努力，故由独秀与季陶等决定约集施存统、沈玄庐、陈望道、李汉俊、金家凤、袁振英、俞秀松、叶天底等各个社会主义者，在戴宅密商组织办法。……即以戴季陶住渔阳里六号（即现新铭德里）为团址，并办一外国语学校以避耳目。……其后，各方志士周佛海、张闻天、李达、卜士奇、罗觉（即罗亦农）、彭湃、陈为人、李农志（即李立三）、袁达时、傅人庆、恽代英等等，均自各省及国外归来，会集于外国语学社，遂成中国社会主义者之大集团，共产党干部亦渐因此酝酿以成"[1]。在上海共产主义小组成立前夕，戴季陶首先与陈独秀等人一起参加了社会主义青年团的筹建工作，以期在人才和组织等方面为成立中国共产党作准备。社会主义青年团的成立，使"社会主义者……纷集沪上，维丁司克即正式提议组织共产党，宣传布尔什维克，以纠正无政府主义之活动。于是，一方面即由独秀找北平李大钊、广州谭平山到沪，与戴季陶、沈玄庐密商；一方面在社会主义青年团中组织马克思主义研究会。共产党方具雏形，当时，即由陈独秀、汉俊、望道、大钊、明斋主其事。其后，季陶等即已退出"[2]。上面的这两段记载说明，戴季陶参加并且作为一个主要人员发起组织了中国社会主义青年团的成立，尽管当时法租界"当局对革命党之活动甚注意，上海流氓又时时索诈危害"[3]，戴季陶却无所畏惧，甚至把自己的

---

① 《党史研究资料》1981年第6、7期合刊。
② 《党史研究资料》1981年第6、7期合刊。
③ 《党史研究资料》1981年第6、7期合刊。

周佛海（1897—1948），湖南沅陵人。早年留学日本。作为旅日代表参加中共一大。1924年脱离中共，抗日战争时期成为汉奸。

陈公博（1890-1946），广东南海人。1920年加入广州共产主义小组。1921年参加中共一大。后加入国民党。1938年后，随汪精卫叛国投日。1946年被枪决。

寓所提供出来，作为社会主义者们活动的场所。当维经斯基提出要组建共产党的时候，戴季陶的态度则开始发生变化了。这段史实，有许多当事人都有回忆，对比来看，出入不是很大，足可信之。据周佛海的回忆，他于1920年夏从日本回到上海。一天，他和沈雁冰、张东荪去见陈独秀，正好维经斯基也在陈寓。在谈话中，维经斯基认为：中国关于新思想的潮流过于混乱复杂，而且没有一个主流，容易在思想界造成混乱局势，如果没有一个组织和实际行动，绝对不会推动中国革命，因而认为有必要马上成立共产党组织。对于维经斯基的这一观点，据周佛海回忆："东荪是不赞成的，所以以后的会议，他都没有参加。我和雁冰是赞成的。经过几次会商之后，便决定组织起来……上海当时加入有邵力子、沈玄庐等，戴季陶也是一个，不过他说孙先生在世一日，他不能加入别党。所以中国共产党党纲的最初草案，虽然是他起草的他却没有加入。这个时候，只是筹备组织，还没有正式成立。"①

据陈公博回忆："民国十年七月初旬，我和我的太太由香港转上海……在上海还听见一件戴季陶先生的轶事。季陶和仲甫（陈独秀）约定共同发起共产党，到成立之前一日，季陶来了一封信，说他和国民党关系太深的确不能参加共产党的组织，不过他是同情共产党的；他正在筹办交易所，打算以交

---

① 周佛海：《往矣集》。

易所的赢余，来帮忙共产党的党费。"①

据张国焘回忆："1920年7月13日下午……我由北京乘火车赴天津……不久我到达上海。我去访问那时还住在法租界霞飞路海阳里二号的陈独秀先生……陈先生向我表示，组织中国共产党的意向已和在上海的李汉俊、李达、陈望道、沈定一（沈玄庐）、戴季陶……等人谈过，他们都一致表示赞成。……中共最初的发起人即是上海小组的组成人员……戴季陶因为国民党党籍的关系，没有正式加入组织。……后来陈独秀曾和我谈到中共第一小组在上海成立的情形，在这个小组正式成立的会上，每个参加者都曾正式表示加入的意思。戴季陶则表示他与孙中山先生的深切关系，不能成为一个党员，并因此哭了一场。因为他内心很相信共产主义，很想加入，但又不能如愿以偿。"②

据包惠僧回忆："维经斯基……有这样的想法：把《新青年》《星期评论》《时事新报》结合起来，乘五四运动的高潮建立一个革命同盟，并由这几个刊物的主持人物联合起来，发起成立中国共产党或中国社会党。……戴季陶最初还表示同意，到了起草党纲完毕时，内中有一条：'共产党员不做资产阶级政府的官吏，不加入资产阶级的政治团体。'戴季陶就借口他不能同孙先生和国民党断绝关系，声明退出这一运动。"③

据陈公培回忆："……在陈独秀家里又座谈过一次，共有十几个人参加，陈独秀外，有沈玄庐、戴季陶……戴季陶最投机，两边挂着，哭哭啼啼。这次会是1920年夏策划的，作为组织共产党的准备，搞了五六条章程，很简单……"④

从上面五个人的回忆来看，我们可以得出如下三个方面的结论：（一）在上海共产主义小组初建时期，戴季陶参与了初期的活动，并成为一名骨干成员，但他最终在共产主义小组成立大会上明确表示了退出共产党，并且还流出了不明含义的眼泪。所以他只是参加筹建了中国共产党，但并没有成为一个正式党员。（二）只有周佛海提及中国共产党党纲的最初草案是由戴季陶起

①　沈云龙：《中国共产党之来源》，台湾文海出版社1971年版，第6页。
②　张国焘：《我的回忆》，明报月刊出版社（香港）1971年版。
③　包惠僧：《党的"一大"前后》，见《百科知识》1979年第2期。
④　《"一大"前后》，人民出版社1980年版。

张国焘（1897–1979），江西萍乡人。1921年参加中共"一大"，直到中共"六大"一直担任中央主要领导职务。1938年投入国民党特务集团。4月18日，被中共开除出党。1949年到香港，1968年定居加拿大。

草的；另有袁振英（震瀛）回忆，1920年5月，陈独秀、戴季陶、周佛海等人在上海新渔里六号戴季陶家开会，密商组织共产党的办法，袁听人说共产党纲领是戴季陶起草的[①]。虽然如此，但这一点零星的回忆，不足以让人信服，从包惠僧的回忆来看，戴季陶事先是不清楚党纲的内容的，倘若党纲由他起草，他一定会知道的，否则不会在成立之时看到党纲后才提出退出共产主义小组的活动。（三）关于戴季陶是否为共产主义小组筹划经费的问题。无疑，戴季陶在1920年前后的确在上海搞过证券交易的经营，早在1916年秋就开始和蒋介石、张人杰、陈果夫等人合伙在上海证券交易所做生意，当时蒋介石正处在困境之中。到1919年底蒋介石辞职东游日本回国后，仍和戴季陶一起做证券生意。到1920年，戴季陶"照常助总理主持《建设》杂志之事，并兼营证券物品交易所事业，颇有收获，粤军回师讨伐桂军，饷糈奇绌，先生以经营所得助之，始得开拨，总理尝以货殖天才许先生……"[②]由此可见，戴季陶证券交易所所得之财，并没有用于上海共产主义小组。陈公博所忆及戴季陶欲助共产党的经费之事，不可一言否之，可能只是戴季陶的口头之言，充其量也只是给予上海共产主义小组成员们以心理安慰，而开出的一张空头支票吧。

从戴季陶在五四前后思想上的变化，我们可以看出他在上海共产主义小组成立初期所作所为的思想轨迹。五四前夕，北洋军阀反动统治日益腐朽，激起了包括戴季陶在内的中国先进知识分子的愤怒，激发了他们的革命精神。五四运动的胜利，使戴季陶认识到了这次运动所表现出的民族主义精神的力量。加之各种社会新思潮的流行，戴季陶接触了马克思主义。他认识到了马克思主义的科学性，并且认为马克思主义是结合学生及工农阶级的有力工具，利用这一

---

① 《"一大"前后》，人民出版社1980年版。
② 陈天锡：《戴季陶（传贤）先生编年传记》，第42页。

点，可以维系和巩固五四运动激起的民族主义精神，所以他加入到宣传和研究社会主义思想的潮流中来。鉴于他在《星期评论》中大量地宣传社会主义、介绍苏维埃政权，使得中国早期的马克思主义者陈独秀等把戴季陶视为同路人，一段时期内，密切交往，结为同志。甚至在共产国际工作小组来华后，戴季陶马上就被定为重要对象来团结了。戴季陶虽然参加了初期的建党活动，但他只是抽象地、口头上赞成社会主义，实质上还是反对社会主义在中国的传播，否认马克思主义的根本问题——阶级斗争学说，歪曲地认为它给中国带来的必然是流血、屠杀以及国家的分裂和外族的入侵。所以，他绝对不可能成为思想上、行动上彻底的马克思主义者。当中国共产党正式成立之时，他的表现恰似叶公好龙，不敢真正加入这个先进组织的行列。

当然，此时的戴季陶虽然没有参加共产党，但他和社会主义的学说是一种"剪不断，理还乱，别有一番滋味在心头"的感情，还谈不上与之为敌。由于孙中山先生还在谋求中国革命的出路，也就使戴季陶歧路徘徊，难以两就。

戴季陶脱离上海共产主义小组后，再回广东，皈依在孙中山手下工作。此时，恰逢蒋介石母亲逝世，出于多年结拜兄弟的情谊，他便同陈果夫、居正等人专程来到奉化溪口，参加蒋母的葬礼，孙中山也为蒋母写来了祭文。

由于国民党另一位重要领导人朱执信被桂系军阀杀害，孙中山悲痛无比，"如失左右手"，因而对戴季陶、蒋介石等人更加重视，希望他们能努力工作，以弥补这一重大损失。在朱执信先生遇害后不久，戴季陶写下了《怀朱执信先生》的悼念文章，文中谈到了他逃离共产主义小组后的一段行径。"今年夏天，我和展堂先生跑到湖州去避暑，那时候执信已经到南方去了，他有一封信来责备我们，说我们不该下乡。他说：'你们既然不是做隐君子的人，此刻何苦跑开，将来既然仍旧要跑出来，现在下乡，岂非多事？'原来执信这个人，他自己是不作享乐生活，同时又是不作隐遁生活的。……他以为是凡在改革时代，却是要由少数人吃苦，才换得众人的享乐。至于他对于隐遁，却是极端反对。有一次我和他谈天，他说：'现在这些自命高尚而做隐遁生活的人，都是过分的贪婪，既然吃众人做成的饭，穿众人做成的衣，住众人做成的房子，就应该为众人做事。'他这话实在是十分合理的。现在想来，我当时搬到湖州去，实在是含得有偷懒和规避的意义。他的反对，是很正当的。……想着自己这几个月来享乐生活的罪恶，真是十分惭愧，十分懊丧。"①这段文字是戴季陶到广州以后写的，从当时的情况来看，包括孙中山、朱执信等在内的许多人，特别是以全部精力投身于革命的人士，他们多不了解戴季陶内心的苦衷，并不知道戴季陶的思想上正处在无比复杂的矛盾之中。戴季陶看来也没想否认这一点，只是话语隐晦罢了。同时，他也想借朱执信先生之英灵，把自己在大众中的形象往高处再靠一靠，消除前几个月来自己的消极表现所留下的不好印象。显然，朱执信先生之死对他是有较大触动的。

但戴季陶因思想上仍处于徘徊状态，在广州也是心猿意马，不能安下心来。不久，他就称身体有病回浙江吴兴休养，把自己的住宅起名为"潜园"，又过起世外桃源的隐居生活来。

3．自杀未遂

孙中山先生领导的二次护法失败后，于1922年8月14日抵达上海，戴季陶急忙抱病从吴兴赶到上海，与孙中山先生住在了一起。

两次护法斗争的失败，给孙中山以沉重的打击，特别是这次在革命形势一派大好的情况下，竟然断送在自己最为信任的陈炯明手中，自己几乎被他置于死地，这个事实实在太难以接受了。孙中山陷入苦闷彷徨之中。他全面反思了自从领导革命以来的情况，分析了当前的形势，得出两个结论：其一，国民党自从民国以后逐步堕落，如今已混入了许多卑鄙之人，而且这个党缺乏广泛坚实的群众基础，必须对其进行彻底的改造。其二，过去那种依靠一个军阀攻打另一个军阀的策略已经行不通了，需要改弦更张。经过一段时期的思索，孙中山在上海发表了"和平统一和兵工救国"的宣言，其目的在于粉碎直系军阀吴佩孚的武力统一中国的妄想，劝导各地军人压缩军队，参加国家的实业建设。与此同时，他也力争把握全国形势发展的主动权，派汪精卫、于右任赴奉天和天津，与张作霖、段祺瑞等联络。当时正值四川省省长刘成勋的代表向育仁到上海，他带来了四川各将领向孙中山表示慰问之意的信函，并且欢迎戴季陶回四川制定省宪。孙中山虽然不大赞成联省自治的省宪运动，但从来函中看出四

---

① 戴季陶：《怀朱执信先生》，见《革命人物志》第一集，台北中央文物供应社1969年版，第352—353页。

川将领们有平息争斗、合力团结之心，因而特派戴季陶为代表，带着孙中山的亲笔书信回四川劝告川军各将领通力合作，利用四川资源发展实业，让四川的经济走在中国前头，带动全国的实业发展，完成全国统一之大业。

在旧历九月初四，戴季陶离开上海，溯江而上。"当日，孙先生就在上海把四川的同乡，各党派统统请到他公馆里吃饭，发表这一意思"①，以扩大戴季陶入川的影响，让国人都来声援这一计划。

戴季陶还是在吴兴养病的时候就打算回四川一趟的，意为老母七十大寿祝贺，这次他终得良机，为此兴奋不已，夜不能寐。他原本是一个好激动的情绪型的人，当他踏上返川的旅途后，过度的兴奋使他心力剧衰，本来就是久病未愈，而过度劳累使神经衰弱更加严重。

轮船在长江上孤寂地缓缓行驶，戴季陶整日沉闷寡语、情绪不高，他沉入对往事的反思之中。"自从离开上海的一天起，精神一天恍惚一天，所有过去自己行为的缺点罪恶的影子，通同涌上心来。"②这种精神状态是戴季陶过去的岁月中少有的。船到汉口，戴季陶蓦然想起他十几岁时，在码头被强盗抢走钱财而放声痛哭的情景，他不由得立住脚步不动了，联想起少年离家远渡日本求学到现在沉浮在政海之中，几多辛酸几多惆怅，他感慨万千，几乎流下泪来。

刚在旅馆住下，戴季陶就差茶房把近几日的报纸找来，他想了解这些天来四川局势的变化情况。翻开10月27日的《申报》，他一眼就看到了一条令人震惊的消息："杨森在汉厂购步枪2000支，弹50万发，经日（25日）派何畴中复楚差轮运往宜昌！"③戴季陶简直不敢相信自己的眼睛，杨森是不久前在川战中败退到鄂西来的，这2000支枪、50万发子弹意味着什么，戴季陶心中再明白不过了。正在惊讶之余，向育仁过来告诉了他一个更加惊人的消息，他在旅馆遇到了几个四川同乡，都是川军各派各帮的代表，为了避开川民的耳目，他们特躲到汉口，在旅店中策划再开四川内战。对川军各派的情况，向育仁是相当熟悉的。他连忙把这些情况介绍给戴季陶。戴季陶看了报纸后，心情还没平静下来，向育仁的这个消息顿时使他惊呆了。假使川战重开，整个川省人民又将

---

① 《戴季陶集》上册，上海三民公司 1929 年版，第 12 页。

② 《戴季陶集》上册，第 12 页。

③ 《申报》1922 年 10 月 27 日。

沦入火与血的苦海之中，他立刻想到了自己的家乡，想到了母亲和亲人。戴季陶愤怒无比，他立刻和向育仁去见这帮人，苦口婆心地劝说这些人，要他们放弃这个计划，千万不要再播战祸。但这些人根本不理睬戴季陶的劝阻，一连两天，戴季陶、向育仁的劝说无丝毫作用。他们心急如火，立刻登上了招商局的快利轮，星夜赶向四川。此时戴季陶的心情坏到了极点，他"……二十四分的苦痛……种种魔障缠绕，自己偏偏认假作真，落到了一切假象的当中，再也不能明心见性，一刀两断，再加上看见四川的战祸逼在目前，一些昏天黑地的军官政客，都聚在堂子里的鸦片烟灯旁边，筹划杀人放火的事业，什么政治实业教育这些问题，决不能够引起他们半点注意，公私交迫，我觉得公私的前途，都无半点光明，于是死神就伸出他的魔手，拼命来招我了"。戴季陶接受孙中山的命令前往四川，是"很想换一个地方脱离恶劣的环境"，这样多少有点"新事业的趣味"，还可以达到"四川省母的目的"。可汉口遇到的这一幕，与他此行的目的完全背道而驰，戴季陶的情绪低落万丈，"不知不觉地把一切都丢得干干净净了"①。他陷入到了苦闷和胡思乱想之中，茫然不知所措，同行的人与他交谈，他一句都没听见，沿江的景色在他眼前如浮云飘过，戴季陶表情麻木，一副痴呆相。

戴季陶的反常现象引起了他的秘书和向育仁等人的注意，他们恐怕出事，一步也不敢离开戴季陶，随时注意着他的变化。船快到宜昌时，离故乡越来越近了，戴季陶的心情也烦闷到了极点。他早上没有起床，甚至连午饭都没吃，向育仁到客房中为戴季陶解闷，劝说他："大丈夫做事，当光明磊落，可做即做，不做即止。要作就要大刀阔斧去作，不作便放下来，万事通同不要去问他。忧愁烦闷是最无价值的。人非生即死，生死皆有价值，唯独忧愁烦闷，没有一点价值。"②向育仁的这番大白话没疼没痒的，自然没有说进戴季陶的心坎。戴季陶强打精神冲他笑一笑，便默默不语。他回想三十几年来的奋斗，好像是在一步一步地走向黑暗，不由得黯然神伤，把事业、生命一切都抛在一边，这倒是明明白白，他只觉得自己万念俱空，仿佛要超然于世，他只渴望以死来解脱一切忧愁和烦恼。向育仁并不知道他的一番话对戴季陶起到了催化剂的作用，以为戴季陶的情绪好一些了，就离开了房间。

① 《戴季陶集》上册，第12—13页。
② 《戴季陶集》上册。

　　整个下午，戴季陶显得格外轻松，面容一改往日那种愁闷，甚至显得有些激动。晚上，戴季陶、向育仁、陈鸣谦等在舱房里谈天说地，一直到十一点多钟才离去。戴季陶感到心里一阵阵躁动，等向育仁他们入睡后，仍然兴奋不已，便独自一人来到甲板上，走到船尾，凭栏浴风。偶尔的汽笛声给幽静的黑夜增添了神秘诱人的色彩，江岸低矮的黑影和船舱灯光照亮的翻腾着的江水似乎给他一种启迪，仿佛有个神秘的声音在召唤着他，戴季陶扶持着冰冷的铁栏杆，毫不犹豫地跳入江中。

　　在刚入水的一刹那，戴季陶看见船上还有一个人在盯着他，他顾不了那些，只觉得自己正悠悠然地步入另外一个世界。轮船迅速地离去，船尾激起的浪花簇拥着戴季陶，他使劲地摇摇头，惊奇地发现自己居然很安稳地浮在水中，腰部以上都露在水面上，他竟然没有像他想象中的那样沉入江底。此时他心里一片光明，好比经过沐浴一般，干干净净，无半点尘埃。戴季陶望着西方叩了三叩，算是和远在成都的老母辞别，又向东方遥望浙江老家的妻子及亲朋好友，权作告别，剩下要做的事情就是静静地等待了。

　　远远地看着轮船昏暗的灯光渐渐地隐没在黑暗中，戴季陶是这样描述当时的情景的："万念俱空，就想沉下水去。但是越要沉越不得沉，想钻下去，从对面浮起出来，向左左浮，向右右浮，把头埋在水中，拼命的饮水，但肚皮已饱不能再喝。只有听天由命，站在水里，很清楚的觉得我站在水里成二十三度的倾斜，两肩以上完全露出水面，这是九月二十一二的光景，天气已经很冷，我身上穿的一件花缎薄被袍，里面是卫生绒衫，长江的水，已经完全将它浸透，我一点不觉得寒冷。头部露在水面，习习江风吹来，使我心地清凉只觉得舒服，一点也不觉得痛苦。民国九年以来，三年当中，一切烦恼罪恶失意忧思通同付与长江的水流的干干净净。"①的确，把死作为自己的归属的人，在等待回归的时刻无疑是幸福的，这种超脱的感觉绝对不会痛苦，而且不是任何时候都能体会得到的。

　　江水把戴季陶平稳地往下漂送。深秋之夜，云暗星稀，江面一片朦胧，在戴季陶等待死神招走他的时刻，一个奇迹出现了，戴季陶回忆道："我忽然望见在我的四周，有一圈很圆的白光，从水面射到空中，越近越浓，越远越

---

　　①　戴季陶：《八觉》，见《戴季陶集》上册，第15—16页。

淡，此光离我有好远，不得而知。我从小随着母亲，就有佛教的信仰，虽然在人世的当时，把信仰忘却，到此时深刻的信仰心，又自然的发现出来。看见这个白光，心中忽然感动，确实这个佛光，是我的生机，我一定不应该死该要生。"①这真是一个具有传奇色彩的故事，此情此景出自戴季陶之口，令人疑信莫是。神光的出现，把戴季陶又引向了求生的彼岸，云彩悄悄散去，子夜星辰唤醒了幻觉中的戴季陶，秋夜寒冷的江风一阵一阵吹过来，侵肤入骨，很快把戴季陶冻僵，他渐渐失去了知觉。

直到第二天天亮后，向育仁才发现戴季陶不见了，于是满船寻找，没见一丝踪影。向育仁分析了戴季陶自从上海起程后的精神状态，知道大事不妙，便逐个寻查乘客及服务员，终于，有一个乘客支支吾吾地说昨晚看见有人投江，因为信迷信，害怕落水鬼来找他，所以没敢声张，也没告诉任何人就回舱睡了。向育仁、杨鸣谦听了，如雷贯耳，他们谁都负不起这个责任，全船的人也被这个重大的事件所震惊。向育仁等人急忙向船上的水手询问此段江水方面的情况，推测戴季陶投江地段大概在宜都境内。从枝江到沙市，长江渐渐进入平原地区，水流逐趋平缓，素有"九曲回肠"之称的荆江河道，有一个大回水湾，凡是上游漂下之物，必定要在这个回水湾浮起，因而俗称"收尸湾"。因此，向育仁等人在宜昌上了岸，向育仁派戴季陶的秘书、当差和一毛姓副官沿江面而下到枝江去寻找戴季陶的尸体，又托宜昌官厅通电沙市团防军警沿途寻访，自己则住在宜昌，一面准备为戴季陶办理后事，一面电告上海、成都、重庆。

的确是天意，戴季陶冻僵后不久就遇救了，使他终免一死。当他醒来时发现自己躺在一户乡民的天井里，有十几个男女围着他，身下垫了一层厚厚的稻草，身上盖的也是稻草和破絮。一个老翁喂给他一碗酒让他暖暖身子，并且在周围烧着稻草为他取暖，戴季陶心里明白自己是被他们救了，但他全身疲乏，一点劲也没有，没说一句话又昏睡过去，直到第二天早晨九十点钟才彻底苏醒过来。救戴季陶的老人叫齐顺发，有六十多岁，是一个慈祥可亲的老人。他款待了戴季陶午饭后，当天下午把他送到了枝江县城。在枝江接待戴季陶的是齐老汉的亲戚，他很热情地接待了戴季陶，递给他一张像前清翰林院用的大红名

① 戴季陶：《八觉》，见《戴季陶集》上册，第15—16页。

片，戴季陶得知他叫杨开锃，从杨开锃的架势和派头来看，戴季陶估计他是当地码头的当家人，颇有些势力的。杨开锃酒肉招待了戴季陶，并且告诉戴季陶，枝江是一个小码头，到汉口去要经过沙市大码头，那里当家的是他的结拜兄弟。他们商定第二天起程到沙市，由杨开锃的拜把兄弟继续帮助戴季陶。当晚，戴季陶就在杨家住下。第二天下午一点，宜昌到沙市的轮船靠了枝江，杨开锃替戴季陶买好了船票，并送他上船，事情实在是凑巧，戴季陶在船上突然发现他的秘书和那个姓毛的副官从这艘船上岸，戴季陶连忙上岸与他们相见，得知他们是来寻找他的尸首的，双方不由得惊喜交集。

戴季陶投江自杀的消息传出后，举国上下为之震惊，国民党人和戴季陶的好友都很伤心，戴夫人、戴公子及孙中山和戴季陶远在成都的高堂老母黄太夫人更是悲痛欲绝。当得到戴季陶被救生还的消息后，又惊喜万分，纷纷举杯庆贺。上海《申报》、长沙《大公报》等国内大报也纷纷连续报道了戴季陶投江自尽既而生还的消息。上海一个知名人士听说戴季陶自杀，涕泪交流，悲戚不已，挥泪写下了哭戴季陶的诗几首。不久，得知戴季陶并没有死，而是被人救起，又高兴万分，兴高采烈地将悼诗改成贺诗，这出悲喜剧为时人所传。事后，戴季陶得知，特地将这些悼诗、贺诗全部讨去，专门装裱成四幅屏条，挂在屋内，以示不忘此事。

戴季陶投江自尽是有其较为深刻的原因的。1919年以后，他比较深刻地研究了马克思主义，接触到了一个崭新的理论世界，他试着用马克思主义的学说分析中国的现状，也领会到了社会主义的某些要义。然而作为一个资产阶级民主主义者，他不愿正视这一现实，并且极力回避和否认。他大哭一场与上海的共产主义者分离，重新回归到孙中山三民主义的理论上来时，孙中山也正陷入彷徨和徘徊之中。三民主义一系列理论和计划在中国并没有得以实施，戴季陶不由得也感到茫然和苦闷，随后又几乎和结拜兄弟蒋介石吵翻，以致身体状况剧衰。陈炯明叛变后，孙中山退守孤舰，最后死里逃出，戴季陶心中的一点希望再次破灭，他对前途甚感无望。这次满怀信心地踏上回乡之路，实指望大展才华，能平息四川军阀争斗，结束流血混乱的局面。尽管孙中山已通电四川各军师旅长，希望停止战争，可到汉口后，从报纸上获悉川战已无可避免，进而直接得知新的战乱又在策划中，他知道劝阻将无丝毫作用，便万分消沉，对此行不再抱任何希望了。他信奉的主义在中国行不通，行之有效的主义他又不愿接受，他思想的风帆在茫茫的大海上无目的地飘荡，他找不到出路，也找不到解决这一切矛盾的方法，以至于他觉得"公私的前途都无半点光明"[1]。想着中国南北的昏暗社会，想着在川中十八年未见的老母，想着远在浙江的妻子，他痛苦万分，三十几年一衰至此，他终于选择了以死来逃避现实，希望以此解脱一切痛苦。

4．分道扬镳

戴季陶在枝江与毛副官一行会面后，随即西上宜昌，与向育仁等相见，双方为此奇遇惊叹不已，不免挥泪一番。戴季陶经过一次短暂的生死考验，情绪大为改观，他很快恢复了以往的精神状态，谈笑风生，言语间又流露出才智和敏锐来。戴季陶等一行在宜昌稍做歇息后，继续沿江西进四川，去完成他们的使命。

1922年11月，戴季陶风尘仆仆抵达成都，他首先直奔家门，家人闻讯，早已迎出巷口，戴季陶自从16岁负笈东瀛，四方云游，已整整十八年没有回家。他登堂拜母，只叫出一声"妈"，便号啕大哭，游子终归慈母怀。他们母子相拥，早已泣不成声。黄老夫人早就盼望着儿子早日入川，眼看一家人团圆在即，没料得倚间苦望，竟先得噩耗，这夺命的打击实在无法形容，可突然间又喜从天降，得知戴季陶水中获救，不禁欢喜万分。一悲一喜，终于把儿子盼回，黄老夫人又是高兴又是心疼，老泪纵横，半天没说出一句话来。此情此景，催人泪下，在场的每一个人，也感动得笑陪泪流。

十八载风雨春秋，苍天不老人已老。戴季陶回到故乡，心中感慨万千。故乡的山水是那么的熟悉，又是那么的陌生，十八年前的印象历历在目。少年出游求得道，而今还乡非锦衣，戴季陶心里几分欢喜几分惆怅。他每天除了依偎在老母膝下，便是穿游街巷，力图在这寂静与喧闹中寻找那个已失去的自我，寻求一个安宁的氛围。归乡之乐与昨日之死，在他脑海中形成一片虚无缥缈的彩云；外面世界广阔与深巷高墙的狭窄给他一种渴求与窒息之感。最使他惑而不解的是记忆中母亲的满头青丝与现在的斑斑银丝给他以强烈的反差而造成的

---

① 戴季陶：《八觉》，见《戴季陶集》上册，第13页。

伤感。眼前老母得享天伦之乐，可妻儿却在远方独守空房，他虽然欢乐幸福但时刻都牵挂着他们，戴季陶实在无法理解为什么自己会如此这般在这个世界上匆匆地孤独地来去行走。

几天以后，家人给戴季陶讲述了一个几乎让戴季陶掉下泪来的故事。1917年，军阀混战打入成都，枪炮声不绝于耳，火光映红了半边天。战火延至家门口。枪弹如雨，一家人都缩在屋里，惴惴如临末日。还是高龄老母，不顾安危，指挥家人清藏财物，保护女人和孩子，在枪林弹雨中跑进跑出。一连十天，跌打滚爬，督率全家安全避难，而老人家数次差点毙命于枪弹之中。戴季陶听了这段往事，心中不由得伤感万分。想想数年来，川战混乱，家园几度遭毁，而自己却在灯红酒绿的都市苟安，他心里说不出是什么滋味。这段往事也促使他猛醒过来，骤然想起了自己回川的使命。

四川的局势，自辛亥革命以来，就一直不得安宁。有言道："天下未乱蜀先乱，天下已治蜀未治。"四川以其经济富庶和地势险要而成为南北军阀在政治军事上必争之焦点，滇、黔军阀和川军蹂躏四川多年，战火燃遍全省、连绵不断。四川本身似乎又盛产军阀，集中在民国时期四川的第一代军人，如熊克武、刘成勋、但懋辛、刘湘等等，个个都想独霸四川。熊克武在反清运动中崭露头角，之后便扶摇直上，在护法战争中，他与滇、黔靖国军联合，得以先后恢复重庆镇守使，并进入成都取得全省督军兼省长之职权。但他本身力量并不强大，不可能控制全川局势。于是，以他为首，有但懋辛等军阀参加组成了"九人团"，与之相对抗的则是另外一个军阀要人杨庶堪与谢持等人合作成立的"实业团"。这两派之间矛盾尖锐，"实业团"与久欲霸占四川的滇系军阀唐继尧不谋而合，一致倾向倒熊。双方明争暗斗，搞得四川局势混乱无章，百姓遭殃。

孙中山脱离广州军政府之后，仍然十分关切四川的局势。1918年12月，他致函熊克武，勉其与杨庶堪通力合作，贯彻护法本旨，"同德一心，康济艰难"。1919年1月，又复函刘香浦，勉其与杨庶堪、熊克武等"共倾肝胆，以谋大计"，"周旋其间，俾悉融素见，协力同规"。4月，致函杨庶堪，要他们对四川国民党人及各将领"随时晓以情势，使之捐蠲小嫌，协力互助，以为固圉御侮之计"。5月，又分别致函熊克武、但懋辛等，望他们与杨庶堪合作搞实业救国，并派廖仲恺入川面洽。①孙中山先后与四川军阀们通信无数，希望他们以和平为重，以国之大业为重，捐弃小嫌，共同搞好四川政治、经济建设。但孙中山的意见和要求并未引起军阀们的重视。1919年冬，滇军、川军及各派系之间的矛盾达到极点，战争已在酝酿之中。1920年5月到10月，终于爆发了全川规模的川、滇、黔军阀大混战。

戴季陶入川的首要任务就是游说各方，止息战争。但戴季陶心中早已明白，自己很可能是白费努力。早在他投江自尽时就知道川战必不可免，尽管这样，他还是认真地开展了劝说活动。在以后的几个月中，他八方游说，希望军阀们以民为重，以国之大业为重，遵从中山先生的意愿，尽早停止战争，让人民安居乐业。一连数月，他讲得口干舌燥，军阀们依然故我，根本不把戴季陶的劝说放在眼里。他们总是客客气气地迎入戴季陶，一番许诺后远送客人，待戴季陶刚一转身，他们又一头扎进密室，谋划起新的战争计划来，到后来，他们几乎讨厌见到戴季陶了。正如戴季陶早先所料，几个月的游说付诸东流，兵匪战祸，烧杀奸淫掠抢，日日月月连绵不绝，川民生活在水深火热之中。

在劝说停战的同时，戴季陶把希望寄托在了四川自治之上。联省自治是戴季陶所推崇的，四川形势的发展又有利于此举。"1920年12月20日，即在云南军队被赶出四川之后，一批重庆的军官打电报给四川两个最高的军队领导者熊克武与刘存厚，电文中列举了主张地方自治的两个基本理由：第一，他们认为自治可使四川摆脱南北冲突的折磨之苦。第二，他们宣布了'先改进对人民的治理方式，然后革新政府'。在这份电报上签名的有刘湘、杨森、邓锡侯与田颂尧，他们是1927年以后四川最强有力的五个军人中的四个。"②戴季陶对这些军官的主张颇感兴趣，他的入川也是受了这批人的邀请来办理地方自治一事的。所以他对此抱以极大的希望。他很快便加入到四川的省宪运动中，试图以省宪来约束各大军阀的行动，冀能消弭战乱。

早在1921年，四川省议会就宣布四川独立，开始了地方自治运动，但省宪一直没有诞生。戴季陶到成都后，立刻加入到省宪起草委员会中，主持制定省宪。经过大半年的努力，终于产生了一部四川省宪章，但还没等这个草案公

---

① 以上分别见《四川军阀史料》、《民国川事纪要》。
② [美]罗伯特·A·柯白：《四川军阀与国民政府》，殷钟崚、李惟健合译，四川人民出版社1985年版，第20—21页。

布，川乱再起，戴季陶的希望也随之化为泡影。川省自治，本来就是武夫们的政治幌子，以联治之名，行割据之实。他们从根本上是不愿真正实施省宪的，既然战火已经燃起，何必再给自己的腿上再拴上一根绊脚绳呢？

川战越打越热闹，1922年底到1923年初，各路将领一场混战，把杨森挤出四川、败走鄂西。随后，为争夺势力范围，再次混战一番，打得不可开交。戴季陶苦口婆心的劝说自然无效。刘成勋与邓锡侯的军队打成一团后，吴佩孚插手川局，助杨森反攻四川，北洋军阀也乘机冲入川东，局势更加混乱。邓锡侯的军队一路猛攻到成都城墙脚下，刘文辉借安全为由当上成都卫戍司令，陈兵以待。5月上旬，熊克武攻进成都，下旬，杨森的兵马也向成都平原逼近，6月，赖心辉则打到了杨森阵前。整个四川，狼烟四起，军阀们各自为战，难分难解。戴季陶居家八月，眼睁睁看着川局混乱、百姓涂炭而束手无策，特别是他作为孙中山的代表，专程前来调停各方之争，可几经努力，时局依旧，戴季陶不由得苦恼万分。

在困处成都八个月的时间里，成都曾四次被围，两度城破。一有巷战，便遭枪林弹雨之苦，戴季陶全家并不因为有了戴季陶这个党国名人在堂就敢放宽心，一闻枪声，总是担惊受怕。更为滑稽的是，每当战事结束，攻守双方打出胜败，城里有了几天安宁，胜者必然亲派代表，到戴季陶家中来请戴季陶赴宴。席间，对戴季陶恭敬备至，一番受惊扰梦的言词说得滚瓜烂熟。每请必落上座，事之伊始，戴季陶还颇感高兴，可一旦新战再起，城池易主，新的胜者必定又把戴季陶请为贵宾，如此反复，戴季陶就厌烦了。每当枪声大作，他就躲在屋里猜测此番又将被谁请去喝酒了。戴季陶的祖坟就在成都市郊百十里地外，他几次想去祭扫祖坟，了却十八年来的夙愿，可总是因为战火纷飞，不敢动脚半步，居然在八个月的时间里，始终没得到机会，被围在成都，戴季陶哭笑不得。

唯一值得庆幸的是，由于困在成都，使戴季陶得以亲自为老母举行七十大寿的庆典。阴历六月二十日，戴家张灯结彩，在祝寿筵席上，戴季陶高举酒杯，满怀深情地致了祝寿词，并亲自为老母敬酒。一连几天，戴氏全家都沉浸在无比欢乐的气氛当中。

戴季陶的母亲是湖北人，她不仅攻于女红，更精于医术。这一辈子不知治好了多少濒临死亡的人。她把丈夫和自己几十年行医的经验都零星地记载下来，准备传给儿女。正巧，戴季陶返回四川，她特意拿出了几十年来记录下的经验和祖传秘方，亲自为戴季陶讲解，要他习读整理，准备把自己精湛的医术传授给他。可没进行几天，戴季陶就匆匆起程东下，这件事情就此作罢。戴季陶以后每每念及此事，就感万分遗憾，在悼念老母的文中他写道："时先母即欲以术传之传贤，因家有秘方，其抄本凌乱无序，非先母亲自授教，不能能其绪。传贤匆匆离母侧，卒不果，致精微之国术，遂自传贤失传，负亲负世，可胜痛哉。"①

　　成都之行结束了，戴季陶离开家乡，又开始了人生之途的旅行。这次回家，对戴季陶影响十分重大，中途跳江自杀，死而复生，回成都后的所见所闻，都深深地刺激着他、感染着他，他不得不冷静下来，认真检讨自己的一切。他反省了过去的所作所为，认为自己有两个重要的罪过：其一，"想起当年《民权报》时代，自己过于鼓吹杀伐的言论来，觉得自己对于离乱的景象，不能不负重大的责任"。其二，"……当年我们糊糊涂涂把中国人民优点看得太轻，胡乱输入西洋的学说，以为便可以救国救民，不只是太过无识，而且真是罪过"。特别是回想他在《星期评论》时期曾介绍过马克思主义，并且参加了上海共产主义小组的初期活动，"这更是不可饶恕的罪过"，"至于一些盲从着几句西洋的共产口号，借来遮盖自己个人性欲食欲的放纵的共产党人，说什么为无产阶级谋幸福，为世界人类造文明，真是一群野兽，真要把中国民族仅存的一点保存在平民阶级里面优美德性也都破坏干净，造成洪水猛兽的世界"。②的确，这次成都之行，竟成了戴季陶一生中一个重大的转折点，他颠倒黑白，把军阀混战、社会险恶等一下子全算在了社会主义思想的头上，他的思想自从退出上海共产主义小组的活动后，一扫徘徊、动摇和怀疑，彻底地转向反共反马克思主义。他过去对社会主义的研究、探讨，只能成为历史上一丝淡淡的痕迹，他与马克思主义真正分道扬镳了。

---

① 《戴季陶言行集》，上海广益书局 1929 年再版，第 219 页。
② 戴季陶：《八觉》，《戴季陶集》上册，第 20 页。

第五章

在第一次国共合作时期

1. 貌合神离

还在戴季陶成都之行的时候，中国发生了一件具有划时代意义的大事，这就是孙中山先生领导的国民党与共产党正在酝酿着第一次国共合作。

辛亥革命后，孙中山先生领导了一次又一次的革命，但都失败了，特别是二次护法的失败，给孙中山的打击尤其严重。他终于发现他亲手缔造的中国国民党已经不是以前那个生机勃勃、充满战斗力的革命团体了。他冥思苦想，得出了国民党目前"组织未备，训练未周"，党员的革命"热情消灭，奋斗之精神逐渐丧失"①的结论，但孙中山又想不出任何办法使国民党恢复战斗力。茫茫黑夜，他寻找不到革命的出路，中国走向何方这个问题，使他再也无法展眉。

就在孙中山陷入彷徨徘徊之时，中国共产党正式成立了。在中国革命的舞台上，这个新兴的充满活力的团体一出现就给人以光辉耀眼的感觉，她以崭新的面貌吸引了无数热血奔放的志士，短短的时间里，队伍迅速扩大，所表现出的非凡的战斗力和组织力使孙中山为之倾倒。当孙中山败退上海时，中国共产党向他伸出了援助之手。在共产党发布的《第一次对于时局的主张》这份文件中指出：中国目前现有的各政党中，"只有国民党比较是革命的民主派，比较是真正的民主派"，但"他们的党内往往有不一致的行动及对外有亲近一派帝国主义的倾向，对内两次与北洋军阀携手……这种动摇不定的政策，实有改变的必要"②。中国共产党明确表示愿意邀请国民党等民主派及社会主义团体，召开一个联合会议，"共同建立一个民主主义的联合战线"。这一切，正切中国民党的要害，点出了孙中山的心病，给在苦闷中

① 《中国国民党改组宣言》，见台湾《革命文献》第69集，第80页。
② 《先驱》第9号，1922年6月20日。

彷徨的孙中山指点出了一条新的出路。早在1920年和1921年秋，孙中山曾分别会晤过共产国际的代表维经斯基和马林，表示"愿与苏俄建立非官方的关系"[1]。现在，孙中山终于下定决心，联合苏俄和中共，彻底改组国民党。

对于孙中山积极联俄联共的主张，戴季陶从心里并不赞成，因为此时他的思想正进行着重大转变，即与共产党真正分道扬镳。他不但不积极响应孙中山联俄联共的号召，相反却采取另一行动，邀请老友杨吉甫、刘大元等在成都秘密组织了一个国民党的外围团体，宣誓致力革命，效忠孙文主义，其基调就是反共。后来，这个秘密团体便成为四川反共清党的核心力量[2]。

当国共合作的潮流已成为不可阻挡之势的时候，戴季陶于1923年秋离开成都东下。为了避开川军混战的区域，他由成都往南绕道到了乐山，并在此小憩。此时，他雅兴大发，到东南乌尤寺游玩。在寺中和尚陪同下，戴季陶登上了凌云山，放眼远望，岷江、青衣江、大渡河在此汇成一处，水天滔滔，从山脚浩浩荡荡奔流而去。近处，举世闻名的乐山大佛被踩在了脚底下。他望着在大佛脚底下虔诚跪拜的游人，心中的感叹油然而生，不禁想起了四年前自己在《星期评论》上发表的那首诗《跪在一尊大佛前》。当时的情景历历在目。那时，他正在社会主义思潮中左右摇摆，随波逐流，不知要漂向何方。经过一番盲目追求后，他终于发现社会主义正是自己所反对的东西。于是，他重新回归了孙中山和他的主义，激动地写下了这首诗，他所跪拜的大佛就是孙中山。可时间的流逝，他觉得孙中山这尊大佛竟然又跪在了共产主义这尊更大的佛前。戴季陶望着如今被自己踩在脚下的乐山大佛，心中的滋味实在难受，江水汹涌澎湃地从他面前滚滚而去，戴季陶怀着惆怅的心情，拖着那条有着暗伤的腿慢慢地离开了这尊雄伟的大佛。

离开乐山，戴季陶干脆又上了峨眉山，在这佛教四大名山游玩了一番，直到11月底，他才坐船经泸州、重庆、汉口往上海而去。

孙中山并没有忘记远在成都的戴季陶，他把戴季陶列为实施联俄联共政策的20位参议之一，他希望自己的得力助手仍如往日一般在他左右出谋划策。10月，孙中山回到广州，再次宣言讨伐吴佩孚等北洋军阀，同时指定戴季陶、廖仲恺、李大钊、汪精卫、张继等五人组成国民党改组委员会。

---

[1] 《马林在中国的有关资料》，人民出版社1980年版，第18页。
[2] 陈天锡：《戴季陶（传贤）先生编年传记》，第57页。

戴季陶回上海后，从同志们春风荡漾的脸上，深深感到了国共合作的力量。他得知早已和他分道扬镳的一些中国共产党人已被孙中山允许加入国民党，其中有些人如陈独秀等曾是和他交往很深的朋友，心中很不是滋味。与共产党合作，是孙中山的决定，戴季陶不能违背。他参加了12月5日召开的国民党中央干部会议，并在这次会议上，当选为临时中央委员。后来，他参加了临时中央委员会召开的多次会议。

1923年11月，《中国国民党改组宣言》发表了，《中国国民党党纲草案》《中国国民党党章草案》公布了。国共合作的进程之快是戴季陶所始料未及的。

成都之行，使他与共产主义真正决裂，现在又要与共产党合作，他思想上不能接受。他专门往广州方面发了电报，向孙中山申请辞去临时中央委员的职务。孙中山此时正在广州筹划中国国民党第一次全国代表大会。戴季陶的辞职电报，给孙中山带来了一个分裂的信号，他感到这不是一件简单的小事，而是反映出部分国民党员的趋向，他立刻派廖仲恺北上上海，劝说戴季陶南下。

国民党的改组工作，从一开始便遭到党内右派的反对，这使孙中山十分愤怒。戴季陶到达上海时，正赶上孙中山多次对国民党发表演说，对右派的言论进行严正驳斥。所以，戴季陶不便公开站出来反对孙中山的联俄联共政策，而是采取了辞职的巧妙办法。廖仲恺到上海后，一连住了两个星期，他带来了孙中山的命令，敦促戴季陶早日南下。可戴季陶根本没把廖仲恺的劝说听进心里，他明确地表示了对联共政策的反对，激起了廖仲恺的愤怒。他们朝夕辩论，互相批驳，戴季陶表示他对容共政策的正确性从根本上怀疑，因而他自己绝对不可能为之作出努力。他还告诫廖仲恺要注意下面两点：（一）绝对不能借款充党费，即使非借不可，也应该保证绝对自由，不要让国民党受到牵制；（二）共产党人加入国民党，必须在共产党和国民党两党的党籍中做出取舍，否则不能让其加入，即必须造成单纯党籍，不能存留两党党籍。最后，戴季陶干脆地告诉廖仲恺：个人绝不担任中央委员，亦不出席代表大会，只愿意负责一家报馆或者出版社[①]。见戴季陶怒形于色，廖仲恺知道再劝下去也没用，只好折返广州，向孙中山汇报了这个情况。

---

　　① 见《戴季陶文存》，第980—981页。

虽然如此，戴季陶并没有公开反对孙中山，孙中山也没有高度重视戴季陶逆流而行的反共思想。孙中山认为戴季陶是出于为全党的生命着想，是为了保持国民党的高度纯洁，他并没有把戴季陶的思想与国民党右派的言论统一起来，而依然十分重视、信任戴季陶。1924年初，国民党一大即将召开前夕，孙中山急需人手帮忙，在百忙之中，孙中山一连几次函电，催促戴季陶南下，并且几次派廖仲恺到上海，面请戴季陶。戴季陶见此情形实在无从推却，加上远离孙中山已一年有余，即便不参与目前的政治活动，但去一趟广州是必需的，所以他只得随廖仲恺南下到了广州。

到广州不久，正赶上中国国民党第一次全国代表大会召开，出于无奈，戴季陶出席了国民党一大。一大召开期间，很快就形成了共产党人、国民党左派与国民党右派的斗争，并且十分激烈。早在1923年11月，就有邓泽如、林直勉等11人以广东国民党支部名义上书孙中山，弹劾共产党，说共产党加入国民党是要"借国民党之躯壳，注入共产党之灵魂"，"内里藏阴谋"；他们反对提出打倒帝国主义和打倒军阀的口号，认为这将使国民党"蒙国际之仇怨"，"在国内断绝实力派之协助"[1]。邓泽如原是南洋华侨，是经营锡矿、橡胶业的大商人，曾长期捐款筹饷资助孙中山的民主革命，孙中山与他有着亲密的私人关系，和他的通信"自民国纪元前六年以来，几乎无月无书"，"数十万党人无存先生之书多于邓泽如者"[2]，尽管如此，孙中山还是严厉斥责了右派分子："你们愿意跟着我革命的就来，不愿意革命的就走。我不勉强你们来革命，你们也不勉强拉我不革命。"[3]他进一步指出，"我国革命，向为多国所不乐闻，故尝助反对我者，以扑灭吾党，故资本国家，断无表同情于吾党"，只有"俄国及受屈之国家，受屈之人民"才是中国革命真正可靠的朋友[4]。孙中山表示了改组国民党、联俄联共的坚定信念。一大期间，右派分子方瑞麟、黄季陆、江伟藩等跳出来，反对党员跨党，反对共产党员加入，他们的言论与戴季陶在上海告诉廖仲恺的几点意见如出一辙。李大钊、廖仲恺等当即在会议上驳斥了右派分子的言论，得到了大多数与会者的赞同。最后大会做出了"党

① 《邓泽如等呈总理检举共产党文》，见台湾《革命文献》第9辑。
② 见《孙中山先生廿年来手札》胡汉民序文，台湾文海出版社，无版年。
③ 包惠僧：《大革命时期的回忆》。
④ 《批邓泽如等十一人弹劾中共文》，《国父全集》第四册，第916页。

123

员不得加入他党，不必用明文规定于章程，唯申明纪律可也"的决议。①。在不赞成改组国民党、联俄联共的高级国民党人士中，有戴季陶、邹鲁、张继、邓泽如、黄季陆等。孙中山曾多次警告他们："你们不赞成改组，可以退出国民党呀！""你们若不赞成，我将来可以解散国民党，我自己一个人去加入共产党。"②在孙中山的强硬态度下，戴季陶没有公开站出来支持右派分子的行动，孙中山也一直希望戴季陶能抛弃错误想法，回心转意，重新团结到他的身边来，所以也没有在公开场合对戴季陶进行批判。

戴季陶在一大上还是做了不少工作的，虽出于无奈，但还是应予肯定。他出席了大会，并被大会选为中央执行委员，在1月31日孙中山主持召开的中央执监两委第一次会议上，戴季陶、廖仲恺、谭平山三人被推定为常务委员，进入了国民党中央领导机构，戴季陶另外还担任宣传部长的要职，孙中山又指定他为政治委员会委员。之所以会出现这样的结果，一则出于孙中山早年与戴季陶亲密无间的关系，以及孙中山数次促请戴季陶南下襄助，使戴季陶得以借助孙中山之威而扬名；二则出于戴季陶早期开放性的思想，特别是1919年前后他对马克思主义的研究，以及和共产党人陈独秀等的关系，使众人无形中把戴季陶与联俄联共的政策联系起来了。在一大会议上，汪精卫就曾借戴季陶原来拥共的话来反击国民党内的右派："我曾记得戴君季陶说过一句很精辟的话。他说，只有民族主义者不赞成民权主义或民生主义，断没有主张民生主义者不赞成民族主义与民权主义之理，亦没有赞成民生主义者不赞成社会主义、共产主义之理。"③这就闹得戴季陶哭笑不得，也不好太露骨地反对国共合作了。

在大会期间，戴季陶被孙中山指定为宣传问题审查委员会九名成员之一。在讨论《中国国民党章程》案时，国民党右派方瑞麟主张写入"本党党员不得加入他党"条文，反对共产党的跨党主张，叶楚伦等人支持这一主张。

共产党员李大钊对此进行了解释，说明共产党加入国民党不是想把国民党化为共产党，而是为了国民的革命事业。

对于这一问题，戴季陶没有站在右派方瑞麟的一边，他"对于章程审查报

① 《中国国民党第一、第二次全国代表大会会议史料》上册，江苏古籍出版社1986年版，第51—54页。

② 何香凝：《对孙中山先生的片断回忆》，见《人民日报》1956年10月29日。

③ 《中国国民党全国代表大会会议录》第12号。

告认为满足，主张维持第一次审查报告"①。也就是说他不赞成再加上其他什么条文。

戴季陶还被孙中山指派为《中国国民党第一次全国代表大会宣言》审查委员会九个委员之一，对于宣言中重新解释三民主义、联俄联共的主张，他也没有明确提出反对意见，并两次在大会上作宣言审查结果的报告。

国民党一大于1月31日胜利闭幕。会议取得了两方面的成果：其一，国民党接受了共产党提出的反帝反封建的主张，重新解释了三民主义，形成了新三民主义。其二，规定了改组国民党的各项办法，使国民党成为几个革命阶级联盟的统一战线的组织。这样，国民党一大完全与戴季陶的反共思想背道而驰，戴季陶又不便公开反对孙中山，所以他再次以辞职相抗。大会刚刚结束，戴季陶就离开广州，返回了上海。这实际上公开表明了他对国共合作的不满。但一大所表现出的国民党的空前团结和勃勃生机，不能不使戴季陶为之感叹。因此，在1924年元月他写给四川熊克武、石青阳等人的信中，对一大的评价还是较高的，"唯此次大会自一方面言，为吾党空前未有之创举。从前吾党在国内向无组织，所谓'群而不党'，则此次第一次大会不能完全有法，固属当然，非可责备也。自他一方面言，此次大会为产生本党基础，创制后日规模之大会，则会议虽未能十分整齐，在会期终了之后，各省同志苟能振作精神，一致奋斗，今后每年所开常会当必一年好似一年……"②

2．三度离粤

作为一个肩负重任的高级领导人物，在没经任何人同意下，擅自离开领导岗位，这实在是一种逃避革命的行为。国共合作刚刚开始，人们从中看到了新的希望，甚至想象着中国美好的未来，可戴季陶却以逃避革命的行为来破坏这种全新的局面，这就引起一些正义之士的愤慨。除了批评戴季陶的行为外，国民党同志纷纷规劝、敦促戴季陶，要他早日返回广州复职，迫于形势和压力，戴季陶于1924年2月中旬又返回广州，首次就位行职。

孙中山在他的革命实践中，饱尝了没有革命武装的苦头，认识到建设一支

---

① 《中国国民党全国代表大会会议录》第 12 号。
② 《戴季陶先生文存》第三册，第 956 页。

革命军队的重要性。还在1923年8月的时候，孙中山就派了蒋介石、张太雷、沈玄庐、王登云四人组成"孙逸仙博士代表团"赴苏俄考察党务和军事。1924年2月6日，受孙中山的委任，蒋介石作为陆军军官学校筹备委员会委员长，在广州南堤二号正式成立筹备处。5月3日，孙中山正式任命蒋介石为陆军军官学校校长兼驻粤军参谋长。9日，又任命廖仲恺为驻陆军军官学校中国国民党党代表。校长和党代表之下，分设政治、教练、教授三个部。戴季陶被任命为政治部主任，教练部主任为李济深，教授部主任为王柏龄。中国共产党在黄埔军校也占有相当重要的地位，在政治工作、军事教育工作等方面都有共产党调派来的优秀党员，戴季陶的副手、政治部副主任就是日后闻名于世的周恩来（他于次年3月擢升为政治部主任兼军法处处长）；政治部的秘书由聂荣臻、鲁易担任，任政治部教官的有恽代英、萧楚女、包惠僧、高语罕、周逸群、胡公冕、韩麟符、熊雄等。戴季陶几乎处于共产党员的包围中，他如何忍受得了。

在担任黄埔军校政治部主任的同时，戴季陶还担任了大本营法制委员会委员长的重要职务，但戴季陶显然不是在努力于革命，他到广州来只是为了应付一下舆论的压力，对工作只是应付而已。在广州，他会见了早年曾参加组织上海社会主义青年团、后在南洋办报鼓吹民族革命而被英政府驱逐回国的袁同畴（袁后来曾多次著文，称颂戴季陶的反共思想）。因为国民党改组刚刚进行完毕，气象一新，很多人都劝袁同畴加入国民党，可袁同畴却说："余在海外数年，目击侨胞受外人压迫，深感欲求个体解放，必先求国家民族之解放，此与国民党之见解相同，而与共产党之主张相异，今国共合作，余将安适乎？须俟与戴季陶先生详谈后，方能决定入党与否。"①戴季陶得知这样的消息后，马上在廖仲恺家中会见了袁同畴。其时正值暮春，岭南早热，葵影兰香，清幽盈室，戴季陶满面春风地与这个国共合作的公开怀疑者密切交谈，解答了袁同畴提出的许多问题。最后强调指出："共产党之主张固有不同，但既加入本党，即应遵守本党之政纲党纲。在此国民革命的洪流中，吾人必须步调一致，方能发挥重大力量。"②戴季陶的这些冠冕堂皇之言，其实是话中有话，因为他本身正在从事反共分裂的活动。戴季陶还把袁同畴拉到了自己的帐中，他说："君入党与否，此时不必相强，刻本党正筹办黄埔军校，请先随余至军校政治

---

　　①②　袁同畴：《纪念戴传贤先生》，见台湾《中外杂志》第25卷第3期。

部工作，俟对本党确具信心时，再行入党可也。"①果然，袁同畴于5月底到了黄埔军校政治部，司编撰工作。1937年3月，袁同畴在戴季陶的考试院任参事。多年来，他一直追随戴季陶。

国共合作虽已开始，但国民党内部左派和右派的意见互相对立，国民党右派从一开始就坚决反对共产党。右派分子反对国共合作，"着眼点仅在组织的排拒性上，表现出一种对共产分子的不安，至于理论思想上的对立与不同，……戴季陶先生便是创作反共理论的第一人"②。当时戴季陶还没有公开站到孙中山和共产党的对立面上，因而，他叫喊要加入国民党的共产党人牺牲共产党之党籍，以完全国民党之纯洁性，使国民党不致有两个中心，这样才可能排除一切纠纷。戴季陶的主张受到了共产党人与国民党左派人士的抵制，孙中山也根本不予理睬。但是，戴季陶并没有就此作罢，他八方活动，高喊他的维护国民党的单纯党籍的主张。3月29日，祭扫黄花岗归来，他与何香凝、谭平山同车到了廖仲恺住宅。抓住机会，戴季陶与谭平山交谈起来，为了使交谈能深入进行，他拐弯抹角地先说道，"今日之最能奋斗之青年，大多数皆为共产党，而国民党旧日同志之腐败退惰，已无可讳"，随即，戴季陶话锋一转，劝说谭平山放弃共产党党籍，"今日中国之需要，则又为一有力之国民党，共产党人亦既承认之矣，若于此日，共产党之同志，能牺牲其党籍，而完全做成一纯粹之国民党，使国民党中，不致同时有两个中心，然后一切纠纷，乃可尽除，而组织工作，乃不至受此无形之障碍"。戴季陶"所感特深"，"将数月来潜藏于胸之意见，尽量言于平山"，"可谓吐尽胸中积愫以相劝矣"。然而，谭平山根本不买他的账，一口回绝戴季陶说："此事现在绝对做不到……欲共产党人抛弃其党籍，则绝不可能。"谭平山的坚决态度，使戴季陶碰了一鼻子灰。他"苦劝无效"，于是，"对于党事前途之悲观，亦遂加厉"。③

由于国民党左派和中国共产党人的共同努力，国共合作呈现出一派大好形势。在这种情况下，戴季陶不得不重新考虑自己的处境和今后的策略了。由于他极力推行维护国民党的纯洁性，加之他平常对国共合作的消极态度，所以招致了维护国共合作的各方人士对他的批评和指责。对此，戴季陶自云："四嗣

① 袁同畴：《纪念戴传贤先生》。
② 黄季陆：《怀念戴季陶先生》，见台湾《传记文学》，第6卷第2期。
③ 见《戴季陶致蒋介石函》（1925年12月13日）。

之谣言蜚语，我固绝不置一词，此种无谓之辩白，于事无补，于理无当。"①
形势于己不利，戴季陶也确实没做过多的辩解，他再一次以辞职来抗争，一甩
手离开了广州，返回上海。连他的结拜兄弟蒋介石都不知道他的离去，这是他
半年之内第二次离开广州这个革命大本营。蒋介石对此事不但没有指责戴季
陶，反而添油加醋挑拨国共关系，攻击共产党。他歪曲事实地说："共产党用
唯物论和阶级斗争思想来曲解三民主义，只有他们用马克思主义曲解三民主义
才算得上是'革命的思想'，反而指本党党员对三民主义的正确解释，为'不
革命'或'反革命'，最显著的事件就是排挤宣传部长戴季陶及青年部长邹
鲁，致使其愤而离粤。"②戴季陶回上海后，很快便于7月5日给蒋介石写了一
封信，他在信中说："……归沪后，屡欲有所言，而千头万绪，不知从何说
起，……国事当时代转换之秋，旧秩序已破裂，新秩序未建成，人自为意，必
不可免。盖社会心理在革命期中之必然状态，无足忧亦无足惧，吾人但有正确
之见解，与宁静之态度以对之斯得矣。"③戴季陶在信中还自言词理晦涩，不
足尽意，但可以明显地看出他是在为自己的行为开脱和辩解，言语间又露出了
他对局势的担忧之情。蒋介石很快就回函戴季陶，对戴季陶的关心深表感谢，
同时表示矢志为党牺牲自己的一切④。

根据一中全会决定，在上海、北京、汉口、哈尔滨、四川等地设立中央执
行委员会执行部，以执行国民党中央的任务。上海执行部统辖着苏、浙、皖、
赣、沪四省一市的党务。戴季陶于6月下旬第二次抵达上海，他代替汪精卫任执
行部的常委，同时把一大批右派分子拉到了自己的周围。很快，他和叶楚伧等
控制了执行部，暗中打击排挤中国共产党人，宣传所谓纯粹的三民主义理论。
右派分子很快活跃起来。8月1日，右派分子喻育之、曾贯玉等人无中生有地制
造共产党员破坏国民党的所谓"事实"，遭到了共产党人和国民党左派人士的
反击，双方即起冲突。第二天，喻育之等人冲进上海执行部无理取闹，殴打了
邵力子，扬长而去。这件事引起了共产党人的强烈反对，毛泽东、恽代英、邓
中夏等人纷纷致函孙中山，要求严惩凶手、严肃党纪，但叶楚伧等人却对此事

---

① 《戴季陶致蒋介石函》，1925年12月13日。
② 蒋介石：《苏俄在中国》，第33页。
③ 《戴季陶致蒋介石函》，1924年7月5日。
④ 毛思诚：《民国十五年以前的蒋介石先生》。

加以庇护，不了了之。于是右派分子的活动更加猖狂，反共活动从内部发展到外部，从暗中攻击进而到公开挑衅，掀起了反共的浪潮。

戴季陶在离开广州之前，作为法制委员会委员长，曾负责起草了考试院组织条例及其施行细则，于8月26日经大元帅核准明令公布，是为戴季陶以后经营考试院长达20年之久的开始。戴季陶到了上海后，并不是不问国事、不谈政治，他仔细地思考了中国共产党的成长过程，认为，中国共产党作为第三国际的一个支部，其力量迅速发展壮大，与第三国际的大力支持是分不开的，而国民党"对于第三国际，既不能令，又不受命"，所以"非在国际上另造一新局面不可"，"就中国之地位与国民党之地位言"，不"在国际上成一新势力，不能立足"。戴季陶把他的这一套战略与孙中山先生的"大陆同盟"理论结合起来，认为这"实为中国唯一之应由之道"①。这样，戴季陶又找到了一件合法外衣，他马上写信，要求作为孙中山先生的全权代表，出访苏联、德国、奥地利、土耳其、波兰等国，去宣传推行孙中山的"大陆同盟"主张，掀起民族国际的新运动。戴季陶的请求虽然得到孙中山的许可，但因政府的财政困难，并没有实际成行。实际上，不管是戴季陶的主张也好，还是孙中山先生的理论也罢，这个民族国际的新运动并不是一蹴而就的事情。不久，戴季陶又写信给孙中山先生，要求召开国民党中央扩大委员会，切实研究国民党的前途和基本情况，戴季陶的用意自然无须多言。孙中山批准了这个报告，于是，戴季陶第三次到了广州。

一到广州，国民党左派进步人士对戴季陶的批评之声随即而起，他原想在扩大会议上做一番活动的设想顿时兴致全无，"至是一念之望又绝，而三度离粤之意决矣"。他对扩大会议不抱任何希望了。廖仲恺曾对他说："做人不可太聪明，要笨一点才要得"，意思是劝戴季陶不要自作聪明而钻入死胡同不可自拔。戴季陶听了此言，"怒至不可遏，而再四忍耐"，他认为，维护国民党的纯洁，取缔共产党的势力，"就个人言就党言，此皆一极重大问题，岂可以糊涂了之"。②但当着廖仲恺，他并没有发作出来。在广州再三碰壁，戴季陶终于从左派进步人士对他的谴责中看到了国共合作的力量和大趋势，深深感觉到了自己的孤单。在广州小住几日，戴季陶便立刻离开了广州这个中国革命根

---

① 《戴季陶致蒋介石函》，1925年12月13日。
② 《戴季陶致蒋介石函》，1925年12月13日。

据地。

戴季陶在第一次国共合作期间，三度入粤三度离粤，可以看出戴季陶早期反共活动之频繁，但三次离开广州，回到上海，说明他在广州的反共活动没有市场。戴季陶似乎也感觉到了这一点。第三次回到上海后，他有些悲观，干脆闲居上海、湖州，不再抛头露面了。其时，与他有生死之交的向育仁从四川来，带来了戴季陶长兄之子家驹、二兄之子家齐，戴季陶接纳了自己的亲侄，并且把部分心思转到了教养这两个年届弱冠的少年身上来。当然，戴季陶绝对不是仅仅做这一点小事，这段时间里，他开始整理自己研究孙中山三民主义的心得和体会，并且萌发了整理和阐述孙中山全部思想的计划。

3. 北上侍疾

1924年，第二次直奉战争爆发，10月23日，直系将领冯玉祥发动北京政变，导致直系军阀迅速溃败。此后，北方政情大变，出现了段祺瑞、冯玉祥、张作霖三派联合执掌中央政权而又互相争夺的局面。冯玉祥等受革命潮流的影响，打电报给孙中山，邀他到北京共商国是。

为了尽快实现全国的和平统一，孙中山于11月13日偕夫人宋庆龄等乘永丰舰离粤北上，船经香港，于17日到达上海，受到万余群众的热烈欢迎。由于北上铁路中断，只能走水路，孙中山考虑到途中要经过日本，便召正在上海的戴季陶，以日文秘书的名义随行。戴季陶便随孙中山离开上海继续北上。

在船上，孙中山接见了日本记者，指出："中国频年内乱多半为外人直接或间接造成，过去如广州商团事件，现在如吴佩孚南下事件，暗中均有外人从中指使，无非欲达其侵略政策耳！"[①]同时，孙中山还认为，中日两国人民应亲善携手等。

戴季陶作为翻译，身着笔挺的西装马甲，双手背后，神情自若，他以娴熟的日语逐句进行翻译，把孙中山的话准确地译成日语，当他翻译完最后一句时，在场的记者都热烈地鼓起掌来。23日，船抵日本长崎，次日抵达神户。在日本的八天时间里，孙中山多次接见新闻记者、日本商业界人士、中国留学

① 《申报》1924年11月24日。

生、旅日华侨群众等，到处发表演说，举行座谈，全部的翻译均由戴季陶一人担任，他出色的翻译，博得了众人的好评，使孙中山的革命思想得以深入人心。

11月30日，戴季陶随孙中山离开日本，12月4日抵达天津，两万多群众在码头举行盛大的欢迎仪式，欢迎孙中山一行的到来。

按原计划，孙中山准备在北方事务告一段落后，再出访欧洲各国，由戴季陶陪同。但到天津后，孙中山由于旅途劳累，肝病发作，身体明显感觉不适，于是便取消了访欧计划。戴季陶日语翻译的任务已完成，便先行回上海，准备孙中山返回时，再到日本迎接。

1924年的除夕，孙中山到了北京，病情进一步恶化。1月26日，入协和医院施行手术，确诊为肝癌，并且已经到了晚期。随后，身上出现浮肿，并不思饮食，以致一病不起了。

戴季陶得知孙中山病重的消息后，急从上海赶往北京，侍候于床侧。此时，经过医生的治疗，孙中山呼吸较前通畅了一些，肝部变软缩小，浮肿消退，气色也有所好转，见戴季陶来了，嘴角略现一丝笑意，态度平静地问："听说你近些时在上海求学十分用功，不知看些什么书，学些什么东西？"戴季陶一一作答后，要总理安心养病，孙中山点点头，脸上露出安适的神情①。

在孙中山弥留的最后日子里，戴季陶与孙中山的亲属宋庆龄、宋子文、孔祥熙及国民党要员汪兆铭、邵元冲、何香凝等人守候于身边，不离左右。这就使戴季陶有较多的时间与孙中山交谈，所谈内容多是国家、政治大事，据戴季陶回忆："总理逝世前，我在北京侍疾，总理谈及了和日本有关的二三事项，总理说，我们对日本应该主张的问题最少限度有三项：一是废除日本和中国所缔结的一切不平等条约；二是使台湾和高丽最低限度获得自治；三是日本不得阻止苏联和台湾、高丽接触。这是我们对日本最低限度的主张。"②

戴季陶还向孙中山谈了自己思考已久的一个想法，即请孙中山允许他将多年来钻研三民主义的心得体会写成文章，辑印行世。他的这个想法得到了孙中山的许可，孙中山还勉励他很好地阐扬三民主义的精神，以作为引导世人革命的指南。

---

① 《哀思录》医生报告第3页。
② 戴季陶：《总理孙中山先生与台湾》，1927年在广州中山大学对台湾青年革命团讲词。

应该说，戴季陶在孙中山病重时从上海赶到北京，亲侍汤药，守候床侧，是值得肯定的，这说明了他对孙中山的感情。但戴季陶以后竟以此作为政治资本，进行反共活动，特别是将孙中山允许他阐释三民主义一事作了歪曲的宣扬，却是违背事实的。戴季陶编年传记的作者竟以此编造了所谓的临危受命的谎言，说什么戴季陶"因痛心共产党异说横行，生心害政，流毒无穷。一日，曾以体认三民主义实渊源于古代正统思想，而直绍心传见地，详陈于总理病榻之前。请示可否以仰钻所得，写为文字问世，以正人心，而端趋向。总理聆悉之余，嘉其认识正确，许以尽情倾吐，于是先生勇气倍增"①。这段话是企图说明戴季陶以后写出《孙文主义之哲学的基础》《中国革命与中国国民党》等反共文章，是受孙中山委托，是为了完成孙中山的遗愿而写的。

孙中山遗嘱这一页，有汪精卫、戴季陶等的签名。

所谓的临危受命是不符合事实的。我们认为，孙中山只是准许戴季陶对三民主义进行阐发、宣传，并没要他以三民主义来反共。关于戴季陶在孙中山病重时，怎样谈到阐扬三民主义的目的，又怎样受到孙中山的嘉许，从我们现在

① 陈天锡：《增订戴季陶（传贤）先生编年传记》，（台湾）文海出版社出版，第65页。

看到的材料确实缺乏这方面的原始记载。

从当时孙中山的思想状况来看，反共是不大可能的。孙中山主持召开的联俄联共的国民党一大距他病重才一年时间，他对俄国、对共产党的友好态度是一直没有变的。另外，他在留给后人的《遗嘱》中，还殷殷希望国民党人依照《中国国民党第一次全国代表大会宣言》办事，"继续努力，以求贯彻"。这也说明孙中山联俄联共的初衷至死不变，怎么会对戴季陶的反共情绪予以嘉许呢？

3月11日，孙中山病情进一步恶化，已经不能饮食，何香凝便与汪兆铭商量，应该让孙中山在遗嘱上签字了。前些天，汪兆铭已根据孙中山的意思起草了两份遗嘱，即一份政治遗嘱，一份家属遗嘱，但一直没有请孙中山签字，现在是时候了，何香凝说："此时不可不请先生签字矣！"汪兆铭同意，戴季陶等人也赞成。

关于签字的过程，罗刚编著的《中华民国国父实录》是这样记载的：

"午正，国父忽张目遍视床前家属及各同志，召之面前曰：'现在要分别你们了，拿前几日所预备的那两张字来呀，今日到了签名的时候了。'兆铭将两遗嘱稿并水笔呈上，国父因手力甚弱，颇颤动，无法自持，夫人含泪托起国父右手腕执墨水笔逐一签名。……

此时在病榻侍疾者，除夫人宋庆龄及公子孙科外，尚有吴敬恒、宋子文、孔祥熙、汪兆铭、戴恩赛、邵元冲、戴传贤、邹鲁、张人杰、陈友仁、何香凝等十余人。国父签名之政治遗嘱与家属遗嘱，经宋子文、孙科、孔祥熙、邵元冲、戴恩赛、吴敬恒、何香凝、戴季陶、邹鲁等依次签字，署名证明。"[①]

北京的春天十分寒冷，窗外的风一阵紧似一阵，戴季陶默默地站在病榻旁，心情格外沉重。他望着躺在床上的孙中山，想到十几年追随总理的革命生涯，想到第一次见到总理的情景，想到总理对他的帮助、关怀与教诲，现在却要分别了，心中不禁涌起一阵特别的感情。

3月12日清晨1时25分，孙中山突然痰往上涌，不能言语，喂的少许麦片汤，不能吞进。到3时10分，喘息加重、气息甚微，左右用电话通知国民党中要人，戴季陶与汪兆铭等先后齐集。到9时10分，临时执政府派许世英前来探

---

①　罗刚编著：《中华民国国父实录》，正中书局1988年版（台湾），第5019—5020页。

视，孙中山已双目向上直视，渐不见瞳孔，面转灰白色，手足渐冷，延至9时30分，创造民国的一代巨人在北京东城铁狮子胡同五号住处溘然长逝，终年59岁。在孙中山弥留的最后日子里，戴季陶一直守候在床侧，并成为孙中山遗嘱的九个署名证明人之一，这表明了孙中山对他的信任，也成为戴季陶日后的政治资本。

孙中山逝世后，戴季陶写了一副挽联：

继往开来，道统直承孔子，

吊民伐罪，功业并美列宁。[①]

这副挽联，把几个不同时代、不同国别、不同阶级的名人排列在一起，可以说明两点：其一，此时的戴季陶对无产阶级的革命导师列宁还充满尊敬之意；其二，他对民主主义革命的先驱孙中山并不了解。

5月18日，国民党中央在北京召开一届三中全会，会议中途迁往广州继续举行。戴季陶在会上发言，他提出，孙中山的遗嘱给国民指示了政治奋斗之途径，全体国民应当牢记。他拿出预先写好的《接受总理遗嘱宣言》，提请大会讨论。戴季陶在这个宣言中，提出了以所谓"纯正的三民主义"思想建立国民党的"最高原则"，声称孙文主义任何人"不得有所独创"。这一提案实际上是一个"反对新三民主义、恢复旧三民主义、反对中国共产党、抛弃三大政策的宣言书"[②]，因此，引起了共产党人和国民党左派人士的反对。但由于戴季陶打着接受孙中山遗嘱的旗号，一些人还看不出他反共的真义，会议虽经过激烈的争论，还是勉强通过了《接受总理遗嘱宣言》，戴季陶反共的第一步得到成功。

一届三中全会结束后，戴季陶回到上海，开始潜心研究孙中山的三民主义，并埋头于著书立说之中。

---

① 《戴季陶言行录》，第226页。
② 《中国现代史大事记本末》（上册），第367页。

戴季陶 一生

Daijitao de Yi Sheng

第六章

国民党新右派的"理论家"

1. 戴季陶主义

自从在一届三中全会上提出了建立以"纯正的三民主义"为中心思想的国民党"最高原则"的建议后，戴季陶又于1925年六七月间，在上海连续发表了《孙文主义之哲学的基础》《国民革命与中国国民党》两本小册子，连同他在广州发表的《民生哲学系统表》，构成了一整套理论体系，这就是"戴季陶主义"，其理论有两大特点：一是打着孙中山的旗号，阉割孙中山的三大政策和关于新三民主义的革命内容，而将孙中山思想的消极面加以利用和夸大；二是以维护国民党的纯洁性，攻击中国共产党，排斥和打击工农革命力量。

在《孙文主义之哲学的基础》一书中，戴季陶就中山先生的五种重要著作《民权初步》《孙文学说》《军人精神教育》《三民主义》《实业计划》等作了一番仔细的研究，从思想上系统进行归纳和叙述，最后得出两个结论：（一）提出了一种唯心主义的道统说，把孙中山的三民主义纳入中国封建主义思想体系之中。戴季陶完全篡改了三民主义这一伟大的民主主义思想，剜去了孙中山思想中的战斗性和革命精神。（二）提出了"仁爱是革命道德的基础"，鼓吹阶级调和论。戴季陶强调指出，革命"是从仁爱的道德律产生出来，并不是从阶级的道德律产生出来的"[①]。其目的是要取消阶级斗争，使中国民众联合战线的国民革命变成为少数知识阶级"伐罪救民"的贵族"革命"。戴季陶的这种理论是他在主编《星期评论》时期主张的继续和发展。

在《国民革命与中国国民党》一书中，戴季陶针对国共合作，提出了国民党在组织上应该强调团体的独立性和排他性。这是"戴季陶主义"的一个重要的内容，是戴季陶在思想上对中国共产党进攻的一个重要论点。

① 戴季陶：《孙文主义之哲学的基础》，上海民智书局1925年版，第41—42页。

在该书的导言中，他以社会达尔文主义为其理论基础，发出了这样的论调："生存是人类原始的目的，同时也是人类终结的目的。在生存的行进中，逢着一种障碍的时候，求生的冲动，便明明显显地，引导着人生发出一种生存的欲望。……就欲望的性质上说，无论是哪一种欲望都具有独占性和排他性，同时也具有统一性和支配性，因为要独占，所以要排他，因为要统一，所以要支配，再合拢来看，独占性是统一性的基础，排他性是支配的基础。"[①]将这个理论引入国民党的"生存"，戴季陶强调："要图中华民国的生存，先要图中国国民党的生存，要图中国国民党的生存，一定要充分发挥三民主义的中国国民党之生存欲望所必须具备的独占性、排他性、统一性、支配性。"戴季陶的意图很明显，他首先是反对国共合作的，既然合作了，那么必须强调国民党的独立性、排他性和支配性。

在国共合作深入人心、右派分子分裂活动加剧之时，戴季陶碰到了一件令他哭笑不得的事情。有一个区党部的职员，给戴季陶写了一封信，反映右派分子在那里的活动。信中说："本处分子复杂，无容讳言，驯至时有反共产言论发生。……近来公然有人组织中山主义研究会，若再放任，后患何堪设想？[②]这封信本来是请教戴季陶如何迎击这股反革命逆流的，可戴季陶恰恰是一个反共理论的炮制者，这真是给戴季陶一个极大的难堪，当然也更加激发了他的反共理论的加速出台。

关于国民党的"独占性"，戴季陶指出："我们中国国民党是三民主义的政党，无论是何种派别的思想者，一定要有了信仰三民主义的觉悟和决心，才可以来做中国国民党的党员，才是真正忠实的中国国民党党员。一个政党，除了主义，便没有结合的基础，主义是党的神经系，同时是党的血管。……没有主义，便不能成为一个党。"[③]他明确强调："如果已经加进了中国国民党，不把中国国民党的组织和团结，作为自己的责任，只尽量在中国国民党中，扩张CP或CY的组织，并且尽力的使非CP非CY的党员，失却训练工作的余地，一定会使实际的政治工作上，只有反动和盲动两种势力。"[④]戴季陶一再叫喊：

① 戴季陶：《国民革命与中国国民党》，中国文化服务社 1941 年版，第 1 页。
② 戴季陶：《国民革命与中国国民党》，第 25 页。
③ 戴季陶：《国民革命与中国国民党》，第 20 页。
④ 戴季陶：《国民革命与中国国民党》，第 39 页。

"共信不立，互信不生，互信不生，团结不固，团结不固，不能生存。"①戴
季陶重述了"关于接受遗嘱之训令"中的一段话以解释"共信"和"团结"为
"党员之行动"。"如党员之行动及言论，有不尊奉总理之遗教者，本党皆一
律以纪律制裁之，且以后无论何时，决不因党员之成分不同，而动摇本党之最
高原则，此则全体党员所应确实信守者也。"②

戴季陶认为国共合作是共产党采取的寄生政策，这样，国共两党"事实上
以一个大团体当中，包着一个小团体，这个小团体，尽力地发挥他的组织力和
排他性，旧的细胞是失了生活力，新的营养反被小团体尽量的吸去"③。戴季
陶攻击共产党"不把国民革命当作真实目的，不把三民主义认作正当的道理，
只借中国国民党的躯壳，发展他自己本身组织"④。他还不惜花费笔墨污蔑中
国共产党在国民党中制造谣言，挑起矛盾，"不尊重团体的道德"，"从中扩
张他们的势力"，使国民因此而"生出厌弃中国国民党的心理，而趋向于共产
党"⑤，等等。

归纳起来，"戴季陶主义"中的一个重要内容就是国共合作使共产党寄
生其中，这样"国民党内一个最大的危机，就是在有了两个中心，而大多数的
党员迷惑在二心之间，无所适从"，使得"党国的情形，已经危急到了十二万
分"。如果国民党不恢复自己的自信力和团结力，心口如一地组织起来，"那
么必定会使国民党灭亡"⑥，因而，国民党这个团体如果要生存下去，必须对
共产党进行排斥。戴季陶重弹老调，提出加入国民党的共产党员必须退出共产
党，"要真把三民主义，认为唯一理论；把国民党认为唯一救国的政党"⑦。
要使国民党成为具有单纯国民党党籍的三民主义信徒，而且"在组织上，凡是
高级的干部，不可跨党"⑧。戴季陶攻击共产党是"为时代不需要"、国民不
需要的，是"自欺欺人的"，搞共产主义的结果只能是"使中国受长时间的扰

---

① 戴季陶：《国民革命与中国国民党》，第3页。
② 戴季陶：《国民革命与中国国民党》，第24页。
③ 戴季陶：《国民革命与中国国民党》，第45页。
④ 戴季陶：《国民革命与中国国民党》，第45页。
⑤ 戴季陶：《国民革命与中国国民党》，第48—49页。
⑥ 戴季陶：《告国民党的同志并告全国国民》，见《国民革命与中国国民党》，第79页。
⑦ 戴季陶：《国民革命与中国国民党》，第44页。
⑧ 戴季陶：《国民革命与中国国民党》，第47页。

乱，使中国衰微的民族，更因扰乱的灾祸，而减少人口，阻碍文化"①。他还希望中国的青年不要"只顾满足个人的好奇心趋新性"去"盲从共产革命"。

在《国民革命与中国国民党》这本小册子中，戴季陶满纸所书皆为反对国共合作，反对共产党的言论。他把反共主张纳入到反动的社会达尔文主义中，使民族资产阶级右翼分子企图用旧三民主义取代新三民主义的反动思潮更得以理论化，更具迷惑力，从思想上对无产阶级及其政党的进攻更加猖狂。他的理论代表的正是国民党分裂主义分子的思想和主张。邵元冲说戴季陶的这本小册子所讲的"句句都是我想说的话，不但我想说，只要是真正爱中国历史，爱中国民族，希望把中国国民党组织好，以中国'国民的党'，救'中国国民的国'的同志，我相信都想说的"②。

周恩来一针见血地指出："戴季陶主义"是利用了孙中山的理论体系与其革命实践间的某些矛盾，"从思想上大大发展了孙中山的消极方面"，"完全抛弃了孙中山学说中的一切革命的东西"③，成为时代潮流中的一股逆流，迎合了国民党新右派势力反俄分共、取消工农革命斗争的政治主张，并为他们提供了理论武器。胡汉民称道"戴氏之著作系极忠实的研究成绩"；④"邵元冲在广州《民生日报》撰文，为戴氏作桴鼓之应；许崇智把戴氏著作印发粤军全体官兵阅读；邹鲁亦曾将戴氏著作分散给一部分中山大学的学生"⑤；更重要的是，它为蒋介石在1927年发起反动的清党运动提供了理论基础，为国民党反动派彻底背叛中国革命、背叛孙中山先生的三民主义思想作了理论上的准备，为把国民党推上法西斯化的道路起到了重大作用。

"戴季陶主义"一经推出，立刻遭到了中国共产党人和国民党进步人士的强烈批评，中国共产党于1925年5月在北京召开的扩大会议上，号召坚决地和戴季陶理论做斗争。陈独秀发表了《给戴季陶的一封信》，瞿秋白写了《中国国民革命与戴季陶主义》等，毛泽东、恽代英等也纷纷在《向导》《中国青年》《政治周报》等刊物上发表批判文章，对戴季陶的言论进行了全面深刻的揭露

---

① 戴季陶：《国民革命与中国国民党》，第47页。
② 邵元冲：《读〈国民革命与中国国民党〉书后》，见《国民革命与中国国民党》，第68页。
③ 周恩来：《关于一九二四至二六年党对国民党的关系》，见《周恩来选集》上卷，第114页。
④ 张玉法：《中国现代史论集》第十集《国共斗争》，台湾台北联经出版事业公司1982年版，第116页。
⑤ 王寿南：《戴季陶》，《中国历代思想家》第55辑，台湾商务印书馆。

和批判。

"戴季陶主义"很快就成了"孙文主义学会"的理论基础，他们忠实地执行了戴季陶的理论。但毕竟他们只是代表少数分裂分子的主张，所以国民革命并没有因戴季陶主义的阻挡而停止。戴季陶后来自己也承认，由于他的理论的产生，"果然生出很大的攻击迫害来"，"虽然同志当中也有不少的同情者，然而一半是忍气吞声，一半是委曲求全"，以致"竟不能收到圆满的效果，不能引起同志的回心转意"①。不过，其理论上的影响还是非常大的，比如《国民革命和中国国民党》一书，"出版以后，在国内翻印的就有好几种，散布的数目，不下十余万，有了几国文字的翻译"②。戴季陶抛出自己的一整套理论后，立即加紧了活动，亲自四方游说，兜售其理论，为了反对共产党，反对国共合作，他奔走四方。

由于国民党右派的疯狂进攻及国内形势的变化，五卅运动后，上海执行部内的共产党员相继离开了上海，毛泽东则更早于1924年底回到了湖南，沈泽民、邓中夏、向警予等都在五卅运动前后离开上海，上海执行部失去了"主心骨"。1925年7月，戴季陶在上海萨坡赛路兹安里挂出了"季陶办事处"的招牌，以执行部的名义行使权力，上海执行部的领导权再一次全部落入戴季陶、叶楚伧的手中，成了国民党右派分子的活动据点，环龙路44号原执行部的办事处立刻变得"门庭冷落"③。

"季陶办事处"成立后，便开始了紧锣密鼓的反共活动。7月初，戴季陶和老友沈玄庐匆匆赶回浙江。此时的沈玄庐已由共产党的早期发起人蜕变成为国民党右派的得力干将。7月5日，在沈玄庐的一手操办下，国民党浙江省党部执行委员会召开了"国民党浙江省党部临时代表大会"，与会代表有五十多人，由沈玄庐主持会议。沈玄庐首先郑重其事地宣布国民党中央有重要指示，特派戴季陶来传达、指导。此语一落，代表们一片哗然。面对吵闹不安的人们，戴季陶强装镇静开始了训话式的发言，先是自我介绍一番，马上一转话锋，颇为神秘地说自己在孙中山病床前深得先生的亲自指教，是孙中山的忠实信徒，是"孙文主义学说"的倡导者。一番吹嘘之后，他抛出了自己的两本小册子《孙

---

① 戴季陶：《重刊序言》，见《国民革命与中国国民党》，第1—2页。
② 戴季陶：《重刊序言》，见《国民革命与中国国民党》，第1—2页。
③ 大德：《上海执行部小史》。

文主义的哲学基础》和《国民革命与中国国民党》，大谈其著作在各地都如何受到重视，影响如何巨大。接着，不管他人是否乐意，戴季陶宣读起他的大作来，不时还加以讲解。最后，戴季陶要各位代表听了他所讲解的"孙文主义学说"之后，便回去组织"孙文主义学会"，宣传孙中山先生的哲学思想。此时，代表们已经按捺不住地喊叫，他们多数都不赞同戴季陶的观点，纷纷提出抗议，要求戴季陶立刻下台，闹得戴季陶十分尴尬。

对于戴季陶的言论，浙江省的进步国民党人士早有所闻，无不从根本上反对他，戴季陶用尽心机地歪曲马克思主义，肆意诽谤孙中山先生的"联俄、联共"政策，更是激怒了参加会议的代表。当天夜里，代表们自己集会，决定与戴季陶展开论战。曾参加国民党"一大"的浙江代表、共产党员宣中华更是愤怒无比，他决心与戴季陶、沈玄庐展开面对面的斗争，经过彻夜不眠地思考，写下了一篇颇有战斗力的发言稿。

会议到了第二天，沈玄庐首先抢着上台，他大肆吹捧了一番戴季陶这个所谓的"太炎门徒"，与戴季陶一唱一和地叫嚣："共产主义不适合中国国情"，极力倡议组织"孙文主义学会"。但他的发言没有引起代表们的响应，当宣中华作中心发言时，宣中华对戴季陶、沈玄庐的谬论进行了有力的批驳，指出在孙中山逝世仅四个多月，尸骨未寒，余音未尽之时，戴季陶、沈玄庐就公开违背孙中山的遗教，明目张胆地篡改孙中山的三民主义理论，这种卑鄙行为实为广大爱国人士所唾弃，以戴季陶为首倡导组织所谓"孙文主义学会"，绝不会把中国革命引上正道，只能有损于国民党的团结。宣中华的发言赢得了代表们热烈的掌声。其他代表也纷纷表示，对戴季陶这种有悖于孙中山学说的言论是无论如何不能同意的，并且要求大会向广州国民党中央提出控告。一时间，群情激奋，沸沸扬扬，沈玄庐见众怒难犯，只得草草收场，宣布大会结束。①

这次会议是"戴季陶主义"第一次与共产党人、国民党进步人士的正面交锋。他们不得人心的一场闹剧遭到来自各方的批驳和抵制，戴季陶万万没有想到会如此一败涂地，但最后，在戴季陶、沈玄庐等人的操纵下，会议还是勉强通过"反对阶级斗争的议案"②，号召全省党员在宣传工作上必须坚持"消弭

① 《孙中山与浙江》，浙江人民出版社 1986 年版，第 211—213 页。
② 瞿秋白：《国民会议与五卅运动》，《新青年》1926 年第 3 号。

阶级斗争"的基本精神，"防止斗争之害，消灭阶级之别"。[①]这实际上是公开反对马克思主义关于阶级斗争的学说。对于这种明显的反动行动，上海执行部却声称完全接受，并将浙江省党部的训令印发各地党的组织，要求党员不得鼓吹阶级斗争。

在中国共产党的倡议下，7月1日国民党改组了大元帅制的广州军政府，成立了委员制的国民政府，汪精卫被推举为国民政府主席，胡汉民为外交部长，廖仲恺为财政部长，许崇智为军事部长，这四个人掌管了国民政府的大权，戴季陶仅仅是十几个委员之一，而蒋介石则连委员都不是，右派势力被削弱了，但斗争却更加激烈。

1925年7月1日，中华民国国民政府在广州成立，汪精卫任主席，前排左2为军事部长许崇智，左3为汪精卫，左4为外交部长胡汉民，左5为孙科，左6为财政部长廖仲恺，戴季陶仅是十几个委员之一，而蒋介石连委员都不是，右派势力被削弱了，但斗争却更加激烈了。

2. 西山会议

1925年8月20日，杰出的左派领袖廖仲恺被刺身亡。国民党中央对此事件迅

---

① 《中国国民党浙江临时执行委员会全体会议对全省党员指示宣传工作上对于阶级斗争应取之态度之调令》，1925年7月5日。

速做出反应，当天就组成了汪精卫、许崇智、蒋介石三人特别委员会，"授以政治、军事及警察一切全权，应付时局"；并组成了"廖案检查委员会"，负责全面追查此案。

由于廖仲恺之死与胡汉民、许崇智有着密切关系，蒋介石等新右派为了达到独揽国民党大权的目的，便借廖案打击国民党的老右派。右派分子在广州无处可待，纷纷逃往上海、北京，先后建立了上海辛亥同志俱乐部和北京同志俱乐部，开始了更加猖狂的反共活动。

1925年11月23日，邹鲁、谢持、张继、林森、居正等十余人在北京西山碧云寺孙中山的灵前召开了所谓的"国民党一届四中全会"，这就是臭名昭著的"西山会议"。第一届二十四个中央执行委员中，参加会议的只有林森、居正、邹鲁、石瑛等八人，五个监察委员中只有张继、谢持两人，候补执委中出席会议的也只有几个人，无论从哪个角度来说，西山会议作为国民党的一届四中全会，都是非法的。

1925 年 11 月 23 日，国民党元老邹鲁、谢持等在北京西山碧云寺孙中山的灵前召开了所谓的"国民党一届四中全会"，这就是臭名昭著的"西山会议"。

在筹划西山会议时，邹鲁一行先到了上海，"会到一部分同志如戴传贤、谢持、叶楚伧、邵元冲先生等，他们对于共产党的阴谋和伎俩，都很清楚"[1]。他们在一起商定召开西山会议，并派人分头去联络。自然，戴季陶也在林森等人的邀请之列。于是，戴季陶立刻与叶楚伧、邵元冲、沈定一等人北上参加会议，他们同住在西山的香云旅社。戴季陶本想去参加这次反共会议，但反共的右派不理解戴季陶的苦心，于11月19日，在旅社将戴季陶痛打一阵，并且将他架至北京城内菜市胡同三十七号国民党同志俱乐部，不准他参加会议，戴季陶于次日被迫离开北京。

西山会议开了43天之久，于1926年1月4日结束。会议的中心议题是"解决共产派问题"。在会议召开的当天，就宣布"取消共产党员的国民党籍"。12月4日，又分别开除了共产党人谭平山、李大钊、毛泽东、瞿秋白、张国焘等中央执委、候补执委的职务，并取消他们的党籍。对苏联及苏联顾问甚至采取了谩骂的态度。这些右派分子还干脆一竿子捅到底，居然狂妄地宣布：停止广州中央执行委员会的职权，取消国民党政治会议，把中央执行委员会搬到上海办公，并将上海"中央执行委员会"各部长办公室的部长人选一并推定出来。会议还决定国民党"第二次全国代表大会"于1926年3月29日在上海或者北京或者广州举行。会议最后通过了一系列的反动宣言、议案、文告等等。西山会议反共分裂的活动，激起了国民党左派和中国共产党的强烈反对。

戴季陶虽然没有参加会议，但仍发表书面声明：在一定主张下可以同意西山会议的决议。戴季陶离开北京到天津后写了一封长信给吴稚晖、李石曾，谈了自己对"西山会议"的一些想法。信中云："……此次在京开会，弟初意颇不欲。……夫此日之党，既不可置而不问，然问之亦应有道。……未有将此重大之根本问题之解决，行之于敌人四面包围之重地而有不乱者。"[2]可见，戴季陶从根本上是赞同"西山会议派"的，只不过他认为要采取比较适当的方式，否则就不会收到

国民党二大的纪念章

① 邹鲁：《回顾录》上册，独立出版社1944年版，第171页。
② 1925年11月，戴季陶在天津致吴稚晖、李石曾函。

好的效果。戴季陶一贯主张先从理论思想上来肃清共产党的思想，所以他对邹鲁、林森他们这种马上把矛盾激化起来的做法是不太赞同的。因为此时的国共合作还是处在比较稳固的阶段，左派人士与共产党人的紧密合作，还没有给右派分子以可钻之隙，右派分子只能把孙中山的旗号搬出来。尽管以戴为首的国民党右派把"孙文主义"这面大旗摇得呼啦啦地响，可西山会议刚一开锣，全国的声讨之声就愤然而起，戴季陶似乎早就料到这样下去，林森、邹鲁之辈将不会落个好结局。在写给吴稚晖、李石曾的信中他就谈到了这一点："……但情形若此，弟既不能为力，而事终不可不问，除两先生外，他无能救此危局之人，请两先生……不避嫌怨与危险，稍稍劝告之……子超、海滨（指林森、邹鲁），终不宜见其日趋于危途而不救之。"[1]寥寥数语，可见戴季陶与"西山会议派"人物感情之融洽，友谊之深长。

果不出戴季陶所料，1926年元旦，中国国民党第二次全国代表大会在广州市民迎新年的鞭炮声中隆重地召开。在中国共产党和国民党左派的共同努力下，大会通过了两个决议案，决定永远开除邹鲁、谢持的党籍，对林森、居正、沈玄庐、叶楚伧等12人提出警告，责其改正。戴季陶也受到了处分，不过是区区训令处分而已，其他重要人物如吴稚晖、孙科等皆逍遥法外[2]。这种结果大大地出人意料。本来，周恩来与陈延年一起和苏联顾问鲍罗廷商量是要在二大上打击右派、孤立中派、扩大左派的，并且一定要开除戴季陶、孙科等右派分子的党籍，争取共产党员和国民党左派人士在国民党中央委员会中占优势。以当时工农群众运动高涨的大好形势，周恩来的这一计划并不是空中楼阁，是极有可能实现的。当计划报到上海中共中央后，以陈独秀为代表的一些人，担心"西山会议派"的活动会造成国民党的分裂，影响广东的大好形势，所以，上海回电广州，不同意周恩来的计划，主张采取让步政策。更有甚者，陈独秀、张国焘作为代表，在共产国际代表维经斯基的支持下，在上海苏联领事馆和国民党右派分子孙科、叶楚伧、邵元冲等人共商国共关系，达成了七项协议，全为妥协退让之类。戴季陶因此又准备回广州参加国民党第二次代表

---

① 1925 年 11 月，戴季陶在天津致吴稚晖、李石曾函。

② 据《中华民国事件人物录》第 116 页云："戴季陶、吴稚晖虽参与此事，联名通电，但没有出席会议。"但邹鲁在《回顾录》上册第 176 页云："吴敬恒先生署名通电召集'西山会议'。并且于'西山会议'第一次预备会出席，且做主席。"

大会。

但戴季陶毕竟是受到了一次沉重打击，从此情绪日渐消沉，很少过问外事。12月13日，他干脆电告全国，宣布即日自行解除一切政务党务职责，同时以神经极度衰弱为理由，脱离政坛，回浙江湖州养病。戴季陶在通电辞职的同时，给他的结拜兄弟蒋介石写了一封长信，详细地叙述了自从国共合作以来他的想法和他所受到的攻击。他强调指出国共合作必须解决两个重大问题，"主义思想为一问题，而组织人事，又为一问题，此混杂不清之组织，虽有上智，亦无能为力，因此而忧心不已累日。……而对于党事前途之悲观，亦遂加厉。盖一方则旧日同志，绝不觉悟，不合群，不努力；一方则共产党之扩张发展，日进无已，而党之基本政策，又造成一含混不清之局，组织则有两重纪律之危险，宣传又有两重理论之困难，而此之困难，既非由我造成，更非我所乐就，又非我所能解决，而利用我者自利用，攻击我者自攻击，普通党员，关于此种问题，固一无所知，而旧日同志，其对于此种要点，亦无所见，假使我亦如人之糊涂，固未尝不可在糊涂中生活，而我则既明明认识此艰危之所在，欲假作糊涂，夫岂可得哉。至于四周之谣言蜚语，我固绝不置一词，盖此种无谓之辩白，于事无补，于理无当，我虽至愚，不欲为也。至是而弟决然辞去一切职务赴沪之意决矣"①。

戴季陶隐回湖州后，广州国民党中央执行委员会、孙文主义学会等都往湖州发电，请戴季陶回广州参加国民党二大，在二大上还专门作了关于敦请戴季陶回粤参加会议的报告。但戴季陶没有到广州来，他写来一封信，坚决辞职："去秋以来，患神经衰弱甚剧，近且剧烈，是以屡奉中央党部政府，及学会之电召，皆不能奉命南行，且决意辞却一切职责，专心治愈也。"②到1月27日，戴季陶就自己当选为国民党中央执行委员一事，再次函告国民党中央，请准辞去此职，其辞职理由，除了重病缠身外，更进一步表示：中央对"西山会议"的同志都严加处罚，而自己却被选为中央委员，这实在不太公平。戴此时似乎在以辞职要挟中央，他在信中为邹鲁、谢持两人大鸣不平：邹、谢两人是"多年为党工作之同志，渝此境遇……传贤对于两同志受此最重处分，认为吾党之大不幸"。"谢同志为中华革命党以来最忠实之党员，当年在四面楚歌之中，

---

① 戴季陶致蒋介石书，1925年，见《戴季陶先生文存》，第979—986页。
② 戴季陶致广州中央执行委员会函，1926年1月12日。

矢忠矢信，拥护总理，组织党部，癸丑以后，吾党尚能继续一线之生机，致有今日者，在组织工作上，谢同志之力独多。……邹同志之努力于实际革命工作，其勉则固昭然炳存于民国之历史。……执一说以定功罪，乌能得其平"。

"……请中央诸同志，回顾历史，瞻念将来，审查本党能有今日之由，尊重总理仁爱之德，查照总章，于两同志永远除名之处分，迅速特令通电停止执行，留第三全会平反之余地。而在今日，仍对两同志表示尊重，则于全党之团结，为益必非浅鲜。……"[1]戴季陶在此为邹鲁、谢持大鸣不平，歌功颂德，把他与右派分子的关系全部摊开了，但毕竟正义犹存，天理还在，所以戴季陶的苦心努力，仍然没有奏效。

尽管国民党二大对右派分子作了一定程度上的处罚，但终因陈独秀右倾机会主义者对国民党右派、中派实行妥协和退让，加之廖仲恺被刺后，国民党左派一下子失去了主心骨，群龙无首，战斗力骤然减弱，此后，蒋介石崛起，汪精卫开始衰落，终于使右派分子得以猖狂起来。二大没有给他们以致命的打击，而西山会议则已吹响向共产党全面进攻的号角，"戴季陶主义"成为其理论武器，使得大好的革命形势危在旦夕。

3．主持中大

自从1925年底，戴季陶宣布自动辞去国民政府的所有职务以后，一直在湖州故乡与妻儿一起厮磨，除偶尔到上海之外，很少再与外界接触。此时的戴季陶似乎对宁静淡泊的生活更感兴趣些，在湖光山色间徜徉，耳闻鸡犬戏咬，呼吸青草的芳香，偶有客人来访，对啜香茗，海阔天空，其乐融融，戴季陶的心胸无比舒畅，缠身已久的神经衰弱也觉好多了。

宁静的生活没有过多久，1926年元月4日召开的国民党第二次全国代表大会使得戴季陶不得不把心思放到广州方面来。国民党的二大虽然邀请戴季陶参加会议，但也给予戴季陶一定的处分，这个轻微的处分是："由大会予以恳切之训令，促其猛省，不可再误。"对于这个处分，戴季陶倒无不满之处，但大会同时又做出禁止戴季陶在三年内发表文章的决定，这就使戴季陶着急了，他立

---

[1]　戴季陶致国民党中央执行委员会函，1926 年 1 月 27 日。

刻写信广州，郑重声明大会的决议案不公平，尽管他在大会上被选为中央执行委员，但个人表示绝不接受。戴季陶以不接受中央的任命来抗议对他及其他右派分子的处分。这也不奇怪，"西山会议"和国民党二大之后，国民党右派和左派及共产党之间的斗争更加激烈了。"戴季陶主义"的问世，使右派得以用最新的武器向对手进攻，右派们时刻盼望着戴季陶能在这关键时刻再发新论，掀起更大的反共浪潮。可这个禁令，要剥夺他三年的写作自由，三年之后，中国的局势说不定早就没有他的市场了，他一贯主张的反共说不定就会败得一塌糊涂，所以戴季陶是绝对不会接受这道命令的。

国民政府委员会会议合影。前排左起：一为褚民谊，三为孙科，四为蔡元培，五为胡汉民，六为谭延闿，七为戴季陶，八为王正廷。

　　国民党二大后，戴没有前往广州就职，但他再也恢复不了往日的平静了。他要继续宣传他的"戴季陶主义"，但又缺少知音；他对广东的局势十分关心，但又对广东革命政府不满，对国民党左派对他的处分耿耿于怀。

　　1926年夏，国民政府任命戴季陶为广东大学校长，但戴季陶以身体不好为理由加以拒绝。不久，广东大学改名为中山大学。8月7日，再次任命戴季陶为中山大学第一任校长。

广东大学原是孙中山在1924年2月命原国立广东高等师范学校校长邹鲁筹办，合并广东公立法科大学、广东公立农业专门学校等成立的，于是年9月正式开学。1925年7月，又合并了广东公立医科大学，成为理、工、农、医、文、法各科俱全的综合大学。邹鲁随孙中山北上后，由陈公博代任校长，由于"西山会议"，邹鲁被开除出国民党，校长褚民谊代任三月，随后就由经亨颐代任。改名中山大学后，戴季陶仍然以病相辞，国民党中央政府派中央政治会议秘书长周觉率部分学生代表，前往吴兴劝驾。在途中，周觉等人碰到了刚从吴兴省亲赴广州的朱家骅，他是应中大之邀去广州任教的，受周觉的委托，朱家骅又和他们一行折回吴兴，劝说戴季陶前往中大赴职，经再三敦请，戴季陶终于首肯[1]。

1926年9月，戴季陶南下到了广州。其时，中山大学受广东革命形势的影响，学校情况很复杂，派别林立，倾向革命的有左派国民党青年团，极右派有"西山会议派"和stick党[2]，中间派有中社，另外共产党在师生中也有着广泛的群众基础。各派之间相互斗争，剑拔弩张，随时都可能一触即发，代理校长经亨颐面对这一摊子毫无办法，学生中风潮日起，闹得天翻地覆。戴季陶很清楚这样的局面是不容易对付的，要想把这一切理顺，顺到自己的手中，非得以快刀斩乱麻的手段不可，这就不是区区一个校长所能办得到的，倘若轻率地接受校长一职，日后治服不了中大的这一帮子书生，骑虎难下，那可要身败名裂。戴季陶经过再三考虑，决定还是不接受中大校长一职。

经张静江、国民政府主席谭延闿等人竭力挽留，促其就职，戴季陶才勉强答应留在中大，但他转推顾孟余任校长，并且约朱家骅一同去与顾孟余商量，结果顾孟余亦坚决推辞，只愿协助戴季陶主持中大。

最后，戴季陶向国民政府提出三个建议：（一）改中大校长制为委员会制，请以顾孟余、经亨颐为正副委员长，戴季陶做一名教授。（二）实施党化教育。（三）解散学校，重新整理，巩固大学基础，发展大学特色[3]。国民政府基本上接受了戴季陶的提议，正式发表公告：戴季陶为中山大学委员长，顾

---

①　《朱家骅先生论集》，第738页，转引自《戴季陶传记资料》，台湾天一出版社。

②　中山大学学生中的孙文主义学生会会员，经常手持士的（Stick，手杖），寻隙殴打进步学生，被称为"士的党"。见梁山等著《中山大学校史》，上海教育出版社1983年版，第31页。

③　戴季陶：《关于中山大学组织上的意见》，见《戴季陶集》下卷，第1—6页。

蒋介石在"中山舰事件"后，逐渐暴露了他的反共本质。这是他就职国民革命军总司令的标准照。

孟余为副委员长，徐谦、丁惟汾、朱家骅为委员。10月17日，戴季陶等正式就职，开始主持中大校务。

新官上任，戴季陶烧的第一把火是教职员一律停职另任；第二把火是大学本科各级、师范各科级，一律停课复试，分别去职；第三把火是原有一切规矩废除，重新厘定①。"时国府令停课一学期，教职员解职重任，学生考试甄别，专修学院裁撤……"②这实际上就是戴季陶的意图。戴季陶三把火的目的很明确，是直接烧向共产党人的。1926年前后，北伐节节胜利，中国革命形势呈现出一片大好的趋势，这也影响了全中国。国民党内左派、右派的斗争日趋激烈，更加引起全国人民的关注。中山大学也不例外，绝大多数教职员工和学生都是向往革命、反对分裂主义的，以至于"以向左走最为时髦，有人说他一声左派，便高兴的引以为荣，说他一声右派，便感到如受侮辱。"③戴季陶看到这种情况，当然不会感到中山大学这一摊子很好把握，所以，他利用他的职权把一大批国民党左派或受左派影响的教职员工解聘了，开始了他反共的校务整顿。

这种整顿，得到了蒋介石的支持。蒋介石在3月的"中山舰事件"后，逐步暴露出了他的反共本质，汪精卫受到牵连，干脆离开了广州国民政府。6月，蒋介石被任命为国民革命军总司令。这样，蒋介石集党、政、军三权于自己的手里，蒋家天下从此开始。北伐后短短几个月的时间里，国民革命军取得了辉煌的战果，蒋介石头顶顿时大增光彩。蒋介石在前线攻城，戴季陶在后方扎固棚帐，中山大学的整顿自然也得到国民政府的大力支持。整顿的结果，原有的

① 《国立中山大学委员会布告第一号》，《国立中山大学校报》1926年第1期。
② 张掖编辑：《国立中山大学现状》，国立中山大学出版社1937年1版，第6页。
③ 郑彦棻：《春风化雨怀季师》，见《景光集》1971年台湾版，第41页。

四百余名教师，只重新聘任了七十余人，凡参加过学潮，支持过左派学生运动的教师，一律解聘。两千余名学生中，有两百余名被淘汰[①]。中山大学原有的革命形势，立刻被戴季陶施行的"白色恐怖"消除掉了。

国民政府北迁以后，顾孟余、徐谦、丁惟汾三人先后离开了中山大学，中山大学的工作全落在了戴季陶和朱家骅的身上。戴季陶认为，要整饬学风，必须先得启发青年的思想，所以戴季陶在行政事务方面并没有多操心，而是把时间全用到对学生讲演上，几乎每天一次。《孙文主义之哲学的基础》一书出版后不久，戴季陶就曾寄了一批给当时的中山大学校长邹鲁，由邹鲁散发给了学生，其影响还是很大的。现在，戴季陶直接面对中山大学的学生，把他的那一套理论又全盘托出，向学生们灌输。戴季陶本来就是善于演讲的，和汪精卫不相上下，他把自己的理论以浅显易懂的语言讲解出来，居然还颇有鼓动性。

戴季陶的言行自然遭到了共产党人的激烈反对，但校务整顿仍然按他的设想继续下去了。正是由于他冥思苦想如何在学生中肃清共产党及国民党左派人士的影响，天天高吊嗓门地讲演，过度的劳累，使得他的老毛病又发作了。他终于累倒了。

1926年12月间，戴季陶积劳成疾，终于坚持不下去了，他显得非常的虚弱，往日那种斗志昂扬、潇洒大方的神韵，已荡然无存，一点也不像个三十多岁的壮年人。朱家骅见戴季陶病情较重，决定陪他到香港去疗养一段时间，并安排好了校方的事务，登船去港。轮船在无垠的大海中航行，戴季陶终日无精打采，在船上遇到了老熟人周佩箴，这也没能提起戴季陶的兴趣来。入夜后，单调的航行更显得无聊，戴季陶忽然想起了几年前回四川的长江之旅，两相比较，多么惊人的相似。茫茫黑夜中，戴季陶仿佛又听到一个熟悉的声音在呼喊着他，他眼睛一亮，抛开一旁陪伴的朱家骅和周佩箴，直往船舷走去。还是朱家骅眼疾手快，一把拖住了正要跳海自杀的戴季陶，朱、周两人死活相劝，才把戴季陶扯回船舱，戴季陶再度自杀未遂[②]。

在船舱里，戴季陶呆呆地坐在那里，一言不发，朱家骅、周佩箴却吓坏了，他们陪伴着戴季陶，不敢离开半步。整整一夜，就这样过来了。第二天，到了香港，总算没有出什么事。在香港住了三四天，由于换了个新的环境，戴

---

①　朱家骅：《戴季陶先生与中山大学》，台湾《大陆杂志》第18卷第5期。

②　《朱家骅先生言论集》，转引自《戴季陶传记资料》，台湾天一出版社，第739页。

季陶的精神好多了，因此又回到了广州。

戴季陶一回到广州，就接到了蒋介石从江西拍来的电报，邀请他到庐山共同度过1926年的最后几天。戴季陶安排了校务，就直往上海，再转道去庐山，和分手已快一年的结拜兄弟蒋介石会面。

戴季陶执掌中山大学，若即若离，由于他身兼多职，所以并没有一直在中山大学履行职务，这种状况一直延续到1930年，这一年他结束了他的校长使命。在这些年里，由于戴季陶的特殊地位，国民党对中山大学的大力支持，使学校的面貌大为改观。学校经费由原来的每月毫洋9万元增加到1930年的14万元。再加上长期实行节约事业行政费用的开支，以保证供给教育经费，使得各科室的设备仪器基本上置齐，图书馆藏书也由原来的四万余册增加到中文书籍二十一万余册，西文书籍四万余册，各种学术刊物五百余种。另外，学校新建了占地一万七千余亩的白云山林场，开辟了占地八千余亩的新校址①。中山大学得到了迅速的发展。应该肯定，戴季陶对中大的发展还是做出了一定的贡献的。

在武汉尚未开始反共时的汪精卫。

但是，戴季陶在执掌中山大学的年月里，坚决实施了他一向的反共主张。在蒋介石发动四一二反革命政变后，戴季陶密切配合蒋介石的行动，大批开除进步师生。1927年6月29日，戴季陶、朱家骅签署了《处置共党分子》的布告，文称：“其共产分子，如系学生，即予一律开除学籍，如系职工，即行解除职务。至犯反动嫌疑各生，应即停止晋业，留校察看……”②所附名单，属开除即所谓一等处分者达464人，留校察看即所谓二等处分者17人③。当时在中山大学执教的鲁迅先生与戴季陶等

---

① 陈天锡：《戴季陶（传贤）先生编年传记》，第112页。
② 《国立中山大学校报》1927年7月25日，第18期。
③ 梁山等著：《中山大学校史》，上海教育出版社1983年版，第33页。

人进行了坚决斗争，但力争无效，于这年9月愤然辞职。鲁迅针对蒋介石、戴季陶、汪精卫等人到处演讲、出版演讲录而写了题为《小杂感》文章，直指其反革命两面派的丑恶嘴脸："又是演讲录，又是演讲录。但可惜都没有讲明他何以和先前太两样了；也没有讲明他演讲时，自己是否真相信自己的话。"[1]9月7日，戴季陶在南石头惩教场对着身陷囹圄、被折磨得半死的青年学生，竟说："去年我就看见将来必有今天这样的境地"，"各位会到这里来，就是虚假的结果"[2]。

1928年以后，戴季陶极力在中山大学推行党化教育，以控制学生的思想，经他制定的《入学政治检查条例》规定，凡是投考中山大学的学生，都须"具结"和"宣誓"，不得有任何反对国民党的言论和行动，并通过训育部和军训部具体贯彻执行。由于戴季陶坚持了反共主张，在他执掌中山大学的几年里，中山大学完全成了国民党反动派所操持的教育工具。

4．出访日本

1926年前后，北伐军已取得了重大胜利，吴佩孚、孙传芳的主力基本上被消灭，国民政府已实际统辖了两广、两湖及江西、贵州、福建七省，革命力量从中国的最南端开始，几乎席卷了半个中国。北伐的节节胜利，愈发使蒋介石头顶生辉，蒋介石到了南昌后，干脆扎寨驻营，设立了南昌司令部。革命形势的发展，需要国民政府和国民党中央从广州迁到内地中心地区来，蒋介石也看到了这一点，在1926年11月19日，蒋介石电告国民党中央执委会主席张人杰和国民政府代主席谭延闿："中央如不速迁武昌，非特政治、党务不能发展，即新的革命根据地，亦必难巩固。"[3]鉴于形势所迫，国民党中央召开会议，决定迁都武汉，广州国民党中央和国民政府于12月7日正式宣布停止办公。

首批先行的中央和政府委员宋庆龄、徐谦、吴玉章、陈友仁等和顾问鲍罗庭一起于12月2日到达南昌。当晚，蒋介石在南昌宴请各位委员，并决定各位委员于12月7日到庐山举行中央会议。此时的蒋介石已经野心勃勃，他决心在

[1]　《鲁迅年谱》上册，安徽人民出版社1979年版，第361页。
[2]　分别见《国立中山大学校报》1927年第1期、第21期。
[3]　蒋介石致张人杰、谭延闿电，1926年11月19日。

国民政府北迁之际，一举全面控制它，使其成为自己手中的玩物。因而，他一方面热情招待转道南昌赴武汉的中央委员们，向他们着重报告了北伐的战果，使自己的形象再增高；另一方面，他向全国的中央委员们拍去急电，邀请他们到庐山来"度岁"，戴季陶就是此时在蒋介石最需要帮手的关键时刻来到庐山的。

庐山会议开得很顺利，但眼看要闭会时，蒋介石突然提出以"政治与军事发展便利起见"，"中央党部与国民政府暂住南昌"为宜[①]，并且强调政治应与军事配合，党政中央应与北伐军总司令部在一起才是最正确的。他请各位委员都留在南昌，可没想到，各位委员根本就不买他的账。事实摆在面前，武汉比之于南昌，不管从哪个方面来看，前者都远远胜于后者，再说回来，既然强调政治与军事结合，那么北伐军总司令部从南昌移到武汉，岂不是更好吗？蒋介石被各位委员们驳得张口结舌，眼看着各位委员下山奔武汉而去。12月13日，以徐谦、孙科、宋庆龄、董必武等人为首组成了"武汉临时联席会议"，代行国民党中央和国民政府职权。

庐山会议不欢而散，说明蒋介石的威信还没有达到一言九鼎的地步。戴季陶既为之惋惜，又有点看不惯他蒋兄的独裁，因此，在会上也不便说什么。在庐山的日子，戴季陶只是与蒋介石聊了些生活小事，不好参与其他大计。

蒋介石此时还不敢公开叛变革命，在舆论的压力下，不得不在1927年2月8日做出了"中央党部及国民政府迁到武汉"的决定。尽管如此，蒋介石从未放弃他的意愿，仍在加紧活动，几天以后，戴季陶被蒋介石派往日本去了。其意图很明显，蒋介石需要支持者，国内的、国外的他都需要，否则他就不能实现他的计划。把这副重担交给戴季陶，因为他是再合适不过的人选了。

戴季陶于2月14日偕钮夫人由上海乘"山城丸"出海，25日到达东京。3月29日从神户启程，31日回抵上海。前后历时一个半月。蒋介石原本是派戴季陶去探探日本方面的口气，以谋求日本的支持，但戴季陶似乎没在这方面下太大的功夫，他对日本是轻车熟路，对日本人的生性早已摸透。此行日本，他更多的是想表现为一个外交活动家，而不像老蒋的私人密使。一个半月的时间里，他在日本对朝野上下公开演说多达六十余次，主要是宣传反对武装侵略，提倡

---

① 《蒋介石宣布国民政府暂移南昌的通电》，见《中国现代政治史资料汇编》第1辑第18册，1927年1月5日。

世界和平，保持中华民族的尊严。

一次，在日本东京贵族院。部分议员宴请戴季陶，这些贵族议员多属田中义一派，杯光酒气间，一个贵族突发奇论："最不公平的东西，就是领土这个名词，尤其是领土权这个名词。日本人口，每年过剩了这么许多，弄得没法子移民出去，移了出去，便要到处碰这个领土的钉子。移民到美国，美国说这是他的领土，不能听日本人自由移民的。移民到南洋群岛，南洋群岛的主人翁说，他有领土权，不能听日本人自由移民的。中国的满洲地方，空旷得很，人口稀少得很，日本去移民，为什么中国人也要反对。"这番侵略者的奇谈怪论引起满座日本人的叫好。戴季陶一眼就看穿了他们的企图，立刻站起来反驳道："论到人口问题，世界上最密的要算英伦，本部人口与地方的比例，几乎要1000个人占一平方公里，其次便算南洋群岛，中国一平方公里住340人，日本也是一样。"戴季陶接着列举了一些人烟稀少的地区，如北美、南美、加拿大、阿拉斯加等地区，质问道："日本的移民，为什么不移到人口稀少的各地，偏要移到人口密度和日本相等的中国来。况且满洲人口调查，从中日战争以后到现在，俄国的移民共七万多，日本移民共十八万多人，中国本部移去一千多万人，中国始终没有禁止日本人移民，为什么日本移了这许多年，只移了这几个人去呢？谁叫你们不去充量的移呢？"戴季陶的问话使这些贵族们像丈二金刚，摸不着头脑。戴季陶接着又说："你们日本人，假使要中国人允许你充量的移民，可以尽可以，只要这新进来的七万余俄国人，十万余日本人，和一千余万中国人，聚在一处投票，决定赞成或反对日本移民的态度，看投票的结果，哪一方面的票数多，就照哪一方面的态度实行。"戴季陶的这些话，使得在座的日本人深感惊讶。没容他们开口，戴季陶进一步谈道："要知道世界民族，对于世界文明，贡献最多的便是中国人，贡献最多而享受文明最少的，也是中国人。近代欧洲科学基础，无论历史家科学家，谁也不能否认中国人是替他打基础的，同时谁也不能否认中国人是享受科学赏赐最少的。中国民族使命，便是和平，为救和平而革命，又为不和平而革命，中国民族在人类全体，既有这样的功绩，人类全体就应该承认中国民族自由发言，及决定关于自己一切的资格。"[1]这一番义正词严的演说，驳得那些发起挑衅的贵族们哑口

---

[1] 陈照：《东亚之东》，中华书局1927年版。

无言，他们只好以频频举杯来打圆场，戴季陶的智慧大放光彩。

3月16日，大阪实业界在大阪俱乐部公宴戴季陶，席间又有人向戴季陶发难，他根据北伐军已肃清浙江军阀，进攻淞沪已得捷报的事情，问戴季陶："照目前形势，国民革命军既然势力及于江浙，我们所极愿知道的，便是：一、国民政府能否保障上海租界之秩序，与外侨之安宁。二、国民政府今后对发展上海工商业有没有具体政策。"戴季陶立即答复："关于第一问题，我的答复是不能，关于第二问题，我的答复是没有。"于此答复，众人大惊，戴季陶解释道："我虽然至今没有正式接到国民政府的训令，我至少可以代表国民党答复你们，何以说国民政府不能保障上海的秩序与外侨的安宁呢？诸位想来都明了政治原理和法学的精义的，保障地方秩序和安宁，他的重要因素是什么，是统一的政府和主权。上海的今日政治情形，诸位翻开条约，就可明了，究竟是什么一种光景，甲国的一个领事裁判权，背后带了大批武装兵士，乙国一个领事裁判权，背后带了大批武装兵士，几乎世界上有一个主权国，即有一个代表，在上海行使他的主权，所以上海的主权，不要说是统一的，竟是不可计数，竟是一个国际团体公有地方。这不可计数的主权国代表，天天雇佣他武装兵士，手里执着明晃晃的刀，在市街杀人，即一个主权国杀了人，这一个主权国不承认，这一个主权国杀了人，那一个主权国不承认。这样昏天黑地胡乱厮杀的世界，他们的秩序和安宁，还有方法可保障吗？方法是有的，除非这不可计数的主权归了一个，换句话说，上海的主权，完全让还国民政府，那么你们的秩序和安宁，不用武装兵士，不用领事裁判权，保管可以保证你们安居乐业，各得其所。"关于保障上海工商业的发展，戴季陶也以国之主权和国民政府统一管理上海相论[①]。所言有条不紊，丝丝入扣，博得全场的赞叹。戴季陶雄辩的口才显得格外突出，俨然一副外交家和政治家的风度。

斗智，亦斗勇，智勇双全，缺一不可，这是一个外交家所必须具备的。在离开江户前，日本陆军部与参谋部联合宴请戴季陶，时值北伐军攻克南京，日本军中的少壮派军官对中国革命的胜利颇为不满。陆军大臣在致祝酒词时，傲慢地说："敬贺戴先生，革命党已得南京，昔君等仅据广东一隅之地，不足以言天下，南京则是国际舞台，一国之建立，须具实力，非恃空论，日本之有

---

　　① 陈照：《东亚之东》，中华书局1927年版。

今日，乃武力战争胜利而来，诸君如何？请干吧！"说罢，一扬脖，得意地把一杯酒倒进口里。对于这种粗鲁的祝酒词，戴季陶已听出话外之音，他稍稍停顿，缓缓地答道："一国之能久大，自有其久大渊源。中国立国五千年，强盛时代，亦逾其半。非仅赖数十年富强之新兴国所能测度，将来如何，请看罢。"①言毕，举杯相邀，刚柔相济，宾主顿时皆不吭声。日方的将官们都拉下了脸，丝笑皆无，戴季陶则始终以冷静的态度观察场面，自始至终，不失半点风度。

事隔三日之后，又有日本黑龙会宴请戴季陶，黑龙会是日本的军国主义团体，成立于1901年。其主要成员为在中国活动的日本浪人，标榜"大亚细亚主义"，极力策动侵占中国大陆，对内破坏工人运动，对外支持日本政府侵略中国和朝鲜，并从事间谍活动，其首领头山满和日本军政界、外国使节都有密切关系，谙熟中国情况，有"中国通"之称。主客一番斗智之后，戴季陶深深地觉出席间充斥着杀气，所谓两国友好和谐，完全不是那么回事。

在日本活动一个半月，戴季陶先后与日本的外务省次官、亚洲司长、条约司长等会谈，提出蒋介石请求支援的问题，但收效甚微。此时的日本帝国主义还没有把蒋介石放在眼中，而且蒋介石的表现也还没有吸引他们的地方，尤其是此时蒋介石还在革命阵营里指挥北伐军东征作战，从某种程度上来说，甚至是外国列强的敌手。所以日本军政界对蒋介石采取的只是观望的态度。戴季陶的使命并没有完成，他于1927年3月31日回到上海。

戴季陶对日本的研究早在1911年就有比较精辟的论断："日本者，东方之德意志也，其国力既足以自保而有余，而以人口增殖，地方限制之故，绝不能不为对外之扩张也，琉球并吞矣，台湾占领矣，高丽亦亡矣，则其势之所趋，必进而侵略中国内部，亦势之使然也。"②他认为日本侵略中国东北，是接踵而来之事，"南满一带，步朝鲜之后也，瞬息间事耳"③。戴季陶的论断，无疑是正确的。就在他回国三月后，田中义一召开了东方会议，决定了侵略中国的强硬政策。

1928年春，戴季陶写下了《日本论》一书，详细地分析了日本国的兴衰

---

① 《戴季陶先生文存》，第1439页。
② 戴季陶：《指日本政治方针之谈》，见《戴天仇文集》甲编。
③ 戴季陶：《刑罚与人道》，见《戴天仇文集》甲编。

史。他认为，自日俄战争以后，日本已经成为彻头彻尾的军国主义，其政治、经济、军事、外交和教育，皆为其军国主义服务。日本的对华政策是不希望中国统一于革命的。它将采取从辽东半岛、山东半岛两面对中国大陆进攻，而从台湾窥视华中、华南到东南亚的"蝎形政策"。[①]事实证明戴季陶的分析是正确的。1928年5月，日本侵略者一手制造了震惊中外的"济南事件"，6月又制造了"皇姑屯事件"。这说明日本帝国主义野心勃勃，已经开始准备侵略中国了。

5．清党前后

1927年2月21日，蒋介石在南昌发表演讲。他第一次公开讲出了要"制裁""纠正"中国共产党的言论，演讲中援用了戴季陶《国民革命与中国国民党》中的一些论调，指出："怎样使党的权威提高起来的问题，不是在人的问题，而是在我们党员对于党能否坚决的信仰问题。现在党对党员没有权威，即因党员对于党没有坚确的信仰，这没有信仰的原因……实在是党里的分子复杂之故，究竟哪个是真正的党员，哪个是跨党的党员？哪个是忠实的中央执行委员，哪个是跨党的中央执行委员？……弄得大家没有一个坚确的信仰，就是不能够互信。"[②]蒋介石的讲话得到了国民党反动派及帝国主义的热烈欢迎和拥护，中国共产党立即在《向导》周报上发表署名文章《读了蒋介石二月二十一日的讲演以后》，对蒋介石的反共反革命言论进行了驳斥，揭露了蒋介石的险恶用心。但蒋介石毫无收敛，继续加紧了反共反革命的步伐。他举起反革命屠刀，指挥布置了赣州、南昌、九江、安庆等地一系列的反革命屠杀，于3月26日一路杀到上海。

戴季陶回到上海之时，正赶上蒋介石的清党行动，戴季陶对此表现出了极大的热情，这也是他多年的夙愿，他全力支持蒋介石的政策。从4月开始，全面清党在南中国展开，到处是一片白色恐怖。

蒋介石等国民党反动派发动的这次大规模的清党运动，其理论基础显然是出自"戴季陶主义"。蒋介石在多次谈话演讲中都套用了戴季陶的言论，他对

[①] 戴季陶：《日本论》。

[②] 《蒋总司令在南昌总部第十四次纪念周演讲词（十六年二月二十一日）》，见《清党运动》，清党运动急进会编辑（1927年6月），第11—12页。

共产党的攻击之词，与戴季陶的《国民革命与中国国民党》如出一辙，如共产党"以组织小党团而在我党内横冲直撞""以国民党之名义，以随地扩张其党权、应用其党略"①，以及"实现真正的三民主义""打倒寄生政策"等。胡汉民说得更是直露，他在谈清党的意义时说："季陶说得好：'共信不立，互信不生，互信不生，团结不固'，我们这一次的清党，一定要十分注意于共信之认识，互信之确立。"②戴季陶提出他的反革命理论时，蒋介石还在伪装革命，明确支持戴季陶的人不多，他孤掌难鸣，所以对于既成事实的国共合作，戴季陶表现得比较含蓄，其理论也就相对平缓一些，没敢直接高呼要彻底清除共产党，而只是主张加入国民党的共产党员放弃共产党党籍，成为单纯的信仰三民主义的国民党党员。他从社会达尔文主义的角度出发，明确提出了反共、排共的主张，这就是所谓团体的排他性和独占性。蒋介石一起起武夫，他一方面要利用革命来达到自己主宰一切的目的；另一方面，他一直没有找到一个绝好的反共的理论，而中国共产党早就察觉到了蒋介石的野心，提出了打倒新军阀、反对独裁的口号。面对这种形势，"戴季陶主义"自然给理论上已干涸的蒋介石以清泉，蒋介石基于这一理论，以其反革命屠刀发挥出了戴季陶当年欲言而不敢明说的余话。

对于清党运动，戴季陶拍手欢迎。他立刻发表了《告国民党的同志并告全国国民》一文，表明了他对清党的态度。"这一次国民党的独立是中国独立的基础。国民党的心，这才回来了。……此时救党救国的路，已经明白表现出来，就是国民党人自己恢复自己的自信力和团结力，心口如一地组织起来……国民党从改组以后自杀到如今……蒋介石同志他为了保持继续总理事业能够不怕死，而刻刻努力立己立人，张静江、吴稚晖、李石曾等几位先生，他们都能够有这两个特点。"戴季陶称清党运动是切除了"国民党的癌肿"——国共合作。在这篇文章中，戴季陶还倒出了几年来的忧郁和委屈："前年中山先生逝世以后，我所以大胆的冒险，犯大难，要求国民党的同志，很纯粹地集中在中山先生的思想和主张下面，同时劝告在共产党的青年不要为了迷信一个唯物史观打破国民革命。就是明明白白看见后来的悲惨，不晓得为什么当时全党的同

---

① 蒋介石：《谨告全国国民党同志书》，见《清党运动》，第111—112页。
② 胡汉民：《清党之意义》，《清党纪念专刊》，中国国民党广东省执行委员会印（1933年4月），第12页。

志，都迷惑不醒。两年以来，把全党多数有为的青年，赶着向共产党去。二次大会以后，我的自信力，被全党的空气和一个组织纪律压伏到不能再起。去年张静江、蒋介石两先生，再三要我去广东，我不能去的缘故，因为一面接受着二次代表大会的决议，而同时忍受着精神上的大矛盾。以致一病失神，数次濒危，死而复苏者数次。病中惶惑失志，几乎趋于断灭，后来病稍愈，到广东之后，以神经根本受病之人，一面受四面境遇的压迫，一面生出自己心里的怀疑，再处处被大会的决议联合的决议束缚着……自己既已精神衰弱，只不知不觉地受着环境的支配，而事实问题和精神状况，愈趋愈苦。我自己很明白，中国的一切矛盾，国民党中所存在的矛盾，和国民党领袖间的思想、行为、派别的矛盾，时时刻刻使我的精神状态愈加衰弱。这样做人，绝无一刻的生理。这样做党，哪里有一线的生理。"① 众醉独醒，忧党忧国，戴季陶满腹的心里话一泻而出。

不仅如此，戴季陶还在中山大学对师生发表演说，再次提出自己的意见和看法，希望把清党引向纵深。他说："我要向诸位同志讲明的，就是诸位同志要晓得，这一次的清党运动，绝不是我们值得欢喜的运动，而是使我们应永久纪念深切觉悟的一个悲痛的运动"，"过去的事已经过去了，错误过失，是我们的很悲痛而很有力的经验。如果在这很悲伤的清党工作当中，不能够把过去的悲痛历史经验，作我们的指路碑，我们在错误过失的上面再造错误过失，我们党国的前途，何处去寻光明之路！""从今以后，大家要看清楚过去的错误和过失，不可单以制裁共产党为了却责任，更不可以制裁了共产党为快心"，"……真正的共产主义者……确是能够阻碍三民主义的发展，并且在长久的历史当中，他的威力较之乌烟瘴气的共产党徒尤为利害。我们如果不能够战胜这真正的共产主义者，即使单把共产党徒捣乱的势力压伏下去，我们的胜利是不能保持的，而且这一种胜利是虚假的"。"所以很沉痛地劝告国民党的同志们要真实地信仰三民主义，实际做三民主义的革命工作，实际为民族的独立和自由做革命的奋斗，实际为工农民众的觉醒团结做革命的建设。而同时又劝迷信共产主义的青年们要抛弃那一种错的思想行为来做心口如一的三民主义的信徒。……"②

① 戴季陶：《告国民党的同志并告全国国民》，见《清党运动》，第283—294页。
② 戴季陶：《青年之路》，上海民智书局1928年第三版，第59—73页。

在革命者血流成河之时，蒋介石于4月18日在南京建立了国民政府。在4月17日的政治会议上戴季陶入选中央宣传委员会，27日的会议上又与胡汉民等人被选为法制委员会委员，会议还决议电请在上海的戴季陶火速赴宁。5月，戴季陶应电邀赴南京，正好蒋介石要建立"中国国民党中央党务学校"，以培养反革命人才，因此委任戴季陶与叶楚伧、陈果夫等人负责筹办。戴季陶兼任该校的教务主任。这个职位并没有多大的权力，但在戴季陶看来却是很重要的。他认为，在清党以后，以国民党的思想去引导青年、教育青年是当前的主要问题。为了配合教育，他将自己一年来对中山大学师生的讲演记录加以整理，辑出三篇十九章的一本《青年之路》，于12月间在上海出版，以促使青年猛醒，走上国民党所谓的救国救世立己立人之路。戴季陶自称：在写此书时，"泪随笔注"，其感痛之深可以想见。戴季陶在序言中忠告青年人："反共运动，绝不是守旧的反动，是求生的努力，不是虚伪的行为，是很真实的社会力的表现，是对于纵欲败度的青年的惩罚……劝大家要切切实实从历史的事实上下一番功夫，认清楚俄国的革命，正是证明共产主义的失败和三民主义的成功，不再被煽动的宣传迷住。"①《青年之路》的出版，正好配合了蒋介石的清党逆流，影响了相当一部分青年人的思想，尤其是在白色恐怖笼罩下，许多处在十字路口徘徊的年轻人被戴季陶拉进了反革命的阵营，其流毒之广，不可小视。

6月14日，戴季陶重返广州，主持中山大学的工作，这时中央政治会议已经下令改中山大学的委员会制为校长制，校长仍为戴季陶，副校长为朱家骅。在戴季陶离开中山大学后，中大的实际工作都是朱家骅一个人苦苦支撑。

11月17日，趁粤桂军阀混战，粤军主力离开广州之际，中共广东省委书记张太雷、叶挺、叶剑英、聂荣臻等人发动了广州起义，建立了广州苏维埃政府。戴季陶在广州呆不下去了，连忙转道香港奔往上海，见到了与宋美龄结婚不久的蒋介石，他陪同蒋介石赶到南京赴职。

蒋介石重主南京政权后，随即耍了一系列阴谋手段，将汪精卫排挤出国，又把胡汉民、孙科等排挤出洋去考察，赶走了他的两名主要政敌，蒋介石成了国民党的当然领袖并控制了国家政权。戴季陶则成了蒋介石幕府里的中坚人物，蒋介石最大的"国策顾问"。

---

①　戴季陶：《青年之路》第9—10页。

戴季陶一生

· Daijitao de Yi Sheng

第七章

执掌考试院

1．春风得意

1928年1月4日，蒋介石由上海回南京"主持大计"，9日，通电宣告复职，随即筹备召开国民党二届四中全会。为了以全部精力协助蒋介石，戴季陶于1月10日把儿子戴安国送往德国海德堡实业中学去了。关于戴安国的来历，其间颇有奇闻，有一点可以肯定，他并非戴季陶与钮有恒的亲生之子，其父就是此刻在中国政治舞台上叱咤风云的蒋介石，其母大概是一个穿和服的东洋女子，安国与经国、纬国实际上是同父异母的兄弟。江南先生写得明白："那位戴安国，过继给后来在广州服安眠药自杀的戴季陶先生。"[①]但又有种种传闻，认为戴安国的生父是戴季陶，其母则是那位东洋女子。蒋介石要把安国过继给戴季陶，而戴季陶又如此乐意收养他，也的确引人注目。许多年后，有一次戴安国生病卧床，其时正值宋美龄卧病美国，蒋纬国不经宋美龄允可，放下无数大事不顾，直飞台湾探病。手足之情，可见一斑。近来，海外又有关于蒋纬国之生父是戴季陶的传闻，蒋纬国曾有认可，个中实情，至今仍为一谜。但以此可以说明戴季陶和蒋介石的关系确是不同一般。

在戴季陶等人的协助下，由蒋介石一手操办的国民党二届四中全会终于1928年2月2日在南京召开。会议共开

蒋纬国与蒋介石的合影。有传闻说蒋纬国的生父是戴季陶，蒋纬国曾有认可。

① 江南：《蒋经国传》，中国友谊出版公司1987年版，第12页。

了五天，于2月7日结束，主要做出了四项决议：《整理各地党务案》、《中央党部改组案》、起草《中华民国国民政府组织法》和组成国民党中央执行委员会。四中全会的中心议题是要整顿党务，肃清中国共产党的影响，把所有国民党党员的思想归结到所谓纯正的三民主义思想上来。

1928年2月2日，国民党二届四次会议中央执行委员会在南京举行，蒋介石复职。

如果说国民党第二次全国代表大会还具有一定的革命性和进步意义，那么二届四中全会则表明国民党完全被反革命的蒋介石等所控制，它宣告国民党彻底走上反革命道路。大会通过了戴季陶昼夜伏案起草的四中全会宣言，指出："……三民主义为救国之主义，三民主义信徒应为全国人民之忠实的革命前驱……是以自今而后，不特从组织与理论上绝对肃清共产党与共产主义，尤必须从组织与理论上建设真正的三民主义的基础。夫共信不立，则互信不生；互信不生，则团结不固；吾党过去之所以被扰乱离间于共产党徒者，实由吾党同志不能确立共信之标的，陶融互信之情意所致……"①这种论调无疑是"戴季陶主义"的强调与继续，是为反共反革命清党运动补写的宣言书。自此以后，国民党历届代表大会，重要文件和宣言，皆由戴季陶捉刀，此乃不言而喻之事。

①　《中国国民党第二届中央执行委员会第四次全体会议宣言》，见《革命文献》第16辑，1978年10月影印再版，总第2895页。

四中全会还有一个实质性的内容，就是要把各地实权派手中的权力往蒋介石手里集中。当然，在没有建立绝对巩固的地位之时，蒋介石并不敢做得太过分。对于戴季陶来说，最重要的是他入选中央执行委员会，成为九个常务委员之一，由于胡汉民等人还在国外，所以九个常委空缺四名，其他四人是蒋介石、谭延闿、丁惟汾、于右任。蒋介石还被推举为军事委员会主席、国民革命军总司令。在不久召开的中央常务会议上，戴季陶再次当选为宣传部部长，他还与于右任、丁惟汾三人共同负责中央执行委员会秘书处工作。

二届四中全会使得蒋介石集党、政、军大权于他一人之手，确立了他的军事独裁专制地位。这次会议也是戴季陶春风得意的开始，他成了国民党中央仅次于蒋介石的高级领导人物。从此以后，戴季陶一直位居高官，岁岁红紫。这次大会之后，戴季陶又返回广州，主持中山大学的校务。3月13日，国民政府任命戴季陶为国民政府军事委员会政治训练部主任，其副手是何思源、方觉慧。

1928年5月，第一次全国教育会议在南京召开，戴季陶没有北上参加会议，而是让副校长朱家骅和教育系主任庄泽宣作为代表。他们带去了中山大学与两广教育厅共同提出的《确立教育方针实行三民主义的教育建设以立救国大计案》。这个提案实际上是戴季陶的一番心血，提案共四章八节，中心思想是确立三民主义之国民教育，根除中国共产党在教育方面的影响。戴季陶强调指出了"政治与教育，实为民族托命之两大工作，而教育则更为一切建设之基础。教育方针之当否，影响于国家社会之治乱。试一考察吾国民今日所以陷于危亡之因，则知无一不由于过去教育方针与设施之谬误"①。这个提案在会议上虽然勉强得到通过，并没有引起多大的反响，但它对以后国民政府的教育政策有着重大的影响，各次重大会议在制定教育方针时，无不以戴季陶等人的这个提案为基础。

1928年8月8日，国民党二届五中全会在南京召开。在前一天召开的预备会议上，戴季陶与蒋介石、谭延闿、于右任、丁惟汾五人被推选为主席团成员，与四中全会的班子一样，戴季陶还被推为政治及军事提案审查组的负责人②。8日上午8时，会议在中央会议厅的大礼堂开幕，参加会议的中央委员共34人，观礼者有中央全体职员、各机关团体代表及记者共四百余人。除蒋介石一人身着

---

① 中华民国大学院编：《全国教育会议报告》，上海商务印书馆1928年版。

② 《中国国民党第二届中央执行委员会第五次全体会议纪录》，中央秘书处编印，1928年9月。

军装外，其他四个主席团成员一律是长袍马褂，好在大礼堂宽阔高大，所以众人都没觉得天气炎热。

会议直到8月15日才闭幕，在戴季陶等人的极力主张下，会议通过了实施立法、行政、司法、考试、监察五院制度等系列决议案。五院制度是以孙中山先生早年所倡导的"五权宪法"为理论基础而实施的。正巧，久在国外的胡汉民、孙科等于8月底返回国内，他们是"五权宪法"的极力拥护者，于是蒋介石推定戴季陶、胡汉民、王宠惠三人负责起草国民政府组织法。

9月7日，戴季陶的长兄戴传薪在成都病逝，电报由中山大学转到南京，戴季陶闻讯，顿时痛哭失声。长兄是他少年时期的引路人，也是他事业成功的支持者，多少年来，家中大计，一直由长兄支撑，上敬老母，下爱小辈，都是长兄在默默地承担这一孝道。戴季陶虽说早已成为党国名人，可除了按时往家中寄点钱外，什么事情都没有为家里帮一把。他平日最敬重的就是长兄，不料一纸电文，传来噩耗，他怎能不悲痛。联想到高龄老母如今身边无子，戴季陶心中更是难受，在钮夫人的支持下，他立刻去向蒋介石告假，要回四川探母。可此时蒋介石正在集中精力收缴各派的兵权，身边急需得力助手，他以党国大业相劝，没有批准戴季陶的请求。告假不准，戴季陶只得仰天低泣，面西默悼长兄亡灵。

在忍受着失去长兄的悲哀的同时，戴季陶开始抓紧起草《中华民国国民政府组织法》的工作。他觉得自己多年所追求的政治理想即将实现，资产阶级共和制度很快就要建立，想到这些，戴季陶又兴奋不已。

10月8日，戴季陶、胡汉民等共同起草的《中华民国国民政府组织法》公布。组织法规定，国民政府由行政院、立法院、司法院、考试院和监察院组成，各自行使自己的职权，五院平行，互不统属，直接对国民党中央负责。国民政府设主席一人，委员12至16人，兼任五院正副院长。在公布组织法的同时，国民党中央常委会选出了国民政府委员、国民政府主席及五院院长，蒋介石虽然对五院制不感兴趣，但他当上了国民政府主席兼海陆空三军总司令，也就不再说什么了。戴季陶被选为国民政府委员、考试院院长。冯玉祥、李宗仁、阎锡山等党政军界要人，都各有所获，一时间皆大欢喜。

1928年双十国庆前夕，南京城彩灯高悬，鼓乐不绝，一派欢乐的景象。随着各实力派加官晋爵、任职名单的接连宣布，节日的气氛更加浓厚。戴季陶的心情也宽慰多了，特别是任命他为考试院院长，虽然心中早已有谱，但喜悦之情仍压抑不住地流露出来，前些日子的悲戚感多少被冲淡了。想来奋斗这许多年，中山先生倡导的"五权宪法"今天得以真正付诸实现，先生在天之灵亦得告慰。激动之余，他耳边回响起孙中山1924年在黄埔军校开学典礼上所做的十二句训词：

> 三民主义，吾党所宗，以建民国，以进大同，咨尔多士，为民前锋，夙夜匪懈，主义是从，矢勤矢勇，必信必忠，一心一德，贯彻始终。

正巧，国民党中央常务委员会委托戴季陶谱写中国国民党党歌，他灵机一动，为这十二句训词谱上了曲，一气呵成，竟然是那样的得心应手。

10月10日，国民政府正式组成，早上8点钟，蒋介石带领五院院长在南京中央党部宣誓就职，中央通讯社迅速向海内外播发了这一消息。当天，美英等国政府带头发来贺电，一些国家和驻华公使馆也发来贺电，对中国新政府的建立表示祝贺和支持。于是乎，国民政府彩旗高挂，就好像中国从此进入了歌舞升平的新时期。

陈果夫（1892-1951），与胞弟陈立夫为国民党内CC系的首领，长期主持国民党的党务。

晚上，蒋介石、宋美龄宴请五院正副院长：行政院正副院长谭延闿、冯玉祥，立法院正副院长胡汉民、林森，司法院正副院长王宠惠、张继，考试院正副院长戴季陶、孙科，监察院正副院长蔡元培、陈果夫。众人落座，频频举杯，欢声笑语，不绝于耳。政敌也罢，朋友也好，乐融融一片，前嫌似乎冰消云散。时值国庆佳节，举国欢庆，南京城更是灯火辉煌，良辰美景，令众人开怀畅饮，大有一醉方休之势。

戴季陶位居高官，春风得意，在新政府成立伊始，他以满腔热血和激情，决心在考试院干出一番成绩来。甚至连考试院的院址还没有划定时，戴季陶就迫不及待地在南京羊皮巷自己的住宅里成立了考试院筹备处，相比之下，考试院副院长孙科则没有戴季陶如此之高的热情了。国民政府很快把考试院的院址划定下来，为原清政府的旧织造府所在地。戴季陶经过实地考察后，认为旧织造府地处闹市，日后无法扩展，便回辞掉了这块地皮。他和助手们开车把南京市转了个遍，最后勘定鸡鸣寺东的关岳庙为考试院的院址。报政府批准后，戴季陶立刻开始了规划工作，他准备大展宏图，忠心报国了。

1929年1月，是戴季陶40岁大庆，喜酒宴罢，在新年的爆竹声中，他被聘为国家建设委员会委员，又被任命为国民政府财政委员会委员。他以壮年豪情进入了新的一年。

佳节刚过，开年不吉。自从去年长兄病逝后，老母就一病不起，到2月25日，黄太夫人仙逝成都，享年74岁。噩耗传来，如雷灌顶，戴季陶虽说料到迟早会有这一天，可没想到事情来得如此之快，他还准备回成都去探望老母的，而这一切都成为终身之憾。戴季陶止不住号啕大哭，他立即暂卸考试院院长之职，向国民政府请假奔丧，去尽最后的孝道。国民政府对戴季陶深表同情，但考虑到国家此刻正值百废待举的重要时刻，急需领导人员，远赴成都奔丧是不可能的，为了安慰戴季陶的悲哀之心，2月28日，中央常委会第二百零一次会议决定，给假十天，就地在南京治丧[1]。

戴季陶无可奈何，强忍悲哀，成都奔丧只得以电相代。他在南京昆卢寺设灵祭母，每日清晨便和夫人前往诵经。他怀着悲痛的心情写下了《黄太夫人哀启》，以示悼念。在"哀启"中他无比沉痛地写道："生不能奉甘旨，疾不能侍汤药，殁不能视含敛，终天抱恨……传贤备闻母师之教，而终为不孝之人，缅怀遗徽，惭泣相属。"[2]为了永怀母亲的教导，他特地把老母于1924年亲书的《孝经》翻刻拓印，广为散发。他又在南京五台山披荆斩棘，开出一块园地，取名"孝园"，于第二年种上花木，供人游览，还修建了两间小屋，在"孝园"施济医药、米粮、寒衣等，连年如此，以彰母亲生前的善道。1933年，戴季陶将母亲所书《孝经》之原迹影刻成"孝经碑"，立碑于佛教圣地宝华山的拜经台。次年，又铸了"孝经鼎"，献于中山陵前，鼎文所书《孝经》

---

① 陈天锡：《考试院施政编年录》，初稿第一编，1945年12月，第31页。
② 戴季陶：《黄太夫人哀启》，见《戴季陶言行录》，上海广益书局1929年8月版，第219页。

169

亦为黄太夫人之手迹。自从老母死后，戴季陶便广行善事，醉心佛门，以示永志不忘母亲之言教与恩德。

老母的祭祀刚完，国民党中央又马上要召开第三次全国代表大会，大会的一些重要提案和文件的起草工作自然又落在戴季陶身上。党国名人中，历来就有胡汉民腿能跑、汪精卫口才好、戴季陶文采高的美称。自从跟随孙中山先生起，不知有多少重要的文件、宣言等出自戴季陶之手，就是孙中山先生关于三民主义的全部演讲录都是经戴季陶最后审订出版的。国民党三大早在去年就做出安排了的，可直到现在才通知戴季陶准备文件，任务确实紧急。戴季陶每天除了行祭礼和指挥考试院新址的建设外，其他的一切事务都丢在一边，一心准备三大的事务。

三大的代表人选，蒋介石决定要由中央常务委员会——实际上就是他自己指派和圈定，这是进一步加强他的独裁统治的一个重要步骤。这自然激起了各派系党员的强烈不满，反蒋呼声顿时高涨。蒋介石又恼又急，他嘱咐戴季陶，代表还是要指派和圈定，但在会议上要采取温和一点的方式解决党员们的抵触情绪，免得大会不好收场。对蒋介石的独裁，戴季陶心中多少有些异议，特别是指派代表，实在是太缺掩饰，不怪海内外的党部纷纷发表宣言、通电，反对

张静江多年追随孙中山和蒋介石，不断地为国民党提供经费，是国民党内的"财神爷"。这是张静江夫妇的合影。

蒋介石包办三大。当然，戴季陶是不会对中国第一号当权者说这些的，他只能遵命照办罢了。

虽然事务繁忙，戴季陶仍然没有忘记每日黎明与钮夫人同往昆卢寺，去母亲灵前诵经。临到三大召开之际，时间更是紧张，诵经毕后，立刻马不停蹄地赶往大会会场，指挥会务的准备工作，每有党国要人问及丧事，戴季陶总是强忍悲哀，勉强作笑。3月15日，三大召开，在开幕式上戴季陶坐在张静江和李石曾的中间，他们低声问起黄太夫人的丧事，竟触动戴季陶的满怀伤感，泪珠潸然而下，一块手帕捂在脸下，半

天没有拿下来。

三大硬是被蒋总统一手"统"了，参加会议的代表共366人，其中指派与圈定的代表279人，占代表总数的76%以上[1]。戴季陶担任大会秘书长，他提出了两个重要提案，均得大会通过，一个是《根据总理教义编制过去一切党之法令规章以成一

国民政府立法院大楼。胡汉民作为立法院院长，邀请戴季陶和王宠惠为立法顾问。

贯系统，确定总理主要遗教为训政时期中华民国最高根本法案》；一个是《确定教育宗旨及其实施方针案》。在前一个提案中，戴季陶着重强调了两点：第一，"中国国民党中央执行委员，应根据总理教义，编制过去党之一切法令规章以成一贯系统，毋令反动思想，再存留于本党法令规章内，以立共信共守之典籍，而巩固全党之团结"。第二，"确定总理所著三民主义，五权宪法，建国方略，建国大纲及地方自治开始实行法，为训政时期中华民国之根本法，举凡国家建设之规模，人权民权之根本原则与分际，政府权力与组织之纲要，及行使政权治权之方法，皆须以总理遗教为依归"[2]。这两点提案，把孙中山先生的遗教搬出来，既打击了汪精卫等反对派的主张，又强调了五权宪法民主治国的重要方针，在五院制度正为世人所瞩目之际，多少替蒋介石的独裁政治蒙上了一层民主的面纱，颇能封抵人们的口舌；并且引导人们把希望的目光投向了即将开始的五院分权治国之上，因而得到了代表们的欢迎，很快就被大会通过，使得大会召开前夕的反独裁浪潮有所平息，给蒋介石解了大围。当然，这也是戴季陶的心里话。

三大于3月27日闭幕，戴季陶当选为第三届中央执行委员会委员，在28日召

---

① 张宪文《中华民国史纲》云："这次大会代表共计四百零六人，其中由蒋介石指派者二百一十一人，圈定者一百二十二人，所谓选出者仅有七十三人。"

② 《中国国民党第三次全国代表大会宣言及决议案宣传大纲》，中国国民党中央执行委员会宣传部印，1929年6月，第106页。

开的三届一中全会上，又当选为常务委员、训练部部长。

五院之中，行政院和立法院最先成立。胡汉民作为立法院院长，对立法工作颇费了一番心血，他决定邀请戴季陶和王宠惠为立法院顾问，共同参与中华民国的立法工作[①]。戴季陶早年曾留学于日本大学，专攻法科，有着很高的理论水平，对于法制建设很有见地。他和胡汉民这位老朋友经过多次磋商，制定出了以三民主义为最高立法原则，以社会福利为目标，达到中国自由平等为效用。戴季陶进一步解释这一原则的含义是：第一，谋求社会的安定；第二，谋求经济的发展；第三，谋求社会各种实务利益的调和平衡[②]。立法工作从1929年开始以后，戴季陶一直是立法院的顾问，中华民国一切重大法律的制定和创立，无不包含戴季陶的思想和意志，在民国立法史上，他占有重要的地位。

这段时期，戴季陶身兼数职，事务繁忙，作为民国的高级领导人之一，他真可谓是春风得意。

2．考铨建制

1928年10月，戴季陶开始筹备考试院工作。除了院务建设外，最重要、最困难的事情莫过于考铨制度的创建了。

考试院的设立，是以孙中山先生生前所倡导的"五权宪法"为指导思想的。孙中山先生在《建国大纲》第十五条规定："凡候选及任命官员，无论中央与地方，皆须经中央考试铨定资格乃可。"[③]1928年10月颁布的《中华民国国民政府组织法》规定："考试院为国民政府最高考试机关，掌理考选铨叙事宜，所有公务员均须依法律经过考试院考选、铨叙，方得任用。"[④]1929年国民党三届二中全会进一步做出规定："考试院成立以后，一切公务人员之考试，皆属于考试院。其不经考试或不遵考试院所特定之办法而行使考试权者，以越权论；考试院不提出质询者，以废职论。"[⑤]上述之法规是建立考试院、实施考铨用人制度的法律依据和理论之基础。

---

① 谢振民：《中华民国立法史》，南京正中书局1937年版，第265页。
② 陈天锡：《戴季陶（传贤）先生编年传记》，第103页。
③ 《中山丛书》第二册，上海太平洋书店1926年版。
④ 《考试院法规汇刊》第一辑，考试院秘书处编印，1931年2月，第5页。
⑤ 《考试院施政编年录》，初稿第一编，第39页。

　　1928年10月20日，国民政府颁布《考试院组织法》，规定：考试院由考选委员会和铨叙部组成，其官员及办事人员均由院长向国民政府提请任免；考试院院部设秘书处、参事处。根据这一规定，戴季陶于11月6日公布院部人选：秘书长为陈大齐，许崇灏、孔宪铿为秘书，桂崇基、谢健等人为参事。这样，一套基本班子初步搭起。1929年1月6日，考试院正式宣布成立。

　　到这年年底，考选委员会和铨叙部先后成立。考选委员会委员长由戴季陶兼任，邵元冲为副委员长，陈立夫、刘芦隐等五人为委员。铨叙部由张难先为部长，仇鳌为副部长。这样，考试院初具规模，开始正常的工作运转了。

　　在戴季陶的领导下，首先拟就了《训政时期考试进行方案》，这是一个工作大纲，对训政时期考选工作进行了规划，制定出一套"四年计划"，这个计划随即付诸实施，但因九一八事变的爆发而告停滞，开花无果，很快就被弃置一边。戴季陶等把全部精力投入到中国考铨制度的创建之中去了。

　　从设立考试院，直到1948年7月，戴季陶连任考试院院长达20年之久。在他的领导下，开创了中华民国的考铨制度，奠定了国民政府考铨制度的基础。无疑，这20年中，取得的成就是巨大的。国民政府先后颁布有关考铨方面的法规多达一百多个，几乎全是出自戴季陶之手。

　　考铨制度分为两大系统，一是考选制度，一是铨叙制度。考选所要达到的目的就是实行考试革除选举流弊、公开竞争选出真实人才；铨叙则是要达到任使得法、人尽其才、综覆名实、奖优汰劣的目的。具体说来，"考，就是'考试'，亦即试验其学业，考察其才能之谓，为古之所谓'选资'，今之所谓'选拔人才'的一种方法。铨，就是'铨叙'，又称为'铨选'，……为公务人员的任用、考绩、升迁、保障、褒奖、抚恤、退休、养老等事项之总称"[①]。孙中山先生生前就多次指出过："人民之代表与受人民之委任者，不但须经选举，尤须考试，一扫近日金钱选举，势力选举之恶习，可期为国家得应当之人才。"[②]"大小官吏经考试定了他的资格，无论那官吏是由选举的或由委任的，必须合格之人方得有效。"[③]由此，考铨制度担负着向国民政府及全国各级机关选送一切人才、考察评定公务员等重任，考铨制度执行的好坏，

---

　　①　李飞鹏：《考铨法规概要》，台北五南图书出版公司1985年修订版，第1页。
　　②　孙中山：《中华民国革命之基础》。
　　③　孙中山：《三民主义与中国民族之前途》。

将直接关系到国家政府机构的工作水平，影响到国家政策的实施，对整个国家机器的正常运转起着关键性的作用。

考选制度，"初期多借镜于日本，复采欧美新制，与我国旧制而糅合之"①。1928年1月公布，又于1935年7月修正公布的《考试法》规定，考试种类有普通考试、高等考试和特种考试三种，并且规定"公职候选人、任命人员、依法应领证书之专门职业或技术人员均应经考试定其资格"，任命人员考试"遇有特殊情形时得举行特种考试"②。戴季陶在立法院回答立法委员审议时对特种考试解释说："高考普考犹如两条正常的轨道，特种考试则为准备而不一定用的轨道"③。从考试种类和所规定应该参加考试的人员范围来看，戴季陶的考虑应该说是比较周全的。首先，公职候选人员的考试，分为甲乙两种，范围包括省县参议员候选人及乡镇人民代表、乡镇保长等；其次，任命人员考试，规定了各项委任职公务员必须经过普通考试，各项荐任职公务员必须参加高等考试；最后，根据实际情况的特殊要求则可进行特种考试。这样，国家机构的所有用人都必须从考试中产生，既杜绝了一人得道鸡犬升天的情况，又可使人民在考试面前人人平等，无贵贱之分，亦不受权势之左右，在机会上都均同，从而达到孙中山先生所期望的"野无抑郁之士，朝无幸进之徒"的理想。但戴季陶的设想仅仅是从理论上而论，其出发点无疑是美好的，一旦具体实施起来，则大相径庭，特别是抗战开始以后，国家的一切秩序都被打乱，考试制度亦无法正常实施，往往达不到预期的效果。又由于考试法事先定有特种考试一项，而又没有作出相应的严格规定，以至于滥用其名而招罗人员的现象时有发生，甚至抛开这一切，随意提拔任命官职的情况亦不少见，所以特种考试竟然成了一个无底的漏洞，这是戴季陶事先所未虑及的。

1931年举行第一届高等考试，考试的范围为普通行政、财务行政、教育行政、警察行政和外交领事官五种。以后逐步增加，到1946年第十三届高等考试时，其范围已扩大到13个领域。这是历届高考而累增起来的，是根据政府的用人范围而设置的。每届考试时，范围种类皆由考试院订出。其他如普通考试的情况大概都与之相同。

---

① 《考选制度》，行政院新闻局印行，1947年9月，第14页。
② 《考铨法规集》第一辑，考试院秘书处编印，1947年6月，第97页。
③ 陈大齐：《戴季陶先生治事的一条基本原则》，《戴季陶先生文存》三续编。

高等考试的内容，一般分为普通科目和特定科目两种。抗战前，各种考试都分为一试、二试和三试，建设人员和会计审计人员则只分为一试和再试。第一试为普通科目，共六门。第二试为特定科目，又分为必试和选试，必试为六门，选试则由应考者自选一门。第三试为面试。三试都合格，最后才得录取。各学科的考试内容，普通科目以基础知识为主，特定科目的考试内容以专业知识为主。至于普通考试、特种考试，其考试科目则根据具体情况而有所增减，并无绝对之规定。

与考试制度相比，铨叙制度的建设相对要薄弱一些。对于考试院是否要掌管铨叙工作这一重大问题，从考试院设立之初就存在理论上的根本分歧。孙中山先生在世时，他所设想的考试院仅仅只负责全国的考试及其行政事务，并无"铨叙"二字之言，1924年他在世时所颁布的"考试院组织条例"也没有涉及铨叙工作，更没有这一机构的设想。戴季陶秉承了孙中山先生的思想，认为考试院是专管考试，无须染指铨叙事务。但钮永建认为考试院如果不管铨叙工作，则实权太少。他们为此而发生了争执，戴季陶认为铨叙行政非常麻烦，但由于钮永建等人的坚持，他只得做出让步，并且说出了"钮先生一定要，就让钮先生当部长"①之类的气话。这与戴季陶自己亲自担任考选委员会委员长形成鲜明的对照。经过周折，铨叙部最终成立。由此可见，考试院的工作一开始就没有对铨叙工作予以周密考虑，铨叙制度的建设亦就是摸着石头过河，走一步、看一步。因而在戴季陶执掌考试院时期，一直没有建立起较为完善的铨叙制度。

在1939年全国人事行政会议以前，铨叙方面只进行了对公务员的考核审查、考试及格人员的派任、公务员考绩及官等官俸的划定等基本工作，先后颁布了有关的一系列法律条文，但缺乏一定的系统性。由于时间紧张，这些法规的制定也相对粗糙一些，有很多缺陷。因为制度不太完善，加之各级机构对铨叙制度的正确认识不够，实际工作也就收效甚微。比如公务员的登记，规定放宽年资，现任公务员只要具备起码的年资就可得到合格任用。在如此宽松的情况下，全国应登记的五十多万人员最后完成登记的亦只有四万余人，不及总数的10%。而且这项工作拖延甚久，一直不能断治，可以说基本上是失败的。再

---

① 仲肇湘：《谈当前人事制度》，台湾《公保月刊》第6卷第11—13期合订本。

如任用这一工作，首先是法规经过五次延期，于1933年3月才公布了《公务员任用法》。这个法规也仅仅是"为一般适用而规定"，对于专门人才的任用，不得不另行再订单行任用法规，"此类法规之精神与《公务员任用法》大体无殊，所异者唯在专门人才之注重，与特殊需要之适应，但因此不免发生资格宽严不齐之弊，尚有待于沟通"①。人事管理本应是铨叙工作的一项重要内容，其涉及面广，非常复杂，"人事管理为推进一切行政之本，而各机关人事机构又为辅助铨叙推行之重要工具，自应由铨叙部统一管理，以收指臂之效"②。但是，在考试院成立后的十多年时间里，铨叙部门一直没有进行这项工作，人事管理由各机关人事部门各自负责，规章杂乱，管理松散，国家政府无法统筹。直到1940年底，才开始进行初步的整饬工作，而且由党政军各机关人事机构与铨叙部共同管理，职权并没有实际划归考试院。

考铨制度创立不易，实施起来更是困难。由于国家政局动荡，考铨制度根本不可能在全国范围内全面施行。比较而言，考选制度的实施情况要比铨叙制度的实施好得多，前者基本坚持下来了，后者则自始至终没能很好地执行。考试院的同人徐道邻总结考铨制度的执行情况谓："我们的考试制度和铨叙制度，二者之间存在一个很大的不平衡，考试制度……自从二十年七月开始推行以来，一直很健全的发展，就是说参加考试的人员，每次都有增加，考取的人全部都能顺利的派到职务，而且颇受任用机关的欢迎。而我们的铨叙制度——就是全国内外各机关的公务员，一律应该经过铨叙部的任用审查，合格的才能正式任用，不合格者应予免职——却推行的异常吃力，而成绩十分欠佳。"③到戴季陶执掌考试院的后期，他自己也感慨万千，对考试院的工作深感头疼，以致多次辞职，无意再继续干下去，这也是出于无奈。虽然考选制度执行的要好一些，但实际情况仍然不尽人意；铨叙工作的失误则是显而易见。这里面的原因是多方面的，靠戴季陶一个人单枪匹马地奋斗，要想改变大局是绝对不可能的。他执掌考试院20年，于制度的创立、工作的进展，最终可做出否定的结论，但也不全然都是败笔，功劳且不论，苦劳自然毋庸置疑。在1948年7月戴季陶卸掉考试院院长一职，话别同人时，他毫不隐讳地承认了这个失误："自

---

① 《铨叙制度》，行政院新闻局印行，1947年12月，第7页。
② 《铨叙制度》，第23页。
③ 转引自台湾张瑞英《戴季陶与我国考铨制度之研究》，第188页。

十四年受任国府委员，十七年兼考试院院长……反躬自省，学行不成，功业无称，其于国于世稍有补益者，唯十六年在中山大学，设置东方民族学院，……二十年间，边疆粗成小康之局。除此数事，竟无可以自慰之情。考铨制度之建立，距离理想甚远。现有规模，卑不足道。"①他还认为："中华民国宪法，多非五五宪草面目，失去国父建国大纲之精神，尤其公职候选人考试制度……必有此制度，而后考试权乃有独立行使之根据，五权宪法乃有其意义。在任内仅仅推行至省县公职候选人之检覆，而此项考试，已不能与公务人员考试、专门职业及技术人员考试，同列于宪法之上，深痛为国父信徒，且又职居最高考试权力机关之主管，竟使国父在政治上之创获，由本人而失坠，何以对国父在天之灵。现本人即将受替，虽不在其位，而党员责任，是无穷已。希望群策群力，共作继续之奋斗，务期恢复固有，不独为本人弥缝缺憾，所当永感，亦即无愧于身负考铨任务之一员。"②

戴季陶以其后半生之全部精力，创建了中华民国的考铨制度，由于种种困难，特别是这些制度多少阻碍了蒋介石的独裁专制，不可能得到蒋介石的高度重视，更不会得到政府的赞赏和全力支持，这使得戴季陶最终没能健全完善考铨制度。戴季陶曾作了多次努力，试图改革这一局面，但屡遭失败，以致他终生抱憾。可是，整个中华民国最终在大陆上全盘失败，抱憾终生的又何止戴季陶一人呢？国民党独裁统治的日益腐朽，真正代表中国人民利益的中国共产党的日趋强盛，早就注定了国民党政权的失败，纵观历史，抱憾终生又从谈起？

3. 创业初期

在戴季陶亲自领导下，对关岳庙进行了改建，1929年5月，考试院院址建成。从南京城北沿鸡笼山下的一条林间小道向东而行，两旁一派江南田园风光，修竹茅舍、鸡鸣狗吠，置身其中，都市的喧闹顿时被抛于脑后。走不多远，就是往日的关岳庙、如今的考试院。改建后的关岳庙外观依旧，只是全部粉刷一新，门口一对石狮左右分列，给人以庄重之感。大门上烫金直额匾

---

① 王成圣：《戴传贤的一生》，台湾《中外杂志》。
② 陈天锡：《迟庄回忆录》第四编，台湾文海出版社，第169页。

上明灿灿地写着"考试院"三个大字，这是戴季陶亲手所书，字体遒劲，颇见功底。远远看来，考试院比不上监察院气派，也比不上司法院洋气，和行政院、立法院更是大相径庭，但它保留了中国传统建筑的风格，琉璃翘檐、古香古色。深受中国传统文化影响的戴季陶当初一眼看中此地作考试院的院址，就在于它能再现中国传统文化的风格。为了不破坏这种气氛，戴季陶特意要求门口站岗的卫士们不携枪支不束武装带，他们一律身着黑制服，腰佩宝剑，庄重而又文质彬彬，和总统府卫士们的刀枪头盔相比，形成鲜明的对照。大门外的照墙粉刷洁白，上面端端正正地写着孙中山先生人尽其才的遗教："教养有道，则天无枉生之材；鼓励以方，则野无抑郁之士；任使得法，则朝无俸进之徒。"[1]这是戴季陶施政的座右铭，也是全体考试院同人所遵奉的准则。进了大门，东西两边的厢房分别为考选委员会和铨叙部的办公处。关岳庙原来的正殿和穿殿改为礼堂和接待室，接待室里挂有两副对联，一副曰："入此门来，莫作升官发财思想；出此门去，要有修己安人工夫。"一副曰："务材训农，通商惠工；敬教劝学，授方任能。"礼堂的楹联为："要恢复固有道德智能，才能把中国民族从根救起；要造成真正平等自由，必须把世界文化迎头赶上。"这副对联的思想是戴季陶一贯所倡的，以后在考试院20年的时间里，他都一直以此为己任。

为了便于办公，戴季陶的住宅由羊皮巷迁到了考试院。同僚们原准备为他新建一座官邸，可戴季陶说什么也不答应。他以为国家财政吃紧，应该把钱用在关键地方，至于私人住宅，绝不可铺张。于是，他把考试院旁边的一座旧房稍加修整，就迁居其中。房屋虽旧，可戴季陶雅兴却不低，他司考试院长一职，负责人才的提拔，就给住宅取名"聚贤馆"；他的会客室又兼书房，四周摆满了几十年所收藏的中外图书以及碑拓和报刊，书房取名为"读有用书斋"，由老朋友张静江题写，请人精心刻成横匾，悬于门上，后又改名为"温故斋"。

由于这一段时期的紧张忙碌，戴季陶丧母之痛减轻了许多。考试院一带环境极佳，往右走不远，就是石头城的一大名胜鸡鸣寺。鸡鸣寺坐落在绿荫葱葱的鸡笼山上，黄瓦绿树，相映成趣。寺中的景阳楼东向正对着玄武湖，僧人特备香茶果点以供游人。登斯楼，煮茗一壶，凭栏远眺，钟山如屏，玄武似

---

① 陈天锡：《戴传贤（季陶）先生编年传记》，第105页。

镜，大好风光尽收眼底；凉风习习吹来，悠悠然如超脱尘世，偌大个石头城，此番美景无处可比。景阳楼下更有一绝，那就是胭脂井，也叫景阳井，井栏上有道道细纹，雨后天晴，石纹就成胭脂色，鲜艳欲滴，这口井更因风流君主陈后主和两个宠妃在隋将攻入南京后藏身井底而闻名。胭脂井井水清甜，僧人们汲水泡茶，味道奇佳。戴季陶常常在黄昏时分，漫步登上鸡鸣寺，与僧人们对饮香茶，谈经论佛，流连至夜幕笼罩、明月初升时才离开鸡鸣寺。然后，他北行数里登上南北朝时期四朝宫城，站在那古红色的砖墙上，欣赏幽夜中的玄武湖。戴季陶把这样观赏玄武湖

南京市市长刘纪文，据说曾与宋美龄恋爱过。

当作一大乐趣，时常向人们推荐。特别是在月白风清的静夜，信步看月，俯视玄武湖一片银光，给人一种幽幽的召唤，恨不能将凡身融进这冰洁深邃的湖水中去。后来，戴季陶发现在夏夜到此观赏夜景，清风送来荷花的沁香，更是让人陶醉。戴季陶常常把住在鸡鸣寺西面不远的财政部长宋子文拉去一同赏月，宋子文被戴季陶这独到的鉴赏力所折服，到此散步观景也成了他所喜好的一件事。

搬到这里来了以后，戴季陶的神经衰弱症再也没发作过。每天散步回来，他就一头钻进书房里，不知熬过多少个不眠之夜，为考试院工作的开创而冥思苦想。钮夫人时常为他的身体担忧，可戴季陶总是精神饱满、状态奇佳，周围的人都暗中称奇。

考试院工作最初的一步，就是人员的物色。高级官员，大多从知名度较高的人士中选出，如邵元冲、张难先、陈立夫、程天放、刘芦隐、许崇灏、仇鳌等等，这一批官员比较容易确定，但中下级僚属就难以安排了。戴季陶一贯反对任人唯亲，绝对不徇私情。1929年冬，他和副院长孙科将各方人士所推荐的两千多名应选者的表格进行了审查，并且请来了秘书长和考试院所属各部、会的负责人共同组成审查委员会，每天将这些人的履历表逐一宣读，由众人评议

审查，挑出可以取用者，召之面谈，面谈合格者，才能进入考试院工作，这项工作整整进行了一个多月才结束①。考试院的职员们个个都是经由戴季陶、孙科等严格挑选出来的，学识水平和工作能力自然无可非议，这是一个强有力的班子，他们为考试院工作的开创，立下了汗马功劳，对戴季陶工作给予了巨大的支持。

1930年上半年，戴季陶在忙碌之中度过。1月，安排职员人事，聘请考选委员。6日，考试院与所属会部正式成立，戴季陶率部僚宣誓就职，同时，出版《考试月报》。14日，戴季陶赴广东料理中山大学校务，2月3日才返回南京。3月1日，三届三中全会召开，6日闭幕。4月1日，第一次全国运动大会在杭州开幕，戴季陶出任大会组委会委员长，亲抵杭州，直至运动会闭幕。5月，国民党中央常务委员会召开会议，戴季陶被推选为政治会议委员。6月，参与立法院工作，审查修正《土地法草案》等。

1930年8月，中央常务委员会委派戴季陶与南京市市长刘纪文同赴北方慰劳将士，他们于21日启程，直到9月5日才返抵南京。此行戴季陶等特绕道至曲阜拜谒孔庙，这是戴季陶的夙愿，对中国传统文化的精深研究，使他无比尊重这位伟大的圣人，到了山东不去拜敬中国文化的鼻祖，岂不是天大的不孝？离开孔庙，戴季陶、刘纪文、罗家伦等又登上了泰山，一路上，戴季陶拄着拐杖，拖着那条有旧伤的左腿，兴致勃勃地走在众人之前。陡峭的石阶使得他汗流浃背、气喘吁吁，但他毫不在乎，事先备好的抬杆只好空跟在后面。几番歇息之后，他们终于登上了顶峰，玉皇顶上"一览众山小"的壮景令戴季陶诗兴大发，他与刘纪文、罗家伦三人联吟成一首五言绝句，名《神仙诗》。诗云：

天上有风云，
山中无岁月；
壮士定燕秦，
幽怀寄泉石。

白日丽青天，

---

① 陈天锡编：《戴季陶先生文存》三续编，台北文物供应社，第357页。

黄花看晚节；

千秋万古情，

留与山灵识。

这首诗后来被山东省教育厅厅长何思源先生派专人刻在泰山石壁上，以作永久纪念。

为了全力搞好考试院的工作，这年10月，戴季陶辞去了中山大学校长之职。因为南京和广州，他无法两头兼顾，只得放手中大。但戴季陶仍然关注着中大的发展，中大不久成立了董事会，戴季陶、胡汉民、邹鲁、孙科四人被聘为董事，戴季陶任董事长。国立大学还没有过设立董事会的先例，但国民党中央常务委员会破例批准了戴季陶的要求。

辞掉中山大学校长的职务后，戴季陶一头扎进了法官考试之中，10月19、24两日，南京和广州两地先后举行考试，随后又增加了北平考区。12月1日，各考区初试及格者汇集南京进行口试，最后录取了153人，转入法官训练所培训。这次大规模的考试，是第一届高等考试前的一次预演，取得了不少经验。

1931年7月15日，第一届全国高等考试在南京举行。戴季陶受政府指命，亲自出任主考官，以期在考试中检阅几年来所建立的考试制度，发现问题，便于更好地完善。由于是首届高等考试，戴季陶特别重视，早在7月6日，戴季陶就与典试委员及秘书处等驻进南京中学第二院，在整个考试期间，他们都吃住在其中，不得外出，以防泄露考试机密。首先是审查应考者的资格，审定出2100多名合格者。7月10日，戴季陶又与41名襄试委员一起，按照法定考试科目，研究讨论出题、阅卷、评分等具体方案。考试题目由各襄试委员小组的主任拟定，于每场考试前一天密封呈交戴季陶选定，再由戴季陶亲自监督按报考人数印成试卷，会同监试委员签封，这些手续忙完，已是凌晨时分。每场考试时间定在上午6时至下午1时。凌晨4时，监场员领取试卷，一切就绪后，于早上6时，考试准时开始。下午1时，戴季陶会同监试委员们将答卷封点收签。然后，交由襄试委员按先前议定的标准阅卷评分，评完后，再交由典试委员复阅。这样，一场考试才算结束。7月15日到22日为普通行政人员组考试时间，23日到30日为财务、教育、警察和外交官领事官这四组考试时间。整整半个月，戴季陶几乎夜夜不眠，无丝毫松懈。

8月5日，所有答卷评分结束，结果1000余名参加普通行政考试的只有13人及格，参加其他组考试的也只有27人及格。由于考虑到考试的难度等问题，戴季陶先于7月17日报国民政府。"拟定本届高等考试中名额，至多200名至少50名，如折封后，发现不适合实际之需要，主考官得援例加以调剂。"所以，鉴于考试实际及格人数仅40人，戴季陶决定凡满55分以上者，经他亲自审卷，觉得成绩还可以的，一律加分到60分，这样，总共有99人合格，其中有一人同时取得两种资格。8月6日，经戴季陶、孙科、王用宾等共同审核后，张榜公布了这一结果。8日，又对所有及格者进行了面试，皆得以通过，他们都领到了考试院院长亲授的及格证书。戴季陶在向国民政府汇报考试情况时说："当此训政时期，考试初学，传贤躬主试政，夙夜兢兢，深惧无以体政府求贤之意，幸各委员学识阔通，咸能缜密从事，虽鉴空衡平，敢云共信，而目营心注，自矢无他。"①

在戴季陶的领导下，考试院的职员通力合作，首届高等考试取得了圆满成功。但白璧微瑕，这次考试还是出了一点纰漏。1931年的夏天，暴雨成灾，整个南京城陷在酷暑和湿溽之中，几个考场全都积水不消，当时所有参加考试的工作人员在南京中学内闭门不出已达一月之久，戴季陶为了让属僚们尽快搬出这个恶劣的环境，以避免发生疾病，便要求尽快完成试卷的评判工作，早日发榜，这样也可以让应考者不必久留南京，空耗资财。结果忙中出错，应考外交官、领事官的考生刘锡章平均分为56.159分被误算成51.612分，致使在加分时落选，造成了工作失误，负责这方面工作的是考试院秘书长、典试委员会秘书长陈大齐。戴季陶对这个问题非常重视，很快给这位考生补上了分数，并呈文国民政府，将这次事故的责任揽在自己头上，请求国府予以严正处罚。国民政府在讨论这个问题时，认为虽然出现了失误，但并没有造成什么损失，而且考试院已经予以补救，所以决定不再追究此事。但戴季陶严于律己，他在国府的会议上一再陈述此次错误的严重性，坚决请求政府予以处分，以至于声泪俱下，无比激动。最后，国府决定扣发主考官戴季陶三个月的薪俸，以示严厉处罚；陈大齐则被扣薪一月，部分负责此事的人员也受到相应的处分②。可戴季陶仍然觉得处分太轻了，不足以教训后事。此事最终交于蒋介石裁决，蒋介石说

---

① 陈天锡：《考试院施政编年录》初稿第一编，第241—244页。
② 陈天锡：《考试院施政编年录》初稿第一编，第245页。

道：此事之处分不必再重了，倘若再重，以后将会没人敢负责考试了。戴季陶方才作罢。

第一届高等考试应该说是相当成功的，首次考试，一切从零起手，戴季陶身为考试院院长，不居高官之位，凡事必亲自过问、亲自动手，特别是他勇于责己、宽怀待人的作风，一时成为美谈。多少年后，戴季陶的部下陈大齐回忆这件事情时，感动地说："旧日官场积习，长官有过，诿诸僚属，只有僚属代长官受过，从没有长官代僚属受过。今戴先生反其道而行之，尽革旧日的恶习。戴先生如此勇于自劾，勇于负责，使僚属们大受感动。"[1]考试结束后，戴季陶特地订制了大量湖笔徽墨，分赠给所有参加办理考试事务的人员，以资纪念。戴季陶和胡汉民早年在湖州共读时，养成了一个习惯：非名笔佳墨而不书。众人都知戴季陶这一嗜好，也就不嫌区区笔墨之礼轻了。戴季陶这一习惯数十年如此，就是在抗战最艰苦的时候，湖笔徽墨不易觅得，他都不惜重金以求。

高等考试刚刚结束，戴季陶领导手下人一鼓作气，建成了考试院图书馆，他为之命名"华林馆"。华林馆分为两部分，阅览室为东方式的九楹平房一座，书库为东方式的二层楼房。图书馆与考试院的其他建筑风格一致，连为一体，这是由戴季陶总体规划好了的。图书馆藏主要靠购买，他指定专人成立了购书委员会，购书经费则来自几个方面，他自己每月都从薪俸中捐出几百块，后来干脆定为常规，月捐300，月月不缺。到1937年，几年的时间里，华林馆藏书多达十万余册，古今中外皆有所藏，还专门印有考试院藏书目录。五院之中，藏书量独占鳌头，以致他人要查寻资料，皆都乐于到华林馆来。

"九一八"事变后，风云激变，中华民族面临生死存亡的关头，戴季陶对日本帝国主义发动侵华战争做出了一个比较全面的分析，并且为蒋介石提出了对外对内的方针，这个方针正好吻合了蒋介石的不抵抗主义。由于蒋介石坚持不许中国军队抵抗日军的入侵，东北大好河山被拱手相让。这种不顾民族利益的做法，激怒了广大爱国人士，12月15日，到南京请愿的爱国学生愤怒地冲击了国民党中央党部，殴打了代理行政院院长陈铭枢，继而又冲击了南京政府、考试院，捣毁了中央日报社。幸而戴季陶在出席国民党中央执行委员会常务会

---

[1]　陈大齐：《戴季陶先生与考试》，见台湾《革命人物志》第8集，第278页。

议，当学生们冲进考试院时，并没有找到他，否则他也可能难逃拳脚。以后每每想起，他心中多有后怕。

12月下旬，戴季陶未经准假，甩手离开南京回祖籍吴兴去了。当他返回南京时已是1932年3月底了。由于日本发起淞沪之战，蒋介石决定首都一切党政机关全部迁往洛阳，考试院也随之于2月下旬迁往洛阳办公，只在南京设有一办事处。戴季陶回南京见状，干脆不再过问考试院的事务，而是忙于其他方面的活动。直到年底国民政府搬回南京，他才重掌考试院院务。由于国内形势的变化，1932年的考试院只是勉强维持了日常事务，原定的第一届普通考试也因国难突起，暂缓六个月举行，也就是说1932年不考虑这件事了。值得一提的是8月份，考试院的办公大楼建成，这是戴季陶花费了不少心血亲自督阵而兴建的，戴季陶为之命名"宁远楼"，这是取意于孙中山先生早期赠予戴季陶的一副四言对联"淡泊明志，宁静致远"。大楼门前高悬孙中山先生早前的一副对联"养天地正气，法古今完人"，临摹孙中山先生的手迹，颇显气概。在第二年10月建成了考试院新考场，戴季陶又命名为"明志楼"，与"宁远楼"相互呼应，戴季陶亲题门联："做人当立大志，彻始彻终，有为有守；求学须定宗旨，知本知末，通古通今。"

1933年3月，戴季陶把自己的藏书全部赠予考试院图书馆，他在捐文中写道："读有用书斋所藏各种官公文书，即民国十三年以来，各党政军学机关出版之宣传册子、报告书类，自贤到任以来，即视此为现代最关重要之文献，极力设法搜罗。现已装订成册者，约在两千册左右，其未装订者，尚属不少。其中最重要而难得者，为中央常会、中央政治会议、国民政府会议之会议录，及其附属文件。自第一会起，均完全搜齐。除各机关外，恐以此为第一完全集子。……今将读有用书斋一切……全部捐与华林馆。……至于贤所用之木质书架，虽不甚好，然可足为一纪念，兹共附赠同样玻璃书橱20个，专作贮存此项文书之用……又静江先生所书读有用书斋匾一方，一并送去。此匾即作为华林馆内阅览室之匾额。"[①]

1933年考试院的最大一项工作就是举行第二届高等考试。这次考试仍由戴季陶负责全盘大计。考试从10月16日开始，于11月25日全部结束，历时一个多

---

　　① 《考试院施政编年录》初稿第二编，第76页。

月。戴季陶全面考察了考试各个方面的情况，总结了考试院几年来在考试方面的得失，于12月5日提出了四点改进意见，呈中央政治会议审议。这四点改进意见是关于考试的普遍性问题、办理考试事务问题、主要科目与非主要科目的考试问题、各种考试科目的范围问题①。就这四个方面，戴季陶进行了详细的论证和研究，提出了具体改进方案。国民党中央政治会议于12月6日召开第387次会议，讨论决定将戴季陶的意见交法制组审查。之后，由考试院会同有关机构拟就详尽改进办法，于13日由中央政治会议第388次会议审查通过。

第二届高等考试共101人及格，由铨叙部审核后，经国民政府批准，分别于12月20日派发司法行政各机关任用。

1933年考试院另外一项重要的工作就是由铨叙部拟定"文官官等官俸表"。经国民政府直辖各机关签具意见，再由铨叙部参照修正后，于9月23日由国民政府正式公布了"暂行文官官等官俸表"，并于11月11日起施行。官等官俸在1927年、1929年先后有两次规定，但各机关根据各自的情况都做出了自行规定，以至于统一规定没能真正实施。新的官等官俸主要内容有：（一）任别：文官分特任，如国府秘书长、主计长、五院各部部长、委员长等职；简任，如国府各局局长、秘书、参事，五院的秘书长、次长，省府的委员、厅长等职；荐任，如国府的统计主任、会计主任，五院及省府的秘书、科长以及各县县长等职；委任，如国府的办事员、会计员，五院及省府的科员、教师等等。（二）级别：特任不分级，简任八级，荐任十二级，委任十八级。（三）俸别：最高为特任月薪800元，最低为委任第十八级月薪55元，各级皆有级差。（四）各机关职称，按任别、级别、俸别分配②。这次制定的"暂行文官官等官俸表"一直沿用多年，以后曾于1936年、1941年、1945年和1946年修正，皆以此次为基础，只作了一些相应的变动，可见此次文官官等官俸的制定，其意义和影响都是不可低估的。

因为日本帝国主义侵华而一拖再拖的第一届普通考试，于1933年2月27日由考试院再次公布了考试的种类、日期、区域和地点。考试种类为行政人员、法院书记官、教育行政人员、建设行政人员及监狱官五种，考试日期定于1934年4月21日开始，考试区域及地点为南京。戴季陶领导同人们开始了新的工作。

---

① 《考试院施政编年录》初稿第二编，第147—150页。
② 《考试院施政编年录》初稿第二编，第130页。

1934年1月，戴季陶在明志楼前建成了一个翘檐小亭，名"问礼亭"。早在国民政府搬迁到洛阳去的时候，戴季陶在洛阳花重金买了一块南齐永明年间的石刻，上面镂刻着孔子问礼于老聃的故事。戴季陶不远千里将石刻从洛阳运回南京，特意建成了这座问礼亭，将石刻镶嵌在石碑之中。以他的面子，又请来了党国元老吴稚晖手书"问礼亭"三个大字，制成横额，高悬亭间。戴季陶题写了碑文："礼以节众，乐以和众，建国育民始于是，复兴文化在于是，愿与同志共勉之。"①问礼亭揭幕仪式后，戴季陶随即以"礼运大同篇"为韵，征求诗词以纪念问礼亭的建成，一时间，名流学者纷纷赋诗填词，戴季陶将这些诗词辑印成《问礼亭诗集》，散发四方。以后又有续集之编，因为抗战趋紧，诗稿在战乱中散佚。

1934年4月21日，第一届普通考试如期在南京举行，5月10日发榜，共录取118人。6月，由铨叙部办理这118人的分发工作，计分到中央各机关69人，地方43人，另外有6人保留资格，暂不发任。

虽然是首届普通考试，但并没引起戴季陶的重视，在早些时候，他赴西北考察，回南京后稍事过问考试情况，又于5月2日径直到杭州，参加班禅大师修建时轮金刚法会。在灵隐寺，他与班禅大师再次相会，一同参经拜佛，深得佛缘，一住就是半个多月，他返回南京时，铨叙部已经在准备普考及格人员的安排了。

戴季陶随即以全部精力准备召开全国考铨会议。7月6日，戴季陶呈书中央政治会议，拟在秋季召开全国考铨会议，他在呈文中希望这次会议能够"萃中央地方各机关代表于一堂，博访周谘，集思广益，采各方之意见，为通盘之筹划，于以蔚为可大可久之宏规，弼成选贤任能之郅治"②。8月2日，正式公布了全国考铨会议规程。9月15日，全国考铨会议预备会议召开，参加会议的有党政最高机关秘书长、文官长、主计长及五院正副院长、秘书长和南京市市长等有关各方面人员，戴季陶任会议主席，详细讨论了全国考铨会议的各项事宜。11月1日，全国考铨会议在南京召开，会议代表160人，列席代表38人，会期5天。

这次会议全面总结了自实施考铨制度以来的各方面情况，检阅了考试院数

---

① 《考试院施政编年录》初稿第二编，第157页。
② 《考试院施政编年录》初稿第二编，第221页。

年来的工作成果，讨论了中华民国考铨制度的前景和今后应该改进的问题。各地代表共提出108项议案，对现行的考铨法规及各方面都进行了补充和修正。会后考试院于11月17日向国民政府提交了一份长达数万言的报告书。各项决议案也由国民政府批准核办。

全国考铨会议的召开，是对戴季陶数年来苦心经营的考铨工作的总结和检阅。会议肯定了戴季陶自从出任考试院院长以来所取得的成果，戴季陶富有开创性的工作得到了与会代表的一致称赞，也奠定了他执掌考试院长达20年的基础。经过几年来艰难的创业，考铨制度初具大略。戴季陶满怀激情展望未来，对今后的工作充满了信心，他决心把中国的考试制度健全完善，为国家选拔更多的优秀人才，以实现孙中山先生的遗愿。就在戴季陶准备大展宏图时，国家多难，民族遭劫。日本帝国主义大举侵华，打破了戴季陶的美好愿望。蒋介石的不抵抗政策助长了日寇的嚣张气焰，使中华民族惨遭蹂躏，国家进入了艰难困苦的时期。所有的一切工作都围绕着抗日救亡而展开，正常的秩序被打乱，戴季陶的雄心壮志亦随山移水转而销蚀，煞费心机建立起来的一切被搁置一旁，未来的一切则在仓促中开始，甚至无暇回顾和展望，更不谈细思头绪。

4. 国难伊始

1930年11月12日，国民党三届四中全会开幕。会议期间，发生了蒋介石与胡汉民的争斗。胡汉民是国民党的元老之一，孙中山先生的战友与助手，只有汪精卫等人才能与他相提并论。蒋介石、戴季陶等人的资历都比不上他显赫，虽说都是孙中山的信徒，可胡汉民熟读孙中山的著作，能较为深刻地理解孙中山的原意，所以他依据孙中山的《建国大纲》理论，在三届四中全会以后与蒋介石展开了连续的论战。胡汉民此举是反对蒋介石的独裁专制，欲求在立法院长的基础上再从蒋介石手中多捞取一些权力。蒋介石一赳赳武夫，号称孙中山先生的"忠实信徒"，可远不如胡汉民的辩才和理论水平，他四处发表演讲做报告，可讲稿皆不出自他手，捉刀人是陈布雷，理论指导人则是戴季陶。

1931年1月20日，蒋介石在南京成立了国民会议选举总事务所，负责国民会议的代表选举事务，蒋介石专门委派戴季陶出任事务所主任，以期能收到较好的效果。可戴季陶在新年第一天就南下广东去办理中山大学的事务，一直还没

国民党内反蒋政治领袖胡汉民（中）、汪精卫（右）、孙科（左）。

回来，蒋介石真有些着急。他派陈果夫、陈立夫两兄弟亲自挑出特务分子，以中央党部代表的身份到各地去监督代表的选举。可陈氏兄弟给蒋介石带来了令人沮丧的消息，除蒋系直接控制的浙、苏、皖、沪以外，绝大多数的选票都将不会投给蒋介石，这就意味着如果在国民会议上进行总统选举的话，那么蒋介石只会得到32%左右的选票，而68%的选票都将属于胡汉民，这下可真让蒋介石犯急了，他派出了元老派的吴稚晖去劝胡汉民"休养休养"，结果被胡汉民大骂而回，蒋介石也被夹带着大骂一顿。蒋介石的总统梦看来难以做成了，他真有点拿胡汉民没办法，一连几天，眉头紧锁，只盼着戴季陶快点返回南京，但又不便给戴季陶发电催他早日起程，以免引起胡汉民的政治老巢广东政客们的怀疑，激化矛盾。

2月23日，戴季陶从广东返回南京，蒋介石闻讯大喜，急忙把戴季陶召去密谈。戴季陶与胡汉民虽说也有很深的交往，但在蒋、胡相争时，戴的感情明显偏向蒋介石。戴季陶细细地听完了蒋介石的意思之后，思索一番，献上了绝计一条：一不做，二不休，先劝胡汉民辞职，不成，强行扣留胡汉民。这个主意正合蒋介石的心意，于是经过一番准备，蒋介石摆下了鸿门宴。

2月26日，胡汉民接到蒋介石的请柬，邀他28日到国府主席兼陆、海、空军总司令部赴晚宴。晚上，他便驱车直往总司令部。胡汉民一进门，首先便看到戴季陶坐在里面，另外还有吴稚晖、王宠惠、何应钦、叶楚伦、陈果夫、陈立夫和他以前的秘书刘芦隐等人。众人向胡汉民打个招呼，便继续他们的交谈，高百凌接过胡汉民的礼帽和手杖，请他到里屋去坐。胡汉民进屋后，看见南京警察厅厅长吴思豫静静地坐在里面，朝他点点头，一语不发，高百凌则紧挨着他站在一旁，胡汉民察觉气氛不大对，刚想问问高百凌，蒋介石从里屋出来了，他们开始了密谈。

在外间的戴季陶等人等候了很久，才见胡汉民从里屋出来，只见他脸色不大好，没说一句话便告辞了。戴季陶知道事情已经办妥，于是这场没见酒菜的宴会宣告结束。

3月1日，胡汉民致信国府主席，以身体健康原因请求辞去一切职务；在另一封信中，他提出希望能到汤山去居住。蒋介石迅速批准了胡汉民的辞呈，于上午9时派吴思豫、邵元冲"陪"胡汉民前往汤山。随即，戴季陶、吴稚晖前往汤山探望"病"中的胡汉民[①]。关于逼胡汉民辞职的内幕，又有一说，云："2月20日，蒋主席邀先生（吴稚晖）、胡汉民、戴传贤、张群等共商约法问题，28日胡汉民辞职，移居汤山。"蒋介石"高度"称赞胡汉民的辞职，"誉胡负责，具政治家风度"[②]。

引人注目的蒋胡之争，在静悄悄中告息。蒋介石以"疗养"为由把胡汉民软禁在汤山。在这场蒋胡政争中，戴季陶站在蒋介石一边，为其出谋划策，起了重要作用。

蒋介石扣押了立法院长胡汉民，立刻激起了舆论界的公愤。众怒难犯，蒋介石终于放弃了总统梦，3月22日发表谈话表示："国民会议只应制定约法，不必且不应提出总统问题。"[③]这也是戴季陶的意思，因为不这样做，往后的戏就更加难唱了。4月24日，国民政府公布了《国民会议组织法》，为国民会议的最后召开铺平了道路。5月5日，由戴季陶主持筹办的国民会议如期在南京召开。

当时，发生了日本帝国主义侵略中国东北的"九一八"事变，但蒋介石并没有把心思放在日本帝国主义侵华的问题上，而是一心一意地指挥着几十万人马"围剿"中央红军根据地，他把外交事务甩给了戴季陶。9月30日，国民党中央政治会议第291次会议决定，成立特种外交委员会，专门负责对日方面的外交事务，戴季陶为委员长，宋子文为副委员长，于右任、丁惟汾、邵力子、邵元冲、陈布雷等人为委员。对于日本这个国家，戴季陶是再了解不过了，党国之中，无人能比，特种外交委员会委员长自然非他莫属。特种外交委员会实际上没有做什么具体的工作，它秉承了蒋介石所奉行的不抵抗政策，所采取的最大

---

① 蒋永敬：《民国胡展堂汉民先生年谱》，台北商务印书馆1981年版，第505—506页。
② 杨恺龄：《民国吴稚晖先生敬恒年谱》，台北商务印书馆1981年版，第79页。
③ 刘绍唐：《民国大事日志》第一册，第464页。

行动就是向国际联盟控诉日本的侵略行为，向签订了反战公约的各国呼吁，以求国际舆论的支持。为此，戴季陶踏遍了所有的外国驻华使馆，详细地向各国公使谈了日本侵华对世界和平的影响，寻求他们的支持。

尽管特种外交委员会的老谋士们唯蒋介石马首是瞻，戴季陶自己还是对日本侵华作了全面详尽的分析。早在九一八事变后的第三天，戴季陶没同任何人商量便驱车到汤山，对胡汉民详细地讲述了"九一八"事变的经过，道出了蒋介石的不抵抗政策。胡汉民见戴季陶前来以国家大事询问于他，便尽弃前嫌，提出了四点建议："由中央政府马上派若干有胆识的人员，克日到沈阳去收回领土，维持地方治安"；"正式同日本办交涉"；"召开各国领事会议"；"撤换、惩办丧权失职的外交部长王正廷及东北边防司令张学良"[①]。胡汉民的这四点建议与戴季陶心中所想的颇有吻合之处。正巧，蒋介石这天从南昌行营赶回南京，戴季陶立刻去见蒋介石，讲述了目前的形势和胡汉民的四点建议，希望蒋介石立刻定夺对日方针，并且劝蒋介石不要继续监禁胡汉民了，当前是国难当头，一切嫌隙应该抛于脑后，精诚团结、一致对外才是最最重要的。对于戴季陶的劝告，蒋介石未置可否，释放胡汉民，无异于放虎归山，尤其是胡汉民竟然要求撤换惩办张学良，那最后不就是把国人的目光引向蒋介石的身上吗？张学良的机要秘书郭维城回忆说："'九一八'事变当时，张学良将军在北平，一夜之间，十几次电南京蒋介石请示，而蒋介石却若无其事地十几次复电，不许抵抗。"[②]倘若真由着胡汉民来，那蒋介石何处可藏。第二天，戴季陶再次拜会了胡汉民，与之商讨对日方针，并劝其放弃反蒋旗号，重新出任政府职务，以共赴国难。胡汉民对戴季陶的游说没予表态。

对于日本人的侵华，戴季陶心中早有所料。早在1927年他最后一次访日的时候，他就已经觉察出了日本军国主义分子的野心。他至今还清清楚楚地记得，日本陆军部、参谋部和黑龙会那些狂妄者，居然在宴席上公开叫嚣侵华。那穷凶极恶的面孔，那咄咄逼人的气势，那蛮横骄傲的态度，都给戴季陶以很深的刺激。他回国后立刻写出了他的名著《日本论》，把日本帝国主义对中华民族的侵略欲望描述得淋漓尽致。随着形势的发展，戴季陶在《日本论》中所做出的论断得到了验证。1929年冬，戴季陶在回答大阪大正日日新闻社的记者

---

① 《三民主义月刊》。
② 《东北日报》1946年8月24日。

提问时，痛斥了日本侵略者的对华政策，他说道："日本在欧战当中的举动，从协商国看来，从中欧同盟看来，都说日本是趁火打劫的强盗；从亚洲各民族看来，日本就是阻止亚洲民族自决的魔鬼，是侵略同文同种的残忍者，是欧洲世界侵略主义的帮凶。"①戴季陶对日本侵华政策看得很透彻，他早就料到会有这一天的。

直到11月，戴季陶才向中央政治会议提交了题为《处理时局之根本方针》的报告，专门论述日本侵略中国的问题和国家应该采取的方针。他指出，日本侵略者在东北将会进一步扩大侵略，直至占领整个东北三省，国际联盟对日本人侵略中国一事将不可能做出什么有力的制裁；日本侵略者占领东北后，将会更进一步地对长江流域进犯，中日双方的争斗，最终的胜利者必将是中国。戴季陶的这些判断，相当准确，先后都为事实所证明。在对时局所应采取的方针政策上，戴季陶认为，对内应该"以团结民心保持政府人民之信任为根本要图"，对外则要采取这样的政策：第一，无论如何，中国不先对日宣战。第二，须尽力维护各国对中国的好感，赢得国际舆论的支持。第三，须尽力顾虑实际利害，但至万不得已时，虽在军事上为民意而牺牲，亦所不惜，唯必须筹划取得真实之牺牲代价。

九一八事变后，国民政府成立特种外文委员会，主持对日政策，图为成立时的合影。前排左起：颜惠庆、戴季陶、蒋介石、于右任、丁惟汾、孔祥熙、顾维钧。

戴季陶的报告被提交给11月12日召开的国民党第四次全国代表大会，大

---

① 《中国历代思想家》，台北商务印书馆。

会以全票通过了这一报告，并且于11月16日向全世界发表了关于日本侵华的宣言，这个宣言实际上就是戴季陶报告的翻版，蒋介石不抵抗主义的继续。宣言仍然把中国的命运寄托在国联和英美等大国身上，呼吁"国联……迅速予日本侵略行动以有效之制裁"，"更望非战公约与华盛顿九国条约签约之友邦，履行其各该公约上义务，务使远东及世界和平，不致为日本所破坏"。当然，这个宣言也表示了中国政府对东北三省的领土主权，以及武力抵抗日本侵华的态度。

就在这时，一直与蒋介石对立的广州方面发生了内部分裂，汪精卫、孙科等去了上海，胡汉民则仍在广州，并且提出了蒋介石必须下野，如果在12月20日蒋介石还不下野，则11月7日商定的南京四届一中全会就不可能召开了。经过周密的安排后，蒋介石答应了胡汉民、汪精卫的要求。

对于蒋介石的辞职，戴季陶颇有点兔死狐悲的感觉，他与监察院院长于右任、立法院代院长邵元冲等都同时宣布辞职，以示威胁。12月15日，国民党中央执委会召开常务会议，迫于形势，批准了蒋介石的辞职申请，以林森代理国民政府主席，陈铭枢代理行政院院长。同时，对戴季陶、于右任、邵元冲等人的辞职则予以慰留。21日、24日戴季陶又两次提出了辞去考试院院长及国府委员等职务的申请，均未获准。戴季陶等人的辞职与蒋介石的下野遥相呼应，颇热闹了一时。

辞职风刮过后，国民党四届一中全会于12月22日在南京召开。这次会议改组了国民党中央组织和国民政府，选举林森为国民政府主席，孙科为行政院院长，张继为立法院院长，伍朝枢为司法院院长，戴季陶为考试院院长，于右任为监察院院长。五院院长，只有戴季陶是元老院长。不知何故，戴季陶没有参加四届一中全会，他于21日申请辞职，声明考试院院务交由秘书长代行，没等批准，他便径直回吴兴祖籍去了，把四届一中全会和考试院等皆弃于一边。

戴季陶回吴兴一住就是三个多月，到1932年3月31日，他才返回南京。这几个月的时间里，国内形势发生了巨大变化。"一·二八"淞沪抗战爆发，国民政府北迁洛阳办公，南京变成了一座空城。

考试院已于2月20日在洛阳南关外开始办公，南京一地只设办事处，戴季陶去看过一眼后，便没复往，也没有直奔洛阳。4月1日，新亚细亚学会成立，戴季陶主持了成立仪式。新亚细亚学会是以研究中国边疆地区经济文化以及加强亚洲各民族文化交流为宗旨的一个学术性组织，其发起人就是戴季陶，参加学会的多为学术界人士。从成立之初开始编印会刊，每月一期，直到全面抗战开始才终刊。另外，还出版了新亚细亚丛书数十种。全面抗战开始后，由于人力、物力等各方面原因，学会没有继续下去。

戴季陶启程去洛阳，已经是4月10日了。14日，他出席了国民党中央常务委员会会议，对三年来考试院的工作做了汇报，再次请求辞去考试院院长一职，申请到西北考察。在这次会议上，蒋介石、戴季陶和何应钦分别被推定为中国童子军总会会长和副会长。

4月18日，戴季陶启程西行，开始他的西北考察。考试院的事务由副院长刘芦隐代理。4月20日，戴季陶抵达西安，在荒凉的黄土高原上四处奔波三天后，于5月20日飞回洛阳，经过五天的休息，又从洛阳回到南京。

4月27日，戴季陶在西安出席了西安各学校联合举行的"总理纪念周"大会，戴季陶在会上发表了一番演说，讲解了孙中山的遗教。讲到动情之处时，竟然泪流满面。虽然如此，可西安的爱国学生们并没有对戴季陶挥之以鲜花，他们对戴季陶作为特种外交委员会委员长所做出的对日三大方针深为痛恨，对蒋介石不抵抗日本侵略者的政策满怀愤怒。会后，学生们发生了骚乱，他们几乎要把戴季陶围起来，斥责他和南京政府对抗日的消极态度。幸亏军警早有防备，好不容易才使得戴季陶脱身，可等到会场外一看，戴季陶的座车早被愤怒的学生们焚烧成了一堆废铁。

西北一行，戴季陶感触颇深。1932年的西北地区滴雨未下，由于连年干旱，使得本来就荒凉的黄土地上，更是草木不生，放眼望去，一片黄土茫茫。老百姓背井离乡，哀鸿遍野，四处逃生。戴季陶所到之处，看见十室九空，田地荒芜，不由得痛心流泪。

对西北考察后，戴季陶认为，在黄土高原上必须进行大规模的植树造林，以加强水土保护，改善环境，这样才能发展农业。所以他认为，振兴西北地区的农林事业是拯救西北的唯一出路，这样，培育和造就大量的农林人才就成为当务之急了。戴季陶决定把此行的想法提交给国府，以期实现改造大西北的计划。

5月底，戴季陶再次告假返回吴兴。吴兴一住就是四个多月，戴季陶返回南京的时候已是秋天了。国庆节前夕，几成空城的南京没有半点节日的气氛，日本侵略军在上海为所欲为，种种传闻不断传来，使得南京的市民们整日惶惶不安，加上党国要人们在蒋委员长的带领下纷纷躲到洛阳去了，所以南京更显得空空荡荡。戴季陶在南京家中住了二十多天，于11月2日由老部下秘书陈天锡陪同登上民权号兵舰西上武汉，又于10日从汉口乘火车赴洛阳。11月14日，戴季陶前往国民政府办公处销假。17日召开的中央常务会议决定，中央党部、国民政府及各院部于12月1日迁回南京。

在洛阳呆了十多天，戴季陶便和新近担任考试院副院长的钮永建一同于11月23日起程回南京。12月1日，在鼓乐声中，蒋介石率领部下及党国各机关返回南京；随即，蒋介石又率所有党国要人前往中山陵，拜谒总理英灵。其后数日里，戴季陶都是在忙忙碌碌中度过的，不知不觉，日历翻到了1932年的最后一页，新的一年又来到了。

开年以后，戴季陶与蒋介石没有见上几面，蒋介石忙于他的"围剿"红军的行动，戴季陶则忙于宗教、文化、教育方面的事务。4月5日，国民党中央成立行政法规整理委员会，戴季陶被推定为委员长，宋子文、孙科为副委员长，中央行政机关的负责人都是委员会成员。5月8日，正式开始在考试院的华林馆办公，本来这是有经费和开工资的，但戴季陶认为国难期间，应该厉行节约，以供国家把钱用在关键的地方，他特地申请取消了经费，所有参加这项工作的人员都不支付薪水，办公用具等则由考试院提供。行政法规整理委员会的工作刚开始，戴季陶便于5月9日随国民政府主席林森赴西北考察，宋子文也忙着四处活动，请求英美等国出面调停中日战争，所以委员会的工作一开始就只是在勉强维持着。

戴季陶和国府主席林森等一行于11日抵达华阴，随即兴致勃勃地登上了西岳华山，在山上逗留一夜后，于次日到达临潼，15日到达西安，在西安巡视五天后，又先后去了咸阳、泾阳和兴平等地，参观了当地的名胜古迹，返回西安后，林森于24日回南京，戴季陶则一路停留，于5月30日才回南京。

在前一年5月，戴季陶在西安一带考察后，曾对如何开发西北有过一番周密的思考，他联合居正、顾孟余、叶楚伧、陈果夫、陈立夫、朱家骅等人，提出了建设西北专门教育的初期计划。经国民党中央批准，命戴季陶、于右任、张继、朱家骅等人为筹备委员，后来吴稚晖、李石曾、杨虎城等人也成为建设西北专门教育筹备委员会委员。1932年12月14日，召开第一次委员会议，定名为建设西北农村专科学校筹备委员会。所有事项皆以戴季陶等人提出的计划为依据，计划在咸阳一带圈出荒地作为建设学校和农场用地，再划出林场山地，这样，西北将来的农林业，其典范就是戴季陶计划中的样子。戴季陶同时还发动西北人士培修坐落在咸阳的周陵，在陵区内植树造林，以美化环境。一年以后的今天，戴季陶再次来到周陵，去年在他倡导下栽植的一片树苗，今天已成了一片小林，周陵四周一派生机，戴季陶不由得喜在心头。这次西北之行，戴季陶和林森详细地讨论了西北建设的问题，通过实地考察，掌握了大量的资料，为将来建设西北作了一些准备。可惜国难之时，人力物力都无法顾及这些事情，经济建设只好暂停。但戴季陶却敏锐地看到了，随着日本侵华的节节推进，中国将来的政治、军事战略必将以西北、西南地区为重点，所以，他在国家存亡的关键时刻，几次赴西北考察，颇具政治家的眼力，其策略也是正确的。但有一点是戴季陶所没料及的，几年以后，西北作为中国政治军事的中心出现在世界上，并不是党国所为，而是国民党的死敌、以毛泽东为首的中国共产党在陕北的崛起；短短的几年内，陕北迅速成为全国人民向往的中心，成为中国的希望所在。

1933年7月16日，蒋介石在庐山电邀戴季陶前来避暑，戴季陶立刻溯江而上，于18日到达庐山。从这年开始，蒋介石开办了庐山训练团，对各地高级干部进行轮训，从思想上、军事上加强对这些高级干部的训导。戴季陶上庐山，就是为蒋介石的训练团去讲课的。他在庐山整整讲了一个月的课，直到8月16日才启程回南京。第一届庐山训练团的结果是，"全国各部队的重要军官，对中央安内攘外的决策，均心领神会，毫无怀疑"[1]。庐山训练团从这年开始，年年都办，抗战开始后，又分成重庆、峨眉等几个训练团，戴季陶一直是训练团的主要讲演者之一。人们所熟知的国军官兵一听到"总裁"两字就立刻立正的习惯就是从训练团开始的。

戴季陶对教育极为重视，对儿童的教育更是关注，1929年他任中央训练部长时，就建立了"中国国民党童子军司令部"，以后，戴季陶提议改称为"中国童子军"。1932年，蒋介石任中国童子军总会会长，戴季陶、何应钦为副会长，由他们负责童子军的工作，但蒋介石一心要"围剿"在江西日益壮大

---

[1] 刘健群：《窥测西安事变的前因后果》，见《革命文献》第94辑，1983年3月，第271页。

的中国工农红军，无暇他顾，何应钦则不热衷于此，甩手不管，童子军的工作实际上由戴季陶一人挑起来了。他先成立了童子军总会筹备处，开始制定有关章程。戴季陶广泛考查了欧美各国有关青少年方面的成规，根据中国的具体情况，于1933年上半年制定出了中国童子军誓词等有关章程、文件，对童子军誓词的解释文也进行了修正，最后确定了《中国童子军规律》，于当年9月28日由国民党中央执委会批准通过。

1933年11月22日，国际问题研究组成立。戴季陶、朱培德、宋子文、王正廷、邵元冲、陈公博等15人为该组委员，戴季陶、朱培德为召集人。这个研究组的成员多是一些对国际问题有着较为深入研究的官员，他们负责为国民政府外交方面的情况提供咨询，为制定外交方针政策做理论上的研究和分析，戴季陶等人为该组的工作付出了大量心血。这个研究组成立后，迅速对国际形势和问题进行了大量的研究，为政府决策机构提供了许多的情报，直接影响了南京政府的外交政策。

1934年3月，戴季陶再次赴西北考察，3月30日抵达西安，4月12日飞抵兰州，15日飞西宁，18日飞回西安，次日赴陕西武功，参加由他一手操办起来的西北农林专科学校的奠基典礼。这是他的西北建设计划首次付诸实施，戴季陶对此充满信心，他在武功住到22日才返回西安，对农林专科学校的建设作了周密的规划。他希望这所学校的建立，能够成为西北经济文化奋起的带头雁，因此他对此格外重视。以后相当长的一段时期里，他都时刻关心着学校的各方面情况，往来信函和电文不计其数，后来有人专门将这些函电编辑成册出版，以纪念戴季陶的功绩。戴季陶飞巡西宁，留下了一件传奇般的故事。距西宁不远的塔尔寺是喇嘛教格鲁派的著名寺院，祖师宗喀巴就发祥于此，是当地宗教活动的中心，戴季陶到西宁后，即刻安排了参拜塔尔寺的计划。当时，驻青海的国民党军队与地方部队发生严重冲突，双方各有死伤，引起矛盾激化，都在准备作拼死决斗。戴季陶在这剑拔弩张之时要参拜塔尔寺，真使得西宁的官员们担心和犯难，但此事又不便对戴季陶直说，只好暗地里去做些说服工作，让戴季陶如期去了塔尔寺。事后，一再宣称要决一死战的两支军队也没有打起来。经过打听，才知道，戴季陶温文尔雅、彬彬有礼的风度，使得青海和地方部队的地方长官们深为折服。戴季陶参拜了青海人的圣殿塔尔寺后，地方部队和长官们觉得这位中央的大人物如此尊重青海人民，亲自代表他们的敌人谢罪来了。如此重礼，使得他们自动解除了战备，封刀收弓，主动去与驻军和好，以致最后一切嫌隙化为冰融。这件事情戴季陶自己一点都不知道，事后有人对他讲起这个传奇般的故事，戴季陶深为感叹地说："敬一人而千万人悦，此孝经之义也，可以深长思矣。"①

1934年3月，戴季陶被推举为中华民国宪法起草委员会的顾问。在一年的时间里，除了外出不在南京外，剩下的时间他几乎都花在了这件事上。他多次列席委员会的会议，阐述自己对宪法起草的意见。宪法草案几经周折，终得杀青。他也能舒口气了，但瞻望前途，困难重重，宪法草案不知何时才能实施，他又陷入了苦恼和烦闷之中。

自从日本侵华以来，戴季陶对中国政治方面的忧虑愈来愈多。他多年追随孙中山先生，对孙中山先生创立的五权制度有着深刻的理解和体会，全面实行五权制度、实施宪政是他多年来所一贯追求的。但自从日本帝国主义发动了侵华战争后，中国政局动荡不安，蒋介石大肆推行法西斯独裁，使这一切都将成为泡影，戴季陶的心中很不是滋味。

戴季陶在担任考试院长期间，多次在不同场合强调了坚持五权制度、反对独裁的主张，尽管他没有直接明确表示反对蒋介石的独裁，但从他的一些言论中，不难看出其矛头之所指。1935年他在写给罗希志的一封信中，直言不讳地说："军事政治，虽亡清一代，政治多出自汉人，咸同以后，政权多操自将帅，而统治之道，仍出自中枢。近年来中央种种情况，都非常态，虽觉百事尚能敷衍太平，而中央组织之不健全，能力之薄弱，几于较清之咸同时代为逊，推其原故，由来已久，非由一时一地之所致，更非仅事矫情隐讳，勉强撑持所能为力。"②他曾在国民党中央广播电台发表题为《三民主义的五权宪法要义》的演说，在演说中也间接地指出了宪政可以使"我们的人民，成为对于国家负责的国民，我们的政府，成为对于人民负责的政府。然后一方可以免除个人主义的危险，一方可以发挥三民主义的力量"③。戴季陶与孙科、居正、于右任等长期力主五权宪政的建设，虽然，这种五权宪政并非孙中山所主张的五

---

① 《戴季陶（传贤）先生编年传记》，第162页。

② 《戴季陶致罗希志书》，1935年。

③ 戴季陶：《三民主义的五权宪法要义》，见军事新闻社编《当代党国名人讲演集》，台湾文海出版社。

权宪政思想，但对蒋介石加紧实施其法西斯主义的步伐，有一定程度的遏制作用，客观上顺应了人民要求民主、反对独裁的愿望。对此，蒋介石亦是耿耿于怀而又无可奈何。

1935年5月，戴季陶以健康原因，再次申请辞去考试院院长一职，未获批准，无奈，戴季陶便做出声明：保留院长之名义，院务则由副院长代理，从6月份开始，每月薪俸，自愿捐作考试院图书馆的经费。

戴季陶宣布不理院务后，就把精力放到其他方面的事务上了，最重要的一项是起草国民党第五次全国代表大会的宣言。在宣言中，他把多年来的政治思想总结归纳，提出了"建设国家挽救国难"的十大政治主张。其中第五条是"慎考铨，严考绩，以立国家用人行政之本"。他认为，"考铨制度之完成，与尊重公务员考绩之严格执行，实为当前急切之需要"①。在12月2日召开的五届一中全会上，戴季陶再次当选为考试院院长。

1935年11月1日，南京、北平、西安、广州四地同时举行了第三届高等考试。戴季陶身为考试院长，却没有去主持试政，稍事安排后，就于11月4日和马超俊、陈天锡等飞往两广，为蒋介石去动员李宗仁、陈济棠到京参加即将召开的第五次全国代表大会。结果，这次高等考试发生了第一典试委员会写错试题的事件，致使很多考生误答或者干脆没做题目。这件事情后来由戴季陶呈报国府，自请与第一典试委员会委员长钮永建一并受处分。1936年1月8日，国民党中央政治会议决定对钮永建予以罚俸一月的处分，对戴季陶则免议。总共举行三届高等考试，有两届出错，事虽不大，但戴季陶办事认真，心中颇觉不安。

1936年2月，戴季陶的蒙师徐炯在成都逝世。戴季陶是个尊师重道之人，多少年来，他与徐炯的联系一直没有间断。徐炯早年力倡新学，但到1919年前后，则致力于宣传和支持袁世凯尊孔复辟活动。他倡导成立了成都、华阳两地的"孔教支会"，而且在北京"孔教总会"发表尊孔演说《义利之辨》，宣扬孔子之教"足使国利民福"，他曾名列拥护袁世凯当皇帝的《劝进表》之中。1918年，他创建了"大成会"，并担任会长，"大成会"到1923年已有会员287人，政客、军阀都列名其中。戴季陶也是"大成会"的名士之一②。受蒙师的影响，戴季陶担任了南京"孔学会"会长，并组织了孔子的祭典。他曾建议中

---

① 《考试院施政编年录》初稿第三编，第164页。

② 隗瀛涛等著：《四川近代史》，四川省社会科学院出版社1985年版，第667—668页。

央政府设置孔、颜、曾、孟四个奉祀官的职位，以示尊孔。1935年，考试院图书馆中楼建成，戴季陶特命名为"明德楼"，正中为孔子及四圣的画像，两旁专藏经学之书，并且为孔子的弟子一一作传，刻于墙壁之上。此后，每当孔子诞辰之日，戴季陶就率同僚在此举行祀典，岁岁如此[①]。

由此可见，徐炯的思想对戴季陶的影响还是不小的。戴季陶"感于少时受业蒙被教泽之深，及其常居卫道尊经之诚"，在南京发动受过徐炯之教的门生17人，于2月16日立灵位而祭，推举年长的同学为主祭，众人则"于灵位前静坐，默诵孝经，每诵一遍，乃由主祭者上香，虔诚肃穆，一如当年受教之时，自辰至午而毕"。[②]1936年，整整一年，由于戴季陶作为政府代表率体育团赴柏林参加奥林匹克运动会，往返数月，因而基本上没有具体负责考试院的事务。第四届高等考试、第二届普通考试分别于9月10日和11月20日举行。所有事务均由其他人员主办，戴季陶并没有亲视其事。

1937年3月间，戴季陶与陈果夫、丁惟汾等人对中央政治学校的校制问题进行了多次讨论。按戴季陶的设想，他们提出了一个宏伟的计划：作为训练干部的中央政治学校，以后除了特种人员及法律人员不由该校训练以外，中央政治学校应逐步发展成为内外行政机关人才供给的总工场。学生来源是受过正规考试、训练、铨叙的人员，这样，党国的后继者将从这里产生。这一计划无疑是一个宏大的设想，倘若中央政治学校真的向这个方面发展，那么涉及一系列法规要改，诸如人事制度、考铨制度等等，而且这个计划还必须与五院院长及有关人员详细说明，广泛征取意见。正当戴季陶全心从事此项计划时，4月间他的神经痛老毛病又发作了，卧床不起，使得这项计划被搁置下来，到"七七"事变全面抗战爆发后，就再也无暇顾及此事了。

这年3月间，国民政府公布了《暂行法官及其他司法人员官等官俸表》，这是完善考铨制度的一项重要制度。这项表格与1933年9月公布的《暂行文官官等官俸表》相互呼应，使得考铨制度进一步深化。国家对一切文职公务人员的提升、薪俸、惩戒等各项考绩有了一个比较明确的依据，打破了各个部门各自为政的旧习惯。这两个官等官俸表，一直使用到抗战胜利以后，有着较为深远的影响。

---

① 《考试院施政编年录》初稿第三编，第104页。

② 《戴季陶致徐申甫函》，见《戴季陶先生文存》续编。

第八章

在抗战的岁月里

1. 战争前夜

　　1935年初，戴季陶听说共产党打到了川南，而蒋介石指挥的围追堵截连吃败仗，不由得对四川的形势日益关注。从军事上来分析，红军的进军方向显然是要从四川北上，这样很有可能打到戴季陶的老家去，他顿时萌生了回乡去看看的想法；加之蒋介石目前正在四川指挥作战，作为四川本土生息之人，应该以主人身份去躬迎他，再说蒋介石也离不开戴季陶在左右谋划。所以，戴季陶决定回四川一趟，这是他自从离家以来第二次回家省亲，弹指间，多少风雨春秋。

　　5月25日，戴季陶从南京直飞成都，由于天气不好，中途降落在九江。27日，飞抵成都，回到了阔别多年的家中。此时戴季陶已是国民党的显贵，衣锦还乡，前呼后拥，何等气派。只可惜今非昔比，长兄病逝、老母仙去，家中再没顶梁之柱，戴季陶望着墙头的杂草，看着陌生的面孔，顿觉家道已经中落。进到正堂，他"扑通"一声跪在老母灵位前，伤感的眼泪如同泉涌，几个响头磕过，仍久久跪地不起。在成都小住几日，形影相吊，回乡省亲的激情早已烟消云散，他便回到了广汉。广汉，埋葬着戴氏先祖，几十年来，戴季陶无数次想到这里再祭扫祖坟，可一直不得其愿。上次回成都，眼看着广汉近在咫尺而因兵燹不能遂愿，这次终于成行，光祖耀宗时刻，他可以告慰在天之灵了。戴季陶在广汉一住就是九天，一一祭扫了先祖及兄长之墓，了却了30年来的一大心愿。

　　由于蒋介石忙于指挥"围剿"红军，戴季陶醉心故里祭祖，他们两人一个在川东，一个在川西，一直没有相会。戴季陶于6月10日从成都飞抵汉口，再从汉口于11日飞到南京。回京后，他立刻受命负责筹备国民党四届六中全会和第五次全国代表大会。

1935年11月1日，四届六中全会开幕，由于开幕式后发生了震惊中外的刺杀汪精卫事件，大会只得草草收场。

1935年下半年，抗日的呼声激荡神州，日本帝国主义亦加紧对华侵略的步伐。国民党内部的派系斗争被国难缓解，对日问题的态度进一步分化，蒋介石的妥协交涉政策没有收到一点效果，国人对政府的不信任感日益加深。在这种情况下，中国国民党第五次全国代表大会于11月12日至23日在南京召开。会前，蒋介石亲自出面请来了阎锡山和冯玉祥，戴季陶则南下两广请来了陈济棠、李宗仁等反蒋派首脑。参加五大的

1935年11月1日，国民党四届六中全会开幕，开幕式上发生了震惊中外的刺汪事件。

各方代表五百余人，这是多年来少有的"大团圆"。国难当头，使他们不得不暂时放弃各自的小算盘，应该说，这次大会是团结和统一的。

作为国民党五大的组织者筹备者之一——戴季陶花费巨大的心血起草了大会宣言，并且一字未改地得到通过。这份长达万言的宣言书，主要提出了"建设国家挽救国难"的十条三十八款方针政策。这是戴季陶多年来政治思想的自我总结，也是当时国民党所能接受和希望的政治纲领，作为五大的宣言是再合适不过了。

有关对日问题，戴季陶在宣言中提出："至吾人处此国难严重之时期，所持以应付危局者，亦唯有秉持总理'人定胜天'与'操之自我则存，操之在人则亡'之二大遗训，以最大之忍耐与决心，保障我国家生存与民族复兴之生路，在和平未至完全绝望之时，决不放弃和平。"①这说明戴季陶是不愿受日本帝国主义的奴役与侵略的，表明了他保卫国家和民族生存的决心，同时也反映出他此时对日本侵略者还抱有幻想。在宣言中，他还进一步指出："如国家已至非牺牲不可之时，自必决然牺牲，抱定最后牺牲之决心，对和平为最大之

① 《中国国民党第五次全国代表大会宣言》，1935年11月23日。

努力。"①这一方针的提出，说明戴季陶开始逐步转向抗战的方面。

戴季陶的态度对蒋介石、国民政府的影响是很大的，蒋介石在五大上就声称"和平有和平的限度，牺牲有牺牲的决心"，倘若到了和平无望必须牺牲的最后关头，则"当断命党国，下最后之决心"。并说，"抱定最后牺牲之决心，而为和平最大之努力，期达奠定国家、复兴民族之目的"②。

大会还通过了戴季陶起草的《中国国民党党员守则》十二条。这十二条守则成为国民党党员的座右铭，每次党员集会，首先的一项仪式便是朗诵这十二条守则，成为惯例，一直沿用。

五大重新选举了中央执、监委员。紧接着，五届一中全会于12月2日至7日召开，会议做出决议，1936年5月5日公布宪法草案，11月12日召开国民大会。会议还通过了中央常务委员、中央政治委员、国民政府委员及五院正副院长的人选。戴季陶继任考试院院长。

五大以后，南京政府作了一系列的人事调整，开展对外交涉，国民党一贯对日妥协的外交政策开始发生变化，以蒋介石为首的亲英美派的势力增强。由于汪精卫被刺，胡汉民被排挤出国尚未归来，这样，蒋介石的主要政敌一时间都对他形成不了威胁，他的独裁统治更加强化和巩固。

作为蒋介石的国策顾问，戴季陶把制定国策的重点放在国内的政局上，他继续坚持了蒋介石"攘外必须先安内"的方针。1936年2月，戴季陶在写给胡汉民的一封信中明确指出："目前国事，以弟愚见，仍固执十七年时常与兄谈者。最大问题，似是外交，其实吾人最大责任，最大努力，仍在内政。试默数十七年以来迄于今之各种政绩，而可知国事所以不振之故矣。嗟呼!为今之计，吾人能完成化党为国之任务，则国有救，而党亦千秋;否则明日之危险，正未可预料。"③

1936年，戴季陶几乎有半年时间不在国内，他作为中国政府的代表，率队参加了在德国首都柏林举行的第十一届奥林匹克运动会，这是我国第一次参加奥运会。本来这类活动完全无须戴季陶出场的，但1936年前后，世界局势的热点已在欧洲形成，纳粹德国正在策划世界大战，全世界都面临着新的灾祸。南

---

① 《中国国民党第五次全国代表大会宣言》，1935年11月23日。
② 《接受蒋委员长中正关于外交之建议案》，见台湾《革命文献》第76辑，第250—251页。
③ 蒋永敬:《民国胡展堂汉民先生年谱》，台湾商务印书馆1981年版，第545页。

京政府特派戴季陶率队去柏林，多少含有摸清欧洲局势的最新动向之动机，以便更好地决定国民政府的外交方针，而不至于得罪英美等大国。

出访欧洲是戴季陶有生以来第一次，他为此特就教于国府主席林森。他们长谈半天，林森要戴季陶到欧洲后，不要过多地去注意人家的工业，而是应该去探寻人家的文化，从社会、文化的角度来反观中国，这样才不至于枉费此行。

5月10日，戴季陶一行到上海候船，22日启程。随行秘书是新近由朱家骅介绍的丁文渊，他曾在德国一所大学任中国学院副院长，并为该大学创办了中国民族博物馆，是一个德国通。5月22日，戴季陶一行抵达香港，其后开始了海上的万里航程。他们经新加坡、马来西亚入印度洋，再到地中海，于7月7日到达德国首都柏林。

8月1日，第十一届奥运会在德国开幕，希特勒亲临开幕式发表演说。此时欧洲的形势已经相当紧张了，世界大战迫在眉睫，戴季陶在德国大小城市转了一遍，他已经能够嗅出空气中的火药味了。奥运会在高压气氛中开始，数十年来一直在动乱中度日的中国人民根本无从谈起体育，所以这支运动队伍自然是败得一塌糊涂。唯一引人注目的是中华民国队与日本帝国队的一场篮球赛，这场并不十分精彩的比赛引起了各国代表队的极大兴趣。当时日本帝国主义的铁蹄已经侵占了中国东北三省，并且继续向中国华北地区发动新的攻势，远东的局势早已成为世界和平的热门话题，所以世界上爱好和平的国家和人民都希望中华民国的篮球队能一举击败日本帝国队。在这场比赛以前，两队曾在远东运动会上有过两次交锋，两战结果都是中华民国队以悬殊的比分大胜日本队，行家们预测，一致认为中华民国队必胜无疑。当地的报纸在赛前作了专门的报道，华侨和留学生们也组成了颇有声势的啦啦队，专程赶来为中国队助威。中华民国体育代表团也非常重视这场比赛，认为这是扬国威、灭敌气的好机会，戴季陶亦亲临赛场。比赛开始后，场内场外即刻便进入白热化的状态，戴季陶也激动得按捺不住而大喊大叫起来。然而事与愿违，比赛结果，日本帝国队以34：15大胜中华民国队。这一场带有政治色彩的篮球赛大出人们的意料，使得柏林体育馆内顿时呈现出一片悲哀的气氛。当日本人趾高气扬地走出体育馆后，许多中国留学生和华侨都失声痛哭起来，中国体育代表团团长戴季陶也拉着留学生的手，滚滚热泪流满双颊，每一个中国人的心头都蒙上了一层耻辱感。

以后的比赛，中国代表队更是节节惨败，戴季陶作为政府代表和代表团团长，深受刺激，更觉脸上无光。当时在德国考察的还有郭沫若、冯玉祥、李烈钧等知名人士，他们也都感到难受。国家命运多舛，作为中国人，谁不对此感慨万千呢？在柏林，戴季陶与应邀前来德国参加世界大学会议和海德堡大学校庆的邹鲁不期而遇，他乡逢故友，不由得万分欣喜。看到中国选手参加的比赛皆一败涂地，他们深为国家命运不济而切痛。此后，中国留学生组成的啦啦队亦是满怀失望，甚至连国旗都没有打出来。

奥运会后，戴季陶于8月27日离开德国，在欧洲大陆游览了一番，于9月8日从奥地利到罗马，14日从意属嘎纳瓦乘海轮踏上归国之行，经过二十多天的海上颠簸，于10月9日返回南京。

戴季陶此行历时四个多月，遍游欧洲十余国，他的心得体会是："欧洲诸国，祭之舆宴，礼乐悉备。……深觉其形式虽不同于中国，而其义殆与家传礼经之义，无多相违。"[①]此为其一。另外，戴季陶敏锐地发现欧洲密布战云，大有一触即发之势，他深感忧虑，"观现在各国准备杀人，复以破坏百年辛苦经营之文明为能事之现象。心伤泪落，慨然深忧世界之将来"[②]。

欧洲的形势紧张，国内的形势对蒋介石也十分不利。先是西北方面，张学良再也不像以往那样积极听从蒋介石的指挥去"剿匪"了，他不断请求蒋介石，主动请缨抗日，救国救民。再来是南方的陈济棠和广西的李宗仁、白崇禧双双打出"抗日救国军"的旗号，出兵湖南，准备北上抗日。虽然他们的目标是瞄准南京政府的，但在国人心目中，其号召力和冲击力还是非常大的。尽管蒋介石先后把这两件事情压盖住了，可神州上空抗日的怒吼已成每一个中国人的心声。

一回到南京，戴季陶立刻与蒋介石见面，汇报了欧洲的形势，世界范围内的动荡不安使得蒋介石也忧心忡忡：中日战争放在世界范围来看，立刻就显得微不足道了，英美大国无疑是要把主要精力放到处理欧洲的事务上去。无怪乎蒋介石一直指望的英美等国家对日本侵华的态度并不是很坚决，而且从未明确地表示反对日本侵华，它们的调解弄来弄去就成了和稀泥。现在看来，过去一直想从外交上来平息日本人的野心是不可能的了，唯一能够依靠的只有中国自身了。蒋介石把这几个月来国内的形势和重大情况给戴季陶讲述了一番，特别是有关张学良、陈济棠、李宗仁他们的行动，讲得更是详细。两人交谈了半

① 《戴季陶先生文存》，第360—361页。
② 《戴季陶（传贤）先生编年传记》，第190页。

206

天，没顾得歇口气。国内局势的不稳定，让蒋介石和戴季陶都满腹心事，而戴季陶回国使蒋介石紧张的心情多少有些放松，因为他身边少不了这个重要的参谋，多少年来，每一项国策大计，无不与戴季陶的谋划有关，很多设想都出自戴季陶。他相信在危急时刻，戴季陶总能帮助自己渡过难关。

戴季陶自从归国后，心情就不大好，在这多事之秋他甚至懒得出门，只是在朋友们上门把他请出去散散心的时候，他才出门走走。

一日，一位世交邀戴季陶出去游玩，他们驱车到首都饭店吃点心。招待送上来的菜单全是英文的，一个汉字都没有，戴季陶一看就心烦，他把菜单一扔，再也没有心思吃点心了。不一会儿，音乐响起，舞会开始了。戴季陶往舞池望去，只见红男绿女，珠光宝气，靡靡之音在忽明忽暗的灯光中高低回荡。置身在这个与外世隔绝的舞厅里，戴季陶感到浑身不自在，"商女不知亡国恨"，他骤然想起这句古诗，不由得热血冲顶。同行的朋友冲他笑一笑，劝他不要过于认真，如今就是这个世风。戴季陶实在看不惯那些搂抱在一起的学士名媛，他站起身来，快步向乐队冲过去，一把推开乐队指挥，高喊一声："不要跳了！"沉醉在卿卿我我之中的对对男女突然被这炸雷般的声音惊呆了，他们停住舞步，看着乐台上的戴季陶，不知发生了什么事情。戴季陶声音沉重地讲起了国难问题，斥责沉溺在舞池中的男女们。顿时，舞池大乱，戴季陶此举大煞风景，引起阵阵嘘声。戴季陶怒气冲冲地离开了首都饭店。等舞池中的人们搞清楚此人即是党国要人戴季陶时，更是一片哗然，因为他们对戴季陶当年所提出的三项对日方针还记忆犹新。

戴季陶这段时间所思所忧的似乎并不在于日本帝国主义对中国的侵略，更多的是忧虑党国内部的不团结，争权夺利，内部消耗太重；忧的是共产党的日益强盛，在国人心目中的地位逐日高涨，直接威胁到南京政府的江山。实际上这两点之忧是戴季陶自从第一次国共合作以来一直放不下心的问题，国民党若放任这些事情发展下去，势必发生大乱。在戴季陶看来，国家大业的成败，关键就在于怎么以最有力的手段把这些方面的问题处理好。就在戴季陶忧党忧国之时，震惊中外的西安事变发生了。

2．西安事变

1936年12月12日，西安事变发生。张学良的交通处长蒋斌扣下了张学良、

西安事变前夕的张学良、杨虎城。

杨虎城向全国的通电，"先秘密向南京何应钦告发西安事变的情形"①。这样，南京的政府大员中，何应钦等人最先得到事变的消息，他们被这突如其来的消息震惊了。在惊讶之余，戴季陶首先想到的是要迅速召集中央政治会议，派出总司令指挥全军，主持一切。经戴季陶提醒，暂时握有兵权的何应钦（由于蒋介石西赴前线指挥"剿共"，所以南京的军事大权暂时由军政部长何应钦执掌，行政大权则由行政院副院长孔祥熙代行）立刻把戴季陶、吴稚晖等私下请到家中，商量对策。他们首先决定以事态真相不明为理由，对可能同情张学良、杨虎城的冯玉祥、李烈钧、程潜等重要人物秘而不宣事变的情况。其次，以军事需要为由，严格新闻检查，切断南京与西北的一切通讯和交通，使西安事变的真相不能公布于世。最后，经过密商，何应钦、戴季陶等人定下了武力讨伐张、杨的计划。

直到中午12时，中政委员、军事委员李烈钧才获悉西安事变的消息，他急忙告诉冯玉祥"西安发生事变"。冯玉祥大为震惊，急忙驱车前往立法院院长孙科住宅，探听情况。结果孙科"亦方知长安之变"，具体细节一概不知，还是程潜和朱培德告诉他，早在上午何应钦等人得到消息后就开会商量了对策。冯玉祥听了，大为不满。此时已是12日下午3点钟了。何应钦传来口信，请各位中央委员前往何公馆，共商对策。党政军界的要员们很快便聚集到何公馆。大门外的黑色卧车停了好几排，警卫们荷枪实弹，公馆周围戒备森严，叫人一看就感觉到气氛不对头。

这个非正式的谈话会一开就是好几个小时。军政要员们分成了两派，以冯

　　　　① 《西安事变资料》第二辑，人民出版社1981年版，第27页。

玉祥、李烈钧、孙科等为首的主张以蒋介石的生命安全为重，和平解决西安事变。另一派则是以戴季陶、何应钦、吴稚晖、居正、叶楚伧等人为首，坚决主张以武力讨伐西安叛逆。只有少部分人模棱两可①。主和派和主战派在会上发生了激烈的争吵。由于不知蒋介石的生死，不明张学良、杨虎城的具体动机，加上南京市谣言飞传，使得这些大员们谁也不敢拍板定案。主和，则有可能成为容共降逆之举，将来在一贯坚持反共的蒋介石面前可能会跳进黄河也洗不清；主战，则有可能伤及蒋介石的生命，落下个不忠君主之名。真是不可轻举妄动。在何应钦看来，作为亲日派的头号人物，进兵西安，有可能收到三种效果：其一，如果蒋介石没死，由于他主张攻打西安而使蒋介石得救，那么其功自是不可磨灭，正如蒋介石当年在中山舰助孙中山脱险一样。其二，如果蒋介石已死在西安，或者由于飞机轰炸西安而死，那么顺势剿平张杨叛逆，以目前自己的势力，足可以把持南京政权。其三，从日本方面的意思来看，他们是主张动武而不希望和平解决的，自己无疑会得到日本人的支持。戴季陶之所以坚决主张武力讨伐西安，是出于两个方面的动机：其一，张学良、杨虎城日益靠拢于共产党，此举定是按共产党之意图而为，从反共出发，西安该打。其二，以刀枪相见于一国之主，此事古来已有，实乃十恶不赦之首，张、杨之举败坏纲常，万万不可姑息。显然戴季陶的主张完全置国家大局于不顾，而一味强调反共卫道。

由于代理行政院长孔祥熙和蒋夫人宋美龄等人正在上海，因此，何应钦成了南京的头号中心人物，何公馆则代替中央党部成为众人议事的中心场所。当天晚上，戴季陶、李烈钧、叶楚伧、陈公博、朱培德以及汪精卫的夫人陈璧君等人又聚在了何公馆。戴、何、叶、朱等人仍然力主武力攻打西安，李、陈等人则主张以保全蒋介石生命为重，不赞成刀枪相见。众人再次发生激烈争吵。戴季陶认为，蒋介石的安全与否，不在于张、杨二人，而在于南京的对策，倘若和谈，则西安方面有恃无恐，什么事情都可能干出来，那么蒋公之生命就难测了。晚上10点，冯玉祥亦来到何公馆，围绕战与和的问题，又发生争吵。按照上午戴季陶、何应钦等人密商的方案，戴季陶提出了"军事归何应钦管"的方案，冯玉祥则坚决反对，道："不成，参谋总长是军令机关，而军事委员会

---

① 高兴亚：《西安事变时在南京的冯玉祥》，见《西安事变亲历记》，中国文史出版社1986年版，第272页。

尚有办公厅主任！"①一个多小时的争吵，没有得出任何结果。

深夜12时，南京政府在中央党部召开临时紧急会议，会议正式宣布蒋介石西安蒙难，生死未卜。会场顿时鸦雀无声，继而响起了一片涕泣之声。何应钦深知此刻不是抒发感情的时候，他首先抛出了"讨逆"方案，立刻遭到了冯玉祥等人的反对，没等冯玉祥讲完，戴季陶、吴稚晖等人则奋起反驳，双方陷入激烈的争吵，把何公馆的那一幕搬到了中央党部。会场一片混乱。从12日深夜12点一直吵到第二天凌晨3时，始终做不出定案。最后，戴季陶引经据典地说道：明朝英宗为也先擒去，因后方镇定有办法，明英宗才能回来。只有张、杨生命掌握在我们手上，蒋介石的生命才能得保。现在他被张、杨所劫，那是很危险的。因此希望全党全军要镇定，不要动摇，迅速派兵包围西安，将张、杨的生命控制在我们手中才行②。戴季陶不愧是国民党的权威理论家，他这番引古喻今的话，加上他与蒋介石的亲密关系，很快就使主战派占了上风。会议最后决定，"张学良撤职查办，军队归何应钦调遣"。

孔祥熙（1880—1967），山西太谷人，他希望能和平解决西安事变，他的意见实际上代表了宋美龄的意见。

临时紧急会议一直吵到13日凌晨3点才散会。早上7点，蒋夫人和孔祥熙星夜赶到南京。下午3时，在中央党部召开了国民党中央常务委员会和中央政治会议的联席会议，居正任会议主席，会议的焦点再次集中到战与和的问题上。孔祥熙表示"希望能以和平解决"，他的意见实际上代表了宋美龄的意思，因为她不是中央委员，所以无资格参加会议，但其幕后的活动是很有力量的，孔祥熙、宋子文等都站在了她这一边。何应钦心里当然明白这些，但他丝毫不把宋美龄放在眼中，提出要求国民政府主席马上下达"讨伐令"，遭到林森的反

① 陈兴唐等：《从有关冯玉祥档案中看国民党政府对西安事变的对策》，见《历史档案》1985年第2期。

② 康泽：《西安事变后南京情况》，见《西安事变亲历记》，第269页。

对。戴季陶站了出来，道出一番惊人之语来，他说，张学良已完全被赤化，很早就同共产党挂上了钩，听说他"已会见过毛泽东"，对这样的叛逆，应该毫不留情，坚决严惩。戴季陶的发言顿起波浪。孔祥熙针锋相对地说：张、杨两将军在新的历史条件下，联合共产党去抗日，是值得国民政府思考的问题，"张连共抗日，可商"，在未摸清西安方面的虚实之前，不应贸然出兵。何应钦有戴季陶、吴稚晖等人支持，孔祥熙则有冯玉祥等人支持，又代表了蒋夫人的意思。两派相持不下，一时难成决断，争吵达到白热化的程度。孔祥熙最后说：不要着急，蒋介石的生命要紧，急狠了，蒋介石就没命了。戴季陶则在"大怒之下责备孔之谈话不用力"[1]。孔祥熙生气地质问戴季陶："哪一句不合适？"戴季陶则蔑视说孔祥熙说的话全是外行话，他说：这件事非采取主动，非用兵不可，否则很难挽救蒋的生命，因张、杨的生命未掌握在我们手中。他说完这几句话后，突然走到孔祥熙面前，恭恭敬敬地对孔作了三揖，甩袖而去[2]。

从中央党部出来，孔祥熙又以代行政院院长的名义，在孔公馆召集高级会议，"这次会议是孔祥熙根据宋美龄的要求召集的，他提出要在讨伐之前，研究如何进行和平营救蒋介石的问题"。会议实际上还是老调重弹，两派的矛盾仍然很激烈，但不知何故，主和派的人数多了起来。戴季陶开始还一直强调要出兵西安，但会议开了一半的时候，他起身进了休息室，不知过了多久，他才走出休息室，来到众人面前，缓缓跪下，冲着大家磕了一个响头，众人被他的行动弄呆了，莫名其妙地望着他，哑口无言。戴季陶说："我是信佛的。活佛在拉萨，去拉萨拜佛有三条路：一是由西康经昌都，二是由青海经玉树，还有一条是由印度越大吉岭，这三条路都可通拉萨。诚心拜佛的人三条路都走，这条不通走另一条，总有一条走得通的，不要光走一条路。"说完这番话，又磕了一个响头，站起身来，阴沉着脸默默地退出了会场[3]。戴季陶这一番话使得在场的人全都愕然，他们搞不清楚戴季陶用意何在，经过仔细分析，众人认为戴季陶可能也不是一味主张要武打了，先可进行和平营救，若无结果，再进行武力讨伐。这样的分析，使得大部分人的意见趋向集中，主战派和主和派之间

---

① 以上引文均见《从有关冯玉祥档案中看国民党政府对西安事变的对策》一文。

② 康泽：《西安事变后南京情况》，见《西安事变亲历记》，第269页。

③ 以上均见黄绍竑《西安事变片段回忆》，见《西安事变亲历记》，第317页。

第一次有了缓解矛盾的契机，唯有何应钦不愿就此作罢。

12月16日，国民党中央召开第二十三次政治会议，继续商量对策。何应钦等人一致主张要打、要快、要一直围到西安城下。戴季陶说几日来，自己一直没上床睡过觉，连饭都没有顾得上好好吃一顿，他希望中央迅速做出决定，不能再拖延了，一切要以党国大业为重。说着说着，他情不自禁地站了起来，"神态简直像疯狂一般，他大声疾呼主张讨伐……'现在委员长的吉凶未卜，若是不幸而为凶，则我们还去和叛逆妥洽，岂不是白白的上了他的当，乃至将来无法申大义讨国贼。若是委员长还是安全的话，则我们用向绑匪赎票的方式将委员长救出来，则委员长又将何以统帅三军，领导全国？现在我们只有剑及履及的讨逆，才能挽救主帅的生命，挽救革命的事业……我要警告大家，若是今晚我们中央不能决定讨逆的大计，明天全国立刻大乱！政府也垮了！大局无法收拾！我们何面目以对总理！何面目以对蒋先生！'他说这番话的时候，眼睛红了！声音也嘶哑了！"[1]说完这番话，他又望着何应钦说："万一有意外，也只有我们两个作文武两翁仲耳。"[2]由于何应钦和戴季陶等人寸步不让，极力主战，孔祥熙只得让步，提出了"军事政治，同时并举"的折中方案。于是，大会最终做出决议：推何应钦为讨逆军总司令，迅速指挥中央军进攻西安，国民政府下令讨伐张杨，推于右任为"西北宣慰使"，赴西北进行分化瓦解张杨的活动[3]。

会后，宋子文找到戴季陶，责怪他不该提出那些措辞激烈的主张。可戴季陶根本不买他的账，反驳道："我同介石的关系，决不下于你们亲戚。老实说，我的这一套也是为了救他，我不反对你们去同张学良作私人周旋，拯救蒋介石，同时，你们也不能反对我的意见，因为这是政治问题，不能不如此！"[4]他的这一番话倒是说出了他在孔公馆下跪磕头的真实用意，一句话，和平营救是你们蒋家亲戚私人的事，你们尽管去交涉好了，作为党国，武力讨伐是绝对不可不行的。

往后，事态的发展就很迅速了。由于多方周旋和中国共产党对西安事变的

---

① 罗家伦：《我所认识的戴季陶先生》，见台湾《中外杂志》。

② 胡春长：《戴季陶先生对三民主义的阐释及其影响的研究》，见《戴季陶传记资料》（四），台湾天一出版社。

③ 南京《中央日报》1936年12月17日。

④ 周一志：《戴季陶坚决主张讨伐张、杨》，见《西安事变亲历记》，第279页。

正确引导和果断的行动，和平解决了西安事变，达到了逼蒋抗日的目的。何应钦的讨逆军队只是象征性地在西安城外扔了几颗炸弹，随即就被蒋介石的一纸手令制止，讨逆风吹云散。

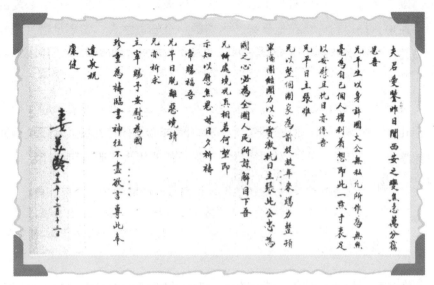

蒋介石以人格作担保，同意西安方面提出的停止内战、共同抗日的条件。图为蒋介石下手令给南京政府组织的"讨逆军"总司令何应钦，要他停止进攻西安的军事行动。

1936年12月26日，蒋介石回到南京。见到戴季陶时，蒋介石曾亲口称赞戴季陶对西安事变的主张和处理是做得好的。戴季陶还颇感高兴。可是当蒋介石、宋美龄、陈布雷合伙炮制的《西安事变回忆录》以宋美龄的名义发表后，戴季陶却发现其中的味道不大对。宋美龄在文中把戴季陶、何应钦等主战派着着实实地讥讽了一番。她这样写道："此时当余之前者，不仅为余夫一人生死之关系，实关系全民族最重大之问题，其变化实易受热情与狂想之激荡，而余本人复系有严重个人之利害。第一念袭我心头，余为妇人，世人必以为妇人当此境遇，必不能再作理智之探讨；故余必力抑压个人感情，就全局加以考量。继余复念，此事若处理得宜，必能得合乎常情之解决，余必坚持我主张，将一切措施纳诸合理规范之中。"中央西安事变时，宋美龄致蒋介石的信，关怀之情溢于言表。"诸要人，于真相未全明了之前，遽于数小时内决定张学良之处罚，余残觉其措置太骤；而军事方面复于此时，以立即动员军队讨伐西安，毫无考量余地，认为其不容诿卸之责任，余更不能意断其为非健全之行政。军事

213

上或有取此步骤之必要。委员长抑或悬盼此步骤之实现，然余个人实未敢苟同。因此立下决心，愿竭我全力，以求不流血的和平与迅速之解决。是非得失，将付诸异日之公论。"①

戴季陶看了，不由得气上心头，大动肝火，一挥手，把一只最心爱的花瓶扫落在地，摔得粉碎。在他看来，宋美龄一个妇道之人，实不足道，国家大事她懂几何！可居然写出这种文字，虽没点名道姓，但西安事变之情形早已为世人所共知，老蒋竟允许她发表这篇鬼话，真是他们夫妻合伙扇戴季陶的耳光，剥尽了面子，党国人士，又有了笑料。戴季陶一气之下，神经衰弱旧病发作，一连几天，卧床不起。西安事变后，戴季陶与蒋介石的关系虽然还是亲密，但总像渗入了点什么，再也不同往日了，那对比明眼人一眼就可看出。他们两人只是心照不宣罢了，反正他们兄弟如胶似漆的年代已经过去了。

3. 惨淡经营

考试院里励士塔的钟声没响几天，日本侵略者的炮声却震惊了全国上下，1937年，七七卢沟桥事变，八一三淞沪抗战，随即，日寇的飞机便挂满炸弹盘旋在南京上空。有相当长的一段时期，专司考试院报时的励士钟成了空袭报警器，每当钟声骤起，人定惊慌。随着日军在上海、杭州方面的连连得手，对南京的轰炸就日益猖狂，首都的机关团体采取了紧急疏散措施，考试院按部就班的秩序全部打乱，励士塔钟声一下子变得消沉起来。10月，考试院的工作基本停止，按中央命令进行人员疏散，以准备长期抗战。

鉴于南京已处在日军的炮口之下，国民政府于11月20日宣告撤迁重庆，在宣言发布的前两天，考试院副院长钮永建率领考试院的全体人马西迁，撤离南京。

鉴于八一三淞沪抗战的爆发，戴季陶的夫人和女儿被困上海，戴季陶曾多方联系，均无音信。在撤离南京时，他希望她们能赶到南京，所以他在南京又多等了一天，但终无消息。11月19日，戴季陶也撤离了南京，当坐车经过被日机炸毁的考试院大门时，他心中一阵酸楚：别了，考试院！别了，励士钟塔！

① 宋美龄：《西安事变回忆录》，南京正中书局1937年版。

戴季陶于12月10日风尘仆仆抵达重庆。13日，南京陷落，举国一片悲哀。他无比痛惜国破河山碎，也深为被困在上海的夫人和女儿担忧。

1938年4月，在参加了五届四中全会后，国府致信给他，希望他能立刻动身前往甘孜，代表政府向去年12月在返藏途中圆寂的班禅大师致祭。戴季陶和班禅大师有着深厚的交情，他立刻于4月19日起程，先赴成都，建成行辕，准备物资、医药等。

5月29日，正式出发。这一行人马浩荡，有跟随他多年的秘书许崇灏、陈天锡，有医杂人员多人，另有警卫队20人、宪兵队30人。西行之路，艰苦至极，青藏高原人烟稀少，交通困难。戴季陶等人历尽千辛万苦于6月9日到达康定。在康定停歇期间，因马惊被踢伤左脚关节的戴季陶倒地不起，经两个星期的治疗后，才勉强起行。从康定西去，道路更险，除了轻便行李能用马驮外，其他一切全得由牦牛驮运，行程缓慢。戴季陶一行人风餐露宿，直到8月5日，才抵达甘孜。8日，戴季陶代表政府公祭班禅大师，礼仪备至，随即又远近布施寺院喇嘛，边民为之所感，纷纷向代表团请安。

直到9月26日，戴季陶才返抵成都。11月21日，他呈文国民政府，汇报此行的经过，历数艰辛后，他提出了开发青藏高原的想法："今后开发，其在初期，就内地惯于山耕岩处人民固有之知能，当地适宜之动植品种，保之护之，使行者安于途，住者安于业，不及十年，便足致富。至于天文气象地质生物之设所研究，以期为诸般事业造成科学之基础，谋不断之改进者，其为最重要施设，政府必早有所筹……"[1]戴季陶此行青藏，敬教尊民、慰官抚兵，广散钱财，赢得了边疆各族人民对政府的信任，他的边政思想得到更加充实和验证。

由于身体不好，戴季陶到成都后就地养病，考试院的工作他基本上没有过问。他回重庆时，已是12月6日了。

刚回重庆销假，戴季陶便遇喜事一桩：女儿家祥从上海辗转香港飞到重庆，父女团圆。戴季陶看着自己的亲生骨肉，不由得热泪盈眶。家祥能逃离战火，多亏跟随戴季陶多年的赵文淑女士，她于这年4月就赴上海，经多方寻觅，才找到家祥。看着他们父女抱头痛哭，文淑女士在一旁直抹眼泪。只可惜没有找到钮夫人的踪迹，要不然就是一个大团圆了。文淑此番辛劳，戴季陶从心底

---

[1]　《考试院施政编年录》初稿第四编，第171—177页。

里感激她，但他没说半个字，只是深情地看着她，盯得她都有些不好意思了。

赵文淑和戴季陶一家有着深厚的情谊，这种感情已经不是一天两天了。早在1922年她就开始侍奉戴季陶，除了1926年离开过戴家一段时间外，从未远离过戴季陶一步，她把自己的青春全部献给了戴季陶，并且和钮夫人结成了亲密的姊妹情谊。十多年来，戴季陶、钮夫人、赵文淑和孩子们组成了一个奇特和睦的家庭，情谊融融，不分内外。南撤时，钮夫人被困上海，赵文淑先赴重庆，为戴季陶准备重庆的生活。钮夫人不在的日子里，一直是文淑陪伴着戴季陶，倾尽心血给他以慰爱。这次把家祥接回重庆，她视若己任，千里迢迢，不辞辛劳。十多年的感情，何以言谢？

为了适应抗战时期的新形势，考试院的工作有了一些新的变化，在戴季陶的主持下，制定了一些新的法规和条例，以迎合战时之需。过去按部就班地进行考试显然不适合于形势的发展。1938年10月28日，国民政府公布了《非常时期特种考试暂行条例》，11月22日，考试院又公布了相应的细则。这个暂行条例减少了考试程序，简化了试政手续，灵活了考试制度，下放了考试权限，一切围绕国家战时的需要，一直到1948年国民政府立宪以后才停止使用。

抗战进入相持阶段后，日军为了巩固已占领的地区，开始了对大后方重庆、成都的轰炸。1939年3月，国民政府划定了重庆各机关的疏散区域，考试院被指定在歌乐山一带。5月考试院迁至歌乐山，但戴季陶仍然住在上清寺陶园，以便与中央和各位要员相互联系。

1939年5月8日，在参加国民党中央党部国父纪念周活动时，戴季陶突然昏倒在地。经医生诊断，为身体太虚，缺乏元气所致。戴季陶新担任的三民主义丛书编纂委员会主任委员一职即行告歇。5月13日，他请假一月，赴成都静养，赵文淑女士随行。

回成都后，戴季陶并没能安心静养，他一方面关心着重庆的形势，一方面准备修葺老母的坟茔。在1937年他就发现母亲的坟墓被盗挖损，由于没有及时修补，已经发生坍塌，所以他决定借疗养之机，修整母亲坟茔。工程于6月上旬动工，后一再拖延，戴季陶索性继续留在成都完成这项工程，于是，一纸告假书交到了重庆国府。

10月26日，戴季陶的儿子戴安国从德国取道意大利、乘荷航飞机经仰光转道昆明，回到成都。在战火纷飞中，戴安国平安回来，戴季陶无比欣慰，不免又是挥泪唏嘘一番，儿子和他生活几天后，前往昆明，担任第二十二兵工厂工程师。

11月初，戴季陶返回重庆。钮夫人仍旧音讯杳无。

战争给中国带来了巨大的灾难，山河破碎、百业俱废、秩序打破、有令难行，考试院的工作也受到巨大影响。戴季陶对于考试制度的建立，原来有三步设想："第一步，求法令之统一；第二步进而求实际之推行；第三步乃就以往经验成绩之是非，谋制度之整理。"①可如今，只是基本上完成了第一步，第二步、第三步由于战祸早已难为。

抗日战争进入相持阶段后，考试院工作更加困难。1940年，戴季陶"手订十年前拟办而未办之考试院职员考课办法，一则较为和缓，一则希望在半年之间，使机关风尚丕变，一洗十年来敷衍因循不求进步之积习"②。可是他的改革方案"二三月间，因有中央人事行政会议之筹备与召集而停止，四月间再次举行，后以敌机轰炸之猛烈中辍"③。7月5日，戴季陶又提出了考试院及所属各部调整机构议案，在国民党五届七中全会上讨论后，提交国防最高委员会审批，但后来杳无音讯。这一年，戴季陶先后提出了《教育人员铨叙暂行纲要草案》《中央考绩委员会组织大要办法》《官职区分法规草案》等诸项方案交由中央审议，均无结果。

1940年以后，戴季陶的身体每况愈下，常常几个月卧床不起，因而对考试院工作很难勉强。于是他第十一次提出辞职，结果未获批准。蒋介石于辞职书上批示道："应请戴院长以国事为重，勿萌谦退，至此后关于考铨行政之推行及机关职权之充实，随时由陈代秘书（天锡）商承戴院长提请本会注意，藉重要政，以利进行。"④事情很简单，考试院这一摊子不好管理，戴季陶搞了十多年，也只能是维持而已，若是换人，恐怕更难胜任。战争期间，能维持下来就可以了。

蒋介石虽没让戴季陶辞职，但答应了他的请求，任命他早年在中山大学时的搭档朱家骅为考试院副院长，将原副院长钮永建调离。这样，戴季陶似乎又有了些信心。他在1942年新年之际向全院同僚讲演了《元旦告本院及全体同人

---

① 陈天锡：《戴季陶（传贤）先生编年传记》，第 226 页。
②③ 《增订戴季陶（传贤）先生编年传记》，第 241—242 页。
④ 《考试院施政编年录》初稿第六编，第 50—51 页。

书》，"希望同仁体察本院责任与各人责任之重大，黾勉从事，精深研究，切实工作"①。这个新年祝词，使人耳目一新。

戴季陶对1942年考试院的工作安排是：以半年从事院部法令规章之整理，而以全年时间努力于各种制度规模之建立。他随即聘请了几位于学术、工作等都颇有成就的名士参加考试院的各项工作，如卢毓俊、马国琳、徐道邻等。他雄心勃勃，很想大干一番，但不幸得很，他的整个方案未及全面实施，却因夫人突然病逝而伤心过度，卧病于床，一连数月不能到考试院视事，院务由副院长朱家骅代行，一切依然如旧。

1943年，戴季陶提出了一系列考试院工作的措施，如"筹设各省考试处""商订大学教员任用制度""拟建公务员保险制度"等，都因国库困难，经费无着或者战事日紧而无暇顾及，不能实现。

蒋介石本身对考察制度不感兴趣，在抗战中，他总是以战争期间一切以军事为重作为口实，把考试院抛到了一边，戴季陶纵然有再大本事，也不能有所成就。戴季陶在1941年的辞职报告中曾写道：

"惟自迁蜀以来，一切工作情形，自己切实检查反省，实远不如南京之时。究其原因：一由于经费困难；二由于办公地点市乡隔绝，管理不易；三由于图书典籍，损失既尽，不能补充，以致研究设计工作异常艰难；四因中央有关各机关散在市郊，联络不易，负责人员，接洽为艰；五因战时情况与平时迥殊，所有既定法规，不尽适合非常时期运用，而为顾及战事平复后建立经常制度计，亦不敢轻易变更法律。……若是种种，皆本院职员所感受之困难，以至于工作上不能有特殊之表现者也。惟前述六事外，本院工作不能展开之最大原因，尚有下列四项：

（一）本院为新创之制度，院长不独应负推行政务之责，亦兼为行政事务之首长，一切用人皆出自院长之权衡。然任职过久，惰性自生，愈注重于廉慎，则愈趋于滞涩。新人不进、新制不立、新力不生、新用不弘，斯固传贤督导不力所致，而亦事势使然，无可避免……

（二）人无全能，亦无弃才，用适其才，任适其能，则中才以下，可以成器用，中才以上可以成大业。方今政府机构渐多，人事渐繁，各机关用人行

① 陈天锡：《戴季陶（传贤）先生编年传记》，第279页。

政，体系自成，虽考铨之名义渐尊，而考铨之实效未著……

（三）……自西迁以后，经费则日削，俸公则折扣，加之物价暴腾，百事艰难，并以设备简陋，地点远隔，管理监督诸多困难，在此种情况之下，欲求职员之人尽其才，其难将百倍于蜀道。

（四）本院组织机能、职员人数，欲之担当中央决议所赋予之职责，断难行之有效。欲调整机构，充实人员，则为法令所格，预算所限。虽曾将最小限度之调整办法建议中央，而迄今未获结果……"[①]

以上这段话中，虽然认为考试院工作困难的主要原因是战争、经费问题，但也流露出对中央不重视的不满。戴季陶在1939年致铨叙部长李培基的信中更直接发泄了这种不满，他写道："总理以教养有道、鼓励以方、任使得法三者为用人根本，……数十年来，此三事则一事不行，或则不贯互相。政治之日趋腐败，可得知矣。"[②]

"无可奈何花落去"，戴季陶虽然对考试院费尽了心力，但美好的宏图却只是水中之月、镜中之花，他完全丧失了信心，到抗战结束前夕，他便以身体为理由，屡递辞呈，但不获批准，最后他干脆撒手不管了。

4．出访印度

对远东各国，除日本外，戴季陶研究最多的就是印度了。他非常重视中印邦交，这不仅仅是因为戴季陶信仰佛教而特别重视印度。在他看来，印度紧邻中国，其土地辽阔、人口众多，与中国不无相似之处。从历史的角度来看，中印之间的文化、经济交流延续近千年，有着深刻的历史根源。从当前的形势来看，印度沦为英国殖民地，已有相当长的历史。现在，印度民族独立的呼声愈来愈高涨，人民正在为此而奋斗。而中国则为一个软弱的大国，日本帝国主义的入侵，民族生存到了紧要关头，举国上下都在为挽救民族的危亡而战斗。两国境遇差不多，利害相关，两国拥有世界上一半的人口，不管哪国兴衰祸福，都将直接影响世界局势的变化。鉴于这些情况，戴季陶对中印邦交特别重视。1932年4月，他发起成立了"新亚细亚学会"，其宗旨就是信仰三民主义，复兴

---

① 《考试院施政编年录》初稿第六编，第48—50页。
② 《戴季陶先生文存》第1卷，第146页。

中华民族，发扬亚洲文化，加强亚洲各民族的团结。学会的一大任务就是研究亚洲各民族的学术，推进文化交流。

"新亚细亚学会"成立不久，戴季陶就计划捐赠一座中国图书馆给印度的国际大学。他还准备组织建立中印学会，中方由他自己亲自负责，印度方面则委托旅印华籍学者谭云山教授负责接洽。谭云山教授在印度积极活动后，洽定印度方面由曾在早年访问过中国的文豪泰戈尔负责筹备。泰戈尔就此事请教了印度人民的领袖甘地，甘地对此表示了极大的热情，尤其是他听说"甘地"这个中文译名还是出自戴季陶的笔下，对这件事情就更加充满兴趣。经过几年的紧张筹备，中国的"中印学会"于1935年5月在南京成立。蔡元培当选为学会理事长，戴季陶为监事长。戴季陶认为在目前世界局势动荡不安的情况下，中印学会的工作应只限于文化交流为主，尤其应以宗教文化为重点，他希望能在印度各大学设立中国国学及中国佛教的课程，同时也要求中国各大学开设印度佛学和印度文明史等课程。由于戴季陶积极活动，使得中印关系的第一座桥梁顺利建成。印度方面有感于戴季陶的努力，特推定戴季陶为印度国际大学的七位大学护法（相当于大学董事会董事）之一[①]。可见，戴季陶在印度方面的威信还是颇高的。

印度方面于1937年3月在国际大学正式成立中国学院。戴季陶、蔡元培当即以中国"中印学会"监事长和理事长的身份致电泰戈尔，表示热烈的祝贺，并且"愿共同努力，发扬东方之学术与文化，以进人类和平幸福之域，而谋大同世界之实现"[②]。中国学院建成后，中国图书馆的建设工作迅速展开，戴季陶首先在国内收集了所有关于佛学的书籍，分批运往印度。以后，又逐步将其他方面的书籍运往印度，几年来，捐书不计其数。

抗日战争全面爆发后，印度上下对中国的战局表示了极大的关注，戴季陶最初所主张的中印文化交流也就随之而上升到了中印两国政治、经济、军事的交往。1938年夏，谭云山从印度回国，带来了印度国民大会领袖尼赫鲁及泰戈尔等的信件，他们在信中对中国抗战必胜表示了坚定的信念，对中印两国的正常邦交寄予了强烈的希望。1939年8月，尼赫鲁访问重庆，由于尼赫鲁在印度广泛推行民族独立运动，使英帝国主义殖民者大为恼火。由于重庆政府唯英国人

---

① 陈天锡：《戴季陶（传贤）先生编年传记》，第173页。
② 《戴季陶、蔡元培致泰戈尔电》，1937年。

马首是瞻，所以尼赫鲁访华成绩平平。

1940年前后，中日战争进入更加激烈的时期。

由于印度民族独立运动广泛实行不合作主义，使得英国对印度的统治处境艰难，因而希望蒋介石政府能从中印友好的角度对印度施加影响和压力。1940年，英国照会蒋介石，希望他能派人去印度活动活动。

就在这时，日本侵略者却进一步扩大了侵略，英国的拉拢、退让助长了日本独霸亚洲的野心。1940年9月，日本军占领越南，直接威胁到英国的殖民地马来西亚、新加坡、缅甸等地，英国对此恼怒万分，改变了原来牺牲中国利益的态度，而希望借中国的抗战来支援它在远东殖民地缅、印、马方面的军事力量。就在英国希望蒋介石派人到印度去缓和印度的民族矛盾时，戴季陶被国民政府指定为中国国民党代表团团长访印。戴季陶此时对中印邦交的态度也发生了变化，其直接原因就是英国封锁滇缅公路这一事件。戴季陶表示：滇缅公路一天不开放，他就绝不启程访印，倘若今天开放，那明天就启程。尽管英国人屡次催行，但戴季陶仍坚持这一点不放，一直没有动身。鉴于戴季陶坚决的态度，英国人不得不考虑开放滇缅公路这个问题。恰好英国与日本达成的关闭滇缅公路三个月的期限也到了，于是，英国顺势下了台阶，于10月18日开放了滇缅公路。戴季陶履行诺言，于10月19日飞往仰光，又从仰光转飞印度，前往印度首都新德里。由于一路上走走停停，到新德里已是1940年11月18日了。陪同戴季陶出访的有国防最高委员会参事沈宗濂及他自己的儿子戴安国。

印度方面对戴季陶的来访表现出了巨大的热情。尼赫鲁发表了《印度与中国》一文，他主张组织一个东方联邦，由中国、印度、缅甸、尼泊尔、斯里兰卡、阿富汗、马来西亚、伊朗等国组成，以摆脱大国的控制，"对滇缅公路的一度被封锁表示愤懑，建议修筑一条铁路，从中国边界直通印度阿萨密的萨的亚，以便将大量的物质可自孟加拉运来中国"。他更对戴季陶的访问充满了希望，说："戴院长是代表英雄的自由的民族，访问印度可使中印关系更为密切。为了对于未来世界的贡献，中印间这种关系太值得珍视了，所以对戴院长应予以最诚挚的欢迎。"[1]戴季陶到印度后，即开始在印度各地游访，与印度宗教界及各行各业的人士普遍接触。11月10日，戴季陶抵达印度名

---

① 金念祖：《印度概况》，正中书局1945年版，第208页。

城加尔各答，即行拜会了80高龄的大文豪泰戈尔，他们促膝长谈，相见如故。11月28日，戴季陶由华达城再启程前往孟买，拜会了印度民族领袖甘地。他们同住三日，对国际问题作了深入的探讨，双方对一些重大问题取得了较为一致的看法。12月9日，戴季陶参观了泰戈尔创办的国际大学，该校举行了盛大的欢迎会。泰戈尔因病未能出席，仍写了热情洋溢的欢迎词，他高度评价了戴季陶的来访及中国抗日的正义战争，"先生与先生率领的友谊访印团，光临国际大学，鄙人极表欢迎。先生之光临鄙校，实为中印两国悠久文化，重新发生密切关系划另一新阶段。我相信此两古老文化重生关系，乃当代重大事件之一。……现下，我愈深切的相信，在不久的将来，中国将光荣胜利的渡过当前的困难，中国将以精神战胜侵略的事迹，昭示于现代。……"[1]应校方的邀请，戴季陶对国际大学的学生做了题为《中印两国文化兴衰离合因缘颂》的讲演，受到了与会者的热烈欢迎。在访问波罗尼斯市时，正值摩诃菩提会年会召开之际，戴季陶被推为大会主席，和与会的16国代表共同参加了年会。会后，波罗尼斯市市民为迎接戴季陶的到来举行了盛大的欢迎仪式。戴季陶被请坐在高高的大象上，由鲜花、音乐、歌舞簇拥，在市区缓缓而行。波罗尼斯市离印度圣地鹿苑旧址不远，戴季陶特地去参拜了这个初转法轮圣地，并捐赠福舍两幢，种了500棵菩提树以示纪念。

戴季陶访印期间，尼赫鲁仍然被押在狱，戴季陶专程去看望了尼赫鲁先生的弟妹及两个儿子，以示关切。尼赫鲁在狱中特地写了题为《一位贵宾》的欢迎文章，文章说："我……代表印度人民，向他敬致热烈的欢迎。我们有许多理由要欢迎他。他是正在为争取自由而英勇斗争的伟大人民和国家的代表。这一点就使他大受欢迎。他是位著名的学者，一向努力于促进中印两国的文化关系，据说，他特别希望参观印度的佛教古迹和圣地，以及其他印度的文化中心。同时他负着友谊访问印度的使命，也是中印两国友谊日益密切的象征。我们很珍惜这种友谊，这不仅是因为过去金丝的连锁在联系着我们，而且因为将来，正在召唤我们两个国家。……我们再重申一遍，我们欢迎戴季陶院长光临这个印度古国，而相信他的这次访问，在促进中印两民族的密切友谊上，收到硕大的效果。"[2]12月中旬，戴季陶结束了对印度的访问。这次访问，前后达

---

① 刘圣斌：《印度与世界大战》，重庆时与潮社1944年版，第136页。

② 刘圣斌：《印度与世界大战》，第135页—136页。

一个多月，南北巡访，行程两万余里。戴季陶在"东起加尔各答，西至孟买，北至德里，南至海德拉巴，处处都受到印度人的欢迎，和印度各个宗教、各个族姓、各个阶级、各种职业的人，有极亲切的往来"[①]。他以一个政治家、外交家的风度赢得了印度各阶层人士的普遍敬重。戴季陶的访问取得了圆满的成功，为1942年蒋介石出访印度和中印互派使节作了开创性的准备工作，也广泛争取到了印度人民对中国抗战的支持与同情。

1941年8月，中国人民的朋友、世界著名的诗人泰戈尔逝世。他的哲嗣罗谛·泰戈尔以国际大学秘书长的名义主持校务，他仍聘请戴季陶为该校的"护法"，戴季陶也致函罗谛·泰戈尔，表示愿两国人民继两千多年来先贤之志，能为道而舍身，体尊公爱众亲仁之心，互宏大道。他在信中以豪迈的气魄说："合九万万之国民。度二十万万之人类。"1942年蒋介石出访印度后，戴季陶在国内开展了广泛争取"中印学会"会员的活动，并且筹备召开会员大会。当年8月13日，"中印学会"会员大会在重庆召开。戴季陶、蔡元培仍然担任监事长和理事长的职务，戴季陶还主张邀请印度学者到中国来讲学，以切实增进两国文化的交流。

第二次世界大战后，中国取得了抗日战争的胜利，印度亦获得独立，中印关系进入了一个新的时期。印度各学术宗教团体曾于1946年春季邀请戴季陶出席印度各大学年会，波罗尼斯大学也同时邀请戴季陶前去讲学，还准备赠予戴季陶最高学位，以示敬重，但因戴季陶身体日益衰竭，均未成行。

5．痛失贤妻

自从1939年5月戴季陶在总理纪念周上顽病突发，大病一场以后，身体就一衰再衰，加上1938年在青藏高原上奔波了近半年，所以一直没有恢复元气。

1941年5月中旬，戴季陶染上疟疾，卧床不起，发冷发热。整整一周，饮食不思，人立刻消瘦下去。由于得的是暴疾，戴季陶的好友及政府官员们都不敢近床慰问，幸亏赵淑文在床前侍候，千方百计地为他宽心，才使得戴季陶低沉的情绪有所好转，终于战胜了疾病。淑文女士整日操劳，温雅秀娴的面容也显

---

① 金念祖：《印度概况》，第210页。

出了些许苍老。戴季陶望着这位情意绵绵的同伴，思念着远在上海的钮夫人，满怀伤感和惆怅，不知从何说起。一连几天，他沉默无语，情到心灵深处，人更孤独。

病刚好转，戴季陶就参加了人事行政人员训练班的工作讨论，结果一劳累，又旧病复发。6月中旬，戴季陶勉强到国府告假，回到成都养病，由于身体抵抗力太差，一路颠簸，刚住下没几天，又染上了流行感冒，继而患赤痢重病，他的身体完全垮了。

1941年，日本帝国主义占领了半个中国，随即不断地对偏安西南的重庆、成都等重镇实施轰炸。7月间，重庆发生了防空洞万人窒息惨案。由于敌机的疯狂轰炸，使重庆几乎成为一座死城，政府工作停顿，断水断电，防空警报整日在耳边响起。成都也遭到了日机的轰炸。戴季陶为了躲避空袭，常常到郊外母亲的墓园去藏身，他们在一座古墓旁专门挖了一个防空壕，戴季陶在里面常常一呆就是几个小时，这样一来，不但没能养病，反而加重了病情，增添了新疾。因为防空壕里潮湿霉暗，戴季陶的左臂关节发炎，不能自如伸缩，感冒痢疾虽渐渐好转，可是关节炎却更加厉害了。

由于成都就医不便，防空亦无去处，生活上也不方便，戴季陶于9月1日抱病又返回重庆。经过医生的治疗，他的身体逐步恢复。但噩讯又至，戴季陶家两辈单传的独子戴家齐在西昌病逝，戴季陶顿时失声痛哭，回想起1924年自己手把手地教导这个小侄学习的情景，不由得更加悲伤。悲戚之中，戴季陶神经痛的旧病又发作了，竟重到万不能耐。找遍了重庆城的名医，都对这顽固性神经头痛束手无策。无奈，戴季陶只好求助于在缅甸仰光的林医生，按他的药方，连服几剂，才暂缓痛苦，如果每天静坐不动，夜里倒可得安眠，但左臂依然不能举起来，再者，神经虽然不痛了，但稍不注意仍会复发，没有治断病根，戴季陶"因此遂恐竟成残废，而有不如早去之感"。

受病痛折磨，为世事感伤，戴季陶竟然产生了厌世之意，最终受《西游记》中努力修行以去病痛的启迪才弃掉轻生之念。

1942年3月，戴季陶再次卧病不起。重庆虽是陪都，但由于战争形势日趋紧张。国家财政经济已到山穷水尽的边缘，生活用品奇缺，物价飞涨，日军为了迫使国民政府投降，对重庆又是不断的轰炸。戴季陶在重庆，根本不得安宁，所以稍有小病，便延至大疾。这次病痛复发，在病榻上一卧就是近一个月，幸亏以党国元老的身份，才得到及时治疗。病情稍有好转，鉴于重庆生活不得安宁，戴季陶于4月下旬又回到了成都。

刚到成都没几天，就传来消息，钮夫人将在5月上旬入川，戴季陶闻讯喜出望外，又急匆匆地从成都赶回重庆，派了卫队去迎接夫人。5月上旬，戴季陶无日不在挂念的夫人终于来到了重庆，由于一路风尘，兵荒马乱，钮夫人不得饱食足寝，微胖的脸上更显出虚肿，戴季陶见了，满心怜惜。老夫老妻挥泪相见，辛酸痛楚经久不散。

钮夫人自从被困上海后，几年的时间里，日夜思念丈夫，但在战火纷飞之中，音信难得，一腔愁绪，无处可言。她本来患有严重的高血压病，日寇占领上海后，她不敢公开自己的身份，只好隐姓埋名，苟且生存，一直得不到良好的治疗。几年过来，健康情况剧衰，她甚至给自己准备好了殓衣，随时等待着死亡。戴季陶思念夫人之情更深，但也只能以信安慰夫人，而且每次通信，都不敢署上真名，以对方的法名"莲花""不空"互称，一连五载如是。

1942年4月，钮夫人在上海再也呆不下去了，她只得改装换面西行，从浙江、江西、湖南到贵州，最后才到四川，一路上不是东躲西藏就是日夜兼程，历尽千辛万苦才得以和丈夫团圆。

钮夫人的到来，使戴季陶情绪大振，心情日益见好，身体也康健多了，现在唯一担心的就是钮夫人的身体，夫人头昏胸闷时有发生，经过一再治疗，才有好转。不料，1942年9月15日，钮夫人突然瘫倒在地，不省人事，送到医院抢救，确诊为脑溢血突发，未几，便离开了人世，时年56岁。

数十年的伴侣突然逝世，戴季陶悲痛欲绝。夫人曾云："恐至太平欢喜日，已是芳草夕阳时"，这话不幸被言中。从此，戴季陶一蹶不振，病体更加衰弱，甚至不忍见到钮夫人生前使用过的一切东西，以免触动伤怀。于是，他向国府请假，离家住到华严寺。每日静禅念经，为夫人之灵超颂，如此达三四个月之久。戴季陶后来写了一篇悼念夫人的《莲花邬波斯迦信行因缘记略》，满怀伤感，声泪俱下："钮夫人有恒，湖州乌程人。……民国三十一年壬午，倭据上海，是年四月，经浙赣、湘桂黔来到重庆。夫人病血压过高十余年，到重庆未久，遂以脑溢血病，卒于官邸。当二十六年八月，倭寇大举来侵，夫人适在沪，京沪交通隔绝。十一月政府西迁，无法赴渝，遂自制装殓衣衿悉备，离沪时，均携以行。夫人素善日语，二十六年后，常衣僧衣，自上海过钱塘，经倭兵哨地凡十二处，每遇倭兵，必以十善道开示之，劝其勿杀戮烧夷，造天间业。倭兵见夫人相好端严，法门高峻，劝教诚恳，语意柔善，昏唯唯听训，护送过哨地。至金华，余派往之警卫队长始得相见，以后沿途军政长官皆旧知，一路安善。至贵阳，余子安国偕媳，往迎，两日而安抵陪都。不意相聚仅四月，遂溘然长逝，悲夫。……病笃之前一刻自书'十念圆成佛果现，三心顿了妙莲开'一联，粘于育德斋之壁，遂不语。此十四字为夫人最后说偈，亦唯此十四字，足称夫人之德……"①

在华严寺静摄时期，国民党五届十中全会于11月12日召开，戴季陶虽在悲痛之中，仍然拖着病躯参加了为期16天的会议。会后，他参加了旅川浙江同乡发起的"浙灾筹赈会"，被推为理事长，戴季陶思念自己和夫人的家乡，乐于行此善举，虽从未负责过这类事项，但他谨慎勉力，募捐、放赈工作很快就开展起来了。

为了祈求菩萨保佑世人平安，早点结束战争，戴季陶、屈映光等人联名提议，于11月间发起了修建护国息灾大悲道场的活动，经国府主席林森同意，特请南华老人虚云禅师前来重庆主法道。虚云禅师时年高达102岁，他接到戴季陶的邀请，立刻从广州起程，不顾年老体弱和道路艰险，于11月26日到达重庆，12月9日，法会开始。道场设在兹云讲寺和华严禅寺。每场各设功德、荐福二坛，佛门信徒聚集道场，虔诚诵经，祈祷息灾息难。戴季陶还通电全国各地寺庙，同发此愿，为民国祈福②。戴季陶在华严寺与虚云法师同住礼忏达37天之久。在法会结束时，蒋介石还亲自到华严寺拜坛，鞠躬敬礼，以示尊重。护国息灾大悲法会在1943年1月26日圆满结束。

由于戴季陶的努力工作，加上他的威望，浙灾筹赈之事进展顺利。到1943年，募集各方捐款达3300万元，戴季陶自己也捐款150万元。捐款全部交由中国银行、中央银行、交通银行、农业银行等金融机构汇往浙江施放，所有办事经费全由筹赈会人员自己负担，不从捐款中支出。赈灾之事得以成功，在一定程度上缓解了浙江人民的困难。

1943年5月5日，国府主席林森坐车发生车祸，8月1日在重庆病逝。林森的

① 戴季陶：《莲花邬波斯迦信行因缘记略》，转引自陈天锡《戴季陶先生与夫人钮有恒居士轶事》，见台湾《传记文学》第6卷第2期。
② 陈天锡编辑：《戴季陶先生文存》，台湾版，第1184页。

丧祭大典，多由戴季陶操办。9月6日，国民党五届十一中全会召开，蒋介石继任国民政府主席，戴季陶则连任考试院院长，尽管他一再申请辞职，但未获批准，蒋介石认为他德高望重，考试院这一要职，非戴莫属。双十节国庆之日，戴季陶等宣誓就职。

自从1942年9月钮夫人辞世后，戴季陶一直是独身度日，起初沉浸在无限悲哀之中，无暇顾及其他事宜，日子久了，哀伤渐淡，不免又产生了形孤影单之感，尽管赵文淑女士每日都陪伴着他，但毕竟他们没有婚娶之典，所以反而还有诸多不便。戴季陶断弦之寂，赵文淑自然一清二楚，和戴季陶生活了这么多年，她已深深地爱上了他，以致守身未婚直到今天。他们两人的感情之深是人所共知的，经戴季陶的几位好友从中牵线，戴季陶和赵文淑一拍即合，他们终于发现两人早就谁也离不开谁了。1944年1月27日，戴季陶和赵文淑喜结秦晋之好，由于种种原因，他们没有大办婚典，而是平平静静地度过了即将进入老年时代的新婚，这年戴季陶55岁[①]。

一喜再喜。3月，戴之女儿家祥与丹阳大家束云章的长子束会时订婚。他们于第二年1月28日，也就是在戴季陶与赵文淑结婚周年之日完婚。这年8月，戴安国喜添贵子，戴季陶本来因身体不好而卧床休息，闻此佳音，竟然从床上跳了下来，他乐呵呵地当上了爷爷。

尽管有这些高兴的事儿，可戴季陶的身体却一直没有好起来。1944年5月，在五届十二中全会上，他力辞一切职务，以求安心养病，未获批准，繁忙的事务，使他这匹马愈来愈不济。尤使他难受的是，新夫人赵文淑竟然也患上了神经衰弱症，非静摄养生不可，这下生活就紧张多了。

8月上旬，蒋介石约请戴季陶、吴稚晖到黄山小住几日，几个人暂离尘世，朝夕相处，高谈阔论，其乐融融，于身体也大有好处[②]。

但戴季陶的几十年之疾，不是在哪座名山上住几天就可痊愈的。1945年，他的病更加厉害了，神经疼痛常使他昼夜难眠，他原来早就以安眠药来帮助入睡，服药一长，自身亦产生了抵抗力，不得已只得加大剂量才能起作用。11月的一次发病时，由于服安眠药过量，竟然昏死过去，幸亏赵夫人发现，及时送往医院抢救才得脱险，这是他第一次服大剂量的药险些送命。

---

① 陈天锡：《戴季陶（传贤）先生编年传记》，第322页。
② 陈天锡：《戴季陶（传贤）先生编年传记》，第324页。

第九章

在失败的挽歌中死去

1．重庆谈判

　　1945年8月14日，日本政府宣布无条件投降，抗日战争取得最后胜利，全国人民欢欣鼓舞，到处是一片喜庆胜利的爆竹声、锣鼓声和狂欢声。戴季陶听到抗战胜利的消息后，却表现出与常人完全相反的态度，他"忧恐至数日不能起，起时亦无喜色"①。他忧在哪里，恐在何处呢？应该说有两个方面的原因：其一是他患神经疼病，经多方治疗没有效果，且病情日益加剧，有时竟疼痛难忍，以致辗转反侧、不能入寐。因此，加重了他心情的忧虑。其二，他亲眼看到，在抗日战争中，共产党代表了人民的利益和民族的利益，领导人民坚持抗战赢得了全国人民的一致拥护，共产党的影响比以前更加扩大，力量比以前更加强大。而这些都是对国民党最大的威胁。戴季陶不愧为蒋介石最大的国策顾问，他深深地感觉到了这一点，这是他忧恐的主要原因。

　　正是基于以上考虑，所以，当国人沉浸在抗战胜利的喜悦中时，他就郑重其事地提醒蒋介石和国民党当局："今兹倭寇降而'共匪'炽，正与捻匪当年局势无殊。"②他还一再忠告蒋介石："战时固艰苦，战后艰苦将十倍于战时，危险亦不可想象。非不可避免，只在人心知与不知之一转耳。"③他似乎已经觉察到人心将转向共产党，而国民党将由于其腐败无能失去人心。当然，戴季陶并不知道，也永远不能理解，共产党因为代表了人民的利益和民族的利益，始终站在民族解放的最前列，才获得了人民的信赖与支持。

　　戴季陶的忠告使蒋介石冷静下来，开始考虑在抗战胜利后如何消灭共产

---

　　① 陈天锡：《增订戴季陶（传贤）先生编年传记》，第346页。
　　② 《戴季陶先生文存》，第331页。
　　③ 《戴季陶先生文存》，第1450页。

党的险恶计划。在美帝国主义的支持下，蒋介石假意邀请毛泽东到重庆谈判。8月14日，蒋介石致电毛泽东称："倭寇投降，世界永久和平局面，可期实现，举凡国际国内各种重要问题，亟待解决，特请先生克日惠临陪都，共同商讨。"①而在背后，蒋介石却加快步伐，抢夺抗战胜利果实，积极部署内战，企图消灭以共产党为代表的人民革命力量。

对于蒋介石的内战政策及"和平"阴谋，中国共产党是完全清楚的，并对此作了充分准备。但是，中国共产党也考虑到国内外的和平呼声和全国人民的要求，并认为，国民党蒋介石在国内外舆论的压力下，有可能经过谈判之后，有条件地承认共产党的地位。因此，中共中央决定，在不放松武装自卫的条件下，尽一切可能争取和平，尽可能用和平的方法改革中国社会，成立联合政府，实现建立新中国的目的。正是为着这一目的的实现，中共中央同意与蒋介石进行和平谈判。

对于蒋介石邀请毛泽东到重庆谈判的险恶用心，戴季陶显然不能完全了解，他从顽固反共的立场出发，坚决反对与共产党和谈，他提醒蒋介石："断无视匪为正当人物，以匪徒之言论为正当道理者。而今竟至视为合法之团体，视其人为社会之贤达，趋向之不正，人心之不端如此，安得不使天下之人，群趋于为匪。"②对于戴季陶的担心，蒋介石置之一笑，他又不好把自己的阴谋和盘托出，只是要戴放心，他仍然按自己的意志行事，等待毛泽东的到来，他认为毛泽东是不会来重庆的。

8月28日，毛泽东、周恩来、王若飞等乘专机抵达重庆，受到了重庆各阶层人士及广大市民的热烈欢迎。毛泽东在机场发表讲话，强调"目前最迫切者，为保证国内和平，实施民主政治，巩固国内团结"，号召"中国一切抗日政党及爱国人士团结起来，为实现上述任务而共同奋斗"③。

毛泽东亲临重庆和谈，出乎蒋介石的意料之外，当毛泽东的专机降临重庆机场时，蒋介石正召集各院院长会议。作为考试院院长的戴季陶也参加了会议，虽然他内心还是像以前一样，顽固地反对与共产党进行和谈，但现在毛泽东来了，他又不得不接受这个事实，只好建议蒋介石要做好准备，认真对待谈

---

① 重庆《中央日报》1945 年 8 月 16 日。
② 《戴季陶先生文存》，第 331 页。
③ 重庆《新华日报》1945 年 8 月 29 日。

判，不要中了共产党的阴谋，并表示他自己不与毛泽东等中共和谈代表接触。蒋介石接受了戴季陶的建议，决定认真对待，定下了对共产党所提政治要求可以极度宽容，而对军事则严格之统一不稍迁就的原则。

重庆谈判是国共两党的一场严重尖锐的政治斗争，双方对军队、解放区、政治、国民大会等重要问题交换了意见，进行了谈判。共产党在很多方面一再让步，但由于蒋介石缺乏诚意，以致无法达成协议。

毛泽东、周恩来等在重庆谈判期间作了大量的统一战线工作，他们广泛地接触了各党派和各阶层人士，还会见了国民党的一些上层人物，特别是国民党的顽固派人物，甚至像戴季陶这样的人物。当时，毛泽东提出要去拜访戴季陶，中共一些人都感到意外，认为像戴季陶这样的反共专家，是共产党的冤家对头，平时就相顾眦裂，有什么好见的呢？毛泽东说："不错，这些人是反共的。但我到重庆来，还不是为跟反共头子蒋介石谈判吗？国民党现在是右派当权，要解决问题，光找左派不行，他们是赞同与我们合作的，但他们不掌权，解决问题还要找右派，不能放弃和右派接触。"[1]毛泽东认为，虽然戴季陶不愿与共产党接触，但共产党主动去找他，他是不会回避的。

8月30日下午3时以后，毛泽东到"陶园"去拜访戴季陶。毛泽东的来临是戴季陶意想不到的，他虽然第一次国共合作时期在广州与毛泽东有过交往，但后来他坚决反共，从此视若仇敌。想不到毛泽东这次到重庆，竟不记怨仇，屈尊亲自造访，这使戴季陶一方面措手不及，另一方面内心也多少有些感动。戴季陶连忙将毛泽东让进客厅，以礼相待。毛泽东向他介绍了共产党对时局的主张；并谈到了当前全国人民反对内战、独裁，要求和平与民主运动的形势；还回忆了大革命期间国共合作的动人情景，希望戴季陶能以民族大义为重，为此次国共和谈尽心效力。对于毛泽东坦诚的谈话，戴季陶"局促不安，诺诺连声，好像无地自容似的"[2]。他虽然没有明确表示自己的态度，但内心却深深佩服毛泽东的胆略与胸怀。

毛泽东似乎发觉戴季陶有些难堪，另外，他还要去拜访于右任、白崇禧等人，所以没坐多久便告辞了。毛泽东从戴府出来，去见于右任时，正值蒋介石也去看戴季陶，小道相逢贴面碰到，蒋问毛泽东去哪里，毛泽东说去见了戴季

---

① 王炳南：《回忆毛主席在重庆》，见《重庆谈判纪实》，重庆出版社1984年版，第428页。
②③ 王炳南：《回忆毛主席在重庆》，见《重庆谈判纪实》，第429页。

陶，蒋介石先是一怔，随后佯笑说："好，见见好，见见好。"③

　　毛泽东走后，戴季陶思想海洋的深处不禁泛起了微微的波澜，共产党对时局的主张应该说是有些道理的，特别是毛泽东豁达、大度、谦逊、诚恳的态度，给他留下了深刻的印象，而他自己在慌乱之中，没有与毛泽东深谈，想来颇有些遗憾。后来，作为国民党谈判代表之一的张治中来访，两人谈起毛泽东，戴季陶不免也称赞几句。张治中便从中劝说，认为戴季陶早年与毛泽东有交往，多年不见，这次毛泽东到重庆，亲自登门拜访，是很讲情义的，希望戴季陶能尽地主之谊，与毛泽东"联杯酒之欢"，说这样"可增进情感，于商谈国事不无裨益"①，不然，是不礼貌的行为。戴季陶犹豫了一下，还是答应了。

　　过后，戴季陶考虑到自己亲自出面邀请毛泽东多有不便，于是他写了一信给张治中，希望张治中能代约时间宴请毛泽东先生和同行诸位，在信中，他对毛泽东表示敬重，并对上次毛泽东拜访时自己未能与之深谈表示歉意，同时还对毛泽东的重庆之行寄予热切的期望。他在信中说："……前日毛先生惠访，未能畅聆教言，深以为歉！……一别二十年，此二十年一切国民所感受之苦难解决，均系于毛先生此次之欣然惠临重庆，不可不一聚也……"②

　　张治中即遵戴季陶之嘱，向中共代表团发出请柬，邀请毛泽东、周恩来、王若飞等六七人，在重庆德育斋晚宴。9月13日，毛泽东等应邀前往，"晚七时赴戴季陶院长之宴"③。由张治中陪同进入德育斋，戴季陶早在那里等候，双方见面，互致问候，宾主坐定，谈起二十年前在国民党中央、黄埔军校共事时的情景，都不胜感慨。一会儿入席，席中情况，据戴季陶的秘书陈天锡后来回忆，双方入席后，话并不多，而且说话都十分谨慎，陈天锡认为缺乏欢乐融洽的气氛，似貌合而神离。我们以为，这正好说明毛泽东、戴季陶双方态度的微妙变化，毛泽东在会见国民党其他右派人物时，总是妙语连珠，十分巧妙地给他们以批评，但在此时，毛泽东非常注意统一战线策略，没有批评戴季陶，是对他能打破蒋介石的禁令，宴请中共代表团的举动给予肯定，希望能取得他对中共一定程度上的理解。而戴季陶也一反常态，没有抨击共产党的主张，"公

---

① 陈天锡：《迟庄回忆录》（台湾版）第三编，第 432 页。
② 张治中：《我与共产党》，文史资料出版社 1980 年版，第 67 页。
③ 重庆《新华日报》1945 年 9 月 16 日。

则尤为肃穆，颇不同于寻常宴客之兴会"①，可以说明他对毛泽东的景仰之情及对此次欢宴的郑重态度。

宴会结束后，戴季陶送走了客人，陷入深深的沉默之中。据陈天锡回忆，戴季陶"席终客散，亦从无一言提及，似有不足言之隐"②。这表明，他与毛泽东的两次会见，加深了他对毛泽东的尊重，也使他对共产党的主张有了一些了解，但他又是党国要人、蒋介石的忠诚谋士，又不能表示稍微同情共产党的只言片语，因此，只能保持沉默，以掩饰他内心矛盾、复杂的感情世界。

重庆谈判很快结束了，国共双方代表签订了《双十协定》，共产党通过谈判，表明了其对和平的诚意，揭露了国民党的和平阴谋，教育了中间人士，从而使蒋介石的和平阴谋破产，国民党陷入更加被动的地位。

重庆谈判期间，毛泽东等中共领导人与戴季陶的接触，曾经在戴季陶心灵深处划过一丝火花，引起过他深深的思考，但他长期以来形成的反共立场是如此难以改变，很快，这丝火花便熄灭在他顽固思想的夜空中，他在反共的道路上继续蹒跚前行。

2．鞍前马后

还在重庆谈判时，国民党就派大批军队进犯解放区，挑动内战。面对蒋军的进攻，解放区军民在中国共产党的领导下，进行了坚决的自卫反击战，特别是在上党地区，歼灭国民党军3.5万余人，迫使国民党不得不在《双十协定》上签字。蒋介石并没有与共产党长期合作、坚决避免内战的诚意。《双十协定》的墨迹未干，10月13日，蒋介石就向国民党军队发布了内战密令，令蒋军指挥官遵照他1933年编写的《剿匪手本》，率军向解放区进攻，准备发动大规模的内战。

那么，内战的地点首先确定在哪里呢？蒋介石选择了东北，并制定了"关外先打，然后把战火引向关内"的计划。企图先消灭东北地区的革命力量，再挥师入关，进而消灭整个共产党。

对于蒋介石的这个计划，戴季陶有不同看法，他不顾身体多病，不辞辛

　　①②　陈天锡：《迟庄回忆录》第三编，第432页。

1946年11月，戴季陶在国民大会上。

劳，积极为蒋出谋划策。9月上旬，戴季陶约同国民党要人何应钦、白崇禧、张治中、朱家骅等人齐集陈立夫的寓所，商谈东北问题。对蒋介石的“东北内战方案”，戴季陶提出了自己的意见，他“力主收复东北，不可操之过急，千万不能派兵出关，宜由当地自去应付，举出历史上若干事实，宜步步为营，先行巩固华北，否则派去部队，必遭损失”[①]。

戴季陶的“步步为营，先行巩固华北”的主张真可谓老谋深算，但此时的蒋介石以为有美帝国主义的支持和几百万军队，有恃无恐，恨不得在一个早上把共产党全部消灭，岂肯听从戴季陶的“不可操之过急”的劝告呢？

蒋介石我行我素，在马歇尔来华的第三天，即12月22日，就由美国军舰开始运送国民党军队杜聿明部前往东北，到1946年5月，运到东北前线的国民党军队已达15个军，共51万多人。国民党军连占山海关、锦州，向人民军队不断进行攻击，挑起了东北的内战，使东北地区成为美蒋发动内战的一个前沿阵地。

戴季陶的主张没被蒋介石接受，心中十分不快，大有“抚凌云而自惜”之感。他对于蒋介石的独断专行，已产生不满的情绪，而对国民党的前途，则更加忧虑。东北内战开始后，蒋介石自以为得计，他一方面加紧调兵遣将，准备发动更大规模的内战；一方面则为他执掌全国政权作准备，以为今日之域中，竟是蒋家之天下。

要建立统一的国家政权，蒋介石首先考虑到了首都的问题，关于首都到底建在什么地方，他没有太多的定见，他想到了戴季陶，于是，戴季陶被召到蒋介石寓所，一起商谈何处建都的问题。这次蒋介石倒十分客气，让座后，先殷殷问其病情，然后嘱其好好休息、治疗，末了，才提出问题，请戴季陶为他出主意。

对于前次的不快，戴季陶本来还有些耿耿于怀，但见蒋介石连建都的大事

① 胡颂平：《朱家骅先生年谱简编》，1945年版。

都与自己商量，不禁又有几分得意起来，对蒋介石的那股怨气早已烟消云散，他们毕竟是把兄弟啊，蒋介石对他还是信任的。

关于建都何处的问题，蒋介石认为今后首都，可选择两个地方：一是仍回南京，一是迁都西京，以长安、咸阳合并建立新都。戴季陶听了蒋介石的意见后，沉吟了一下，便娓娓道出一番宏论来。他以为，建立首都，当然要重人杰地灵，以此看来，有三个地方符合建都的条件：一是南京，虎踞龙盘、气势雄伟，且临江靠海，是建都的理想之地；二是北平，东扼渤海、西制回藏、北瞰满蒙、南控中原，也适于建都；三是西安，自古就是帝王之都。这三个地方都可以建都，关键在于"人为"，他劝蒋介石要从政治、军事等方面多加考虑。听了戴季陶的议论，蒋介石大受启发，"以为此后建国，当重东北，为便于控制东北与美国军事配合计。十年之内，军事基本与机构，不能不在北京，乃主张照明代例，南北两京并建，重庆仍留为陪都，西安首都之主张，则待十年后再作决定可也"[①]。但是，蒋介石万万没有想到，四年后，他在大陆失败，这个"南北两京并建"的美好设计，到头来只是一场春梦而已。

1946年，国民政府还都南京，戴季陶也离开山城重庆，东下金陵。他人生史上最后一段政治生涯也从这里开始了。

1946 年，国民党还都南京，图为蒋介石走下飞机。

他回南京后，仍居待贤馆，并率属员仍在原考试院旧址办公。原考试院的房屋建筑虽尚没毁坏，但已是破烂不堪，书籍文卷早已散失，印刷机件也不知沦落何处，院内昔日培植的名贵花木，也早零落成泥，虽是春季，这里却是败絮残叶、衰草枯杨，一片萧索的景象，真是"城池百战后，耆旧几

① 张其昀：《"总统"论中国新形势》（台北），见《"总统"华诞特刊》，1965 年，第 3 页。

家残"啊，戴季陶对此情景感叹不已。

此时，戴季陶股际忽生浓泡，行走都十分方便，但处于政府还都、百废待举之际，他不顾病疼，仍然忙于各种事务，如接收南京房产、指示处理重庆房产用具、制定考试院南京人员办公办法等。他每星期还要举行会议，由部属各员汇报情况。对于运到南京的机关公物，他都做了精细的安排。为了使考试院能尽快恢复正常工作，为了蒋介石国民政府能恢复运转，戴季陶真可谓不辞劳苦，有时甚至达到废寝忘食的地步。

正在戴季陶为政府还都日夜奔忙的时候，印度各学术宗教团体，邀请戴季陶出席各学会年会，另外波罗尼斯大学请他到该校讲学，并准备于学校年会中，举行该校赠送戴季陶最高学位典礼；印度国际大学也有邀请他到该校度岁之意。对于这些热情的邀请，戴季陶本想应邀前往，但考虑到当时国民党政府内外关系均极紧张，十分忧虑，故打算放弃这次出访。后来，因印方盛情难却，且为争取中印两国之友好计，便表示可在年底成行。但到8月，戴季陶十齿牙床均出现化浓现象，稍费心力，神经骨节便疼痛难忍，于是西行之举不得已而取消。

1947年3月，国民党召开第六届中央执委会三中全会，戴季陶虽病益加重，久没视事，但还是扶病参加会议。这次会议是为宪政实施作准备的，因为要实施宪政，所以戴季陶对此次会议抱有很大希望，以为他的资产阶级共和国方案的实施指日可待了。但实际上，戴季陶的希望落空了，会议虽然提出了所谓"农民工人运动实施纲要""经济改革方案"，但规定政府的组成完全由蒋介石包办，凡国府委员人选，均由蒋介石提名，这种独裁专制根本体现不了所谓的"实施宪政"，戴季陶失望了。戴季陶这时病情更加严重，竟至晕倒在会场，后乃请假赴上海休息。

在上海，戴季陶的病情毫无减弱，疼痛难禁，以致夜不能寐。为了减轻疼痛，他只好吞安眠药暂时入睡，有几次服安眠药过量，差点造成生命危险。

9月中旬，戴季陶以病体休息需要安静为由，住进了宝华山的隆昌寺。这个地方戴季陶还是十年前来过，那时处于抗战炮火之下，无心游山玩水，竟匆匆而过，此时旧地重游，别有一番感慨。那山中啼鸟、古刹钟声，更使他领略到了大自然的幽深、静谧，顿觉神清气爽、身捷体快，病情似乎好了一半，住了十来天后，乃始下山，回南京居住。

不久，戴季陶又病倒了，整天呻吟床褥，痛苦不堪。年底，金陵古城寒凝笼罩、北风呼啸、江河冷落，戴季陶的心情也如天气一样，冷到了极点。他写了一首一生中最长的诗——《岁末感遇》，在自注中称："感世事之多艰，观我生之大过"，诗为五言，共1390字，尽情抒发了自己在南京政府即将覆灭前的复杂感情。

虽然如此，戴季陶还是念念不忘蒋家王朝的兴衰，念念不忘为蒋介石出谋划策。鉴于当时的政治形势，戴季陶认为，要稳固国民党政权，就要培养大批忠实于国民党的人才，就要重视党化教育，而以前从事党化教育的一些学校，大都没有得到重视。特别是二十年前成立的中央政治学校，这是国民党培养高级党务人才的学校，抗战胜利后，没有得到应有的发展，也放松了学校的党化教育，以致随着形势的发展，随着全国学生反对蒋介石独裁专制的潮流，这所控制严密的中央政治学校，也"受外界影响，不断发生轨外行动"[1]。这些，都令戴季陶深感不安，他不断地给国民党要人朱家骅、陈果夫、陈立夫等人写信，要他们对中央政治学校给予足够的重视，并再三提醒他们，"今日时代全非，情形不同，法律事实两俱不可，吁请早定大计"。[2]戴季陶对国民党的拳拳之心引起了蒋介石的注意，国民党政府采纳他的意见，对中央政治学校加强了管理，并更名为国立政治大学，第一任校长为顾一樵。

对于国民党经营的企业，如中央日报社、中央广播公司等，戴季陶也十分注意。1947年12月，国民党曾有以戴季陶为这些党营企业的股东、董事、监察的任命，他因身体不适，恐难担当责任，便要求国民党中央撤回成命，但对这些企业却十分感兴趣。经过一段时间深思熟虑后，他向国民党当局提出了办好这些企业的八条意见："一曰使本党有确实之产权；二曰有严正公开合法之制度；三曰有公正廉明精悍强干且终身为事业而工作之各种同行同志，且复有经济通才；四曰所经营之事业，在法律政治上，绝不妨碍党及党之领袖；五曰不使软弱无能、衰老无力、年轻无识、不学无术之人，顶空名应空卯；六曰注重敌党籍口攻击；七曰注意同志无端忌妒；八曰一切经营，再不犯去有名无实，乃至公家得其名，私家收其利之病。"[3]戴季陶这八条意见可谓用心良苦，他

---

① 陈天锡：《增订戴季陶（传贤）先生编年传记》，第380页。
② 《戴季陶先生文存》，第715—718页。
③ 《戴季陶先生文存》，第1128—1132页。

当时已经感觉到了国民党政权的腐败，不得人心，希望能采取些应变措施，以有所补救。但他却完全不知道，这个镇压人民的政府已是病入膏肓、危在旦夕了，岂是几条锦囊妙计所能救得了的，它快要死亡了。

3．考院卸职

抗战胜利后，戴季陶除了在政治、军事、外交等方面为蒋介石运筹谋划外，他的日常事务仍然是担任考试院的院长，而且工作比以前更为繁忙，虽然几次提出辞职申请，而蒋介石不允，便只得勉力而为。这一时期，他主政考试院，主要办了以下几件事：

第一，各省成立考铨处。随着抗战的胜利，国民政府管辖的区域比重庆时更加扩大，所管理的事务也比以前增多，戴季陶考虑到原来所设之铨叙处，仅只管理铨叙事宜，并没赋予考选行政职责，而且每处所辖地区比较大，多者达六个省区，少者也有三省，由于幅员过广，业务难以兼顾。鉴于此种情况，戴季陶于1945年11月便向国防最高委员会具呈，提出在主要各省设立考铨处，掌理该省与邻近省市考选铨叙事宜及主管机关交办事项，其原有各铨叙处，即并入考铨处。这个报告很快得到了国民党中央的认可，1946年2月，由南京国民政府公布施行。于是，在戴季陶主持下，先成立考铨处十处，并由戴季陶会同各处遴选，报国民政府批准，任命了各处的处长。

第二，建立健全各种制度。戴季陶考虑到原来在战争年代制定的考试院各种制度已经不适应战后的形势了，而且，根据新的情况还需建立一些新的制度。于是在戴季陶的主持下，考试院在考铨处组织条例、考铨资格、工作人员办公等方面制定了一系列规章制度，有些是对原有制度作了一定程度的修改，逐步由国民政府、考试院公布施行。如1946年2月，国民政府公布了《考铨处组织条例》；2月12日，考试院公布了《教育部指定各大学及独立学院设置法律系司法组毕业生铨定资格考试规则》；5月25日，国民政府公布了《修正公务员进修及考察选送条例第三条第四条》；8月28日，考试院公布《聘用派用人员管理条例实施办法》；9月7日，国民政府公布《修正勋章条例第六条》；1947年3月1日，国民政府公布《卫生事业人员任用条例》；4月16日，国民政府公布《宪政时期之考试组织法》；6月25日，国民政府公布《修正公务员退休法》；12

月10日，国民政府公布《农村事业人员任用条例》；12月19日，国民政府公布《国家银行职员任免条例》；12月22日，国民政府公布《交通事业人员任用条例》等。

为了适应国民党在接收地区需要大量行政人员的状况，戴季陶提出尽快开办一些学校，培养各类人员，在他的努力下，一些旨在为国民党培养人才的各类学校、训练班相继开学。1946年9月9日，中正学校公务员训练部高等科第十一期开学；1946年9月23日，县长训练班在明志楼开学；1947年1月9日，党政军人事管理人员训练班第九期开学，第二、三次县长训练班开学；1947年4月，国立政治大学公务员训练班高等科第12期开学；1947年9月，第13期又开学等，这些学校、训练班的开办，为国民党政府输送了大批管理人才，也为抗战后蒋介石国民党政府抢夺胜利果实立下了不小的功劳。

以上这一系列事情，戴季陶是事事关心、件件经手，他以病残之躯，不辞劳苦，坚持亲自处理考试院各种事务，不敢有所懈怠，确可以说是兢兢业业了。他如此为蒋家王朝卖命，有两个因素：其一，他对共产党领导的人民革命始终抱有敌意，他一心一意要维持国民党的统治，尽管这个统治已经腐朽，已经极端反动；其二，他想通过他的努力，建立一套"真正"的资产阶级考试制度，以建成他梦寐以求的以五院制为特色的资产阶级共和国。

戴季陶的这两个考虑，对于一心搞独裁专制的蒋介石来说，前者，他欣赏，后者，他不感兴趣。这就不能不使戴季陶所梦想的资产阶级共和国陷于穷途末路的境地。

1947年1月1日，由蒋介石一手炮制的《中华民国宪法》公布了，这部宪法的基本特点是以根本大法的形式确认了蒋介石独裁专制统治的国家制度，是一部封建买办法西斯宪法，"蒋记伪宪法的精髓和实质，可以用八个字概括尽之：人民无权，独夫集权"[①]。

对于这部毫无民主精神的宪法，戴季陶也颇感不满，虽然在国大上，他继续当选为考试院的院长，但并不能给他增添多少高兴，"先生检讨考试院原来制度，宪法业已作根本之改变，非复国父建国大纲之精神，每深私痛。以致前年所定改进方案，多无法进行"[②]。因为宪法对考试院制度多有否定之处，特

① 延安《解放日报》评论1947年1月3日。
② 陈天锡：《增订戴季陶（传贤）先生编年传记》，第382页。

1946 年 12 月 31 日，蒋介石（右一）及五院院长戴季陶（右三）、于右任（左一）等审观宪法。

别是取消了公职候选人考试这一规定，使戴季陶尤为痛心。他认为，公职候选人考试制度是五权宪法最重之成分，"亦即国父在民权主义制度上之大发明。所谓政权治权分别，以及补救欧美选举制度之穷者，完全在此。必有此制度，而后考试权乃有独立行使之根据，五权宪法乃有其意义"[1]。而现在，宪法竟然将公职候选人考试一条不列入其中，考试院仅仅成为一个摆设而已，戴季陶认为，这部宪法"所足依据者，仅为总裁关于五权宪法之训示……"[2]因此，是"违反国父一向主张之宪法"[3]，他对宪法不满，但他与蒋介石千丝万缕的联系使他又不能与之抗争，他忧心忡忡，对于五院制的资产阶级共和国已经感到了前途渺茫。"先生深痛身为国父信徒，且又职居最高考试机关之主官，竟使国父在政治上之创获，由先生而失坠，每觉无以对国父在天之灵"[4]。

当然，戴季陶还没有最后失望，他以为蒋介石会因战争的失败而自我反省，总结经验，以图再起，因此，他大声疾呼："除力图挽救自矢外，并属望于同志同仁以光明之态度，承认失败，人人反省自己，觉悟其失败之因素所

① 陈天锡：《增订戴季陶（传贤）先生编年传记》，第 382 页。
②③ 陈天锡：《增订戴季陶（传贤）先生编年传记》，第 382、383 页。
④ 陈天锡：《增订戴季陶（传贤）先生编年传记》，第 382、383 页。

在，重新团结一致，努力从事于拥护遗教、①公开宣传之工作，图在下次国民大会时，修正此次宪法中本党一切之错误。"

戴季陶的想法太天真了，此时的蒋介石已发动了内战，他自恃有美帝国主义的支持，以为很快就可把共产党全部消灭，因此，气焰十分嚣张。1947年3月，蒋介石在国民党六届三中全会上叫嚣"政治解决"已经"绝望"，公开宣布国共破裂。6月25日，国民党反动政府最高法院检查署下令"通缉"毛泽东。7月18日，将中共参政员除名，取消了中共国大代表及国民政府保留名额。蒋介石正杀气腾腾，一心消灭共产党，建立他的独裁专制统治，怎肯反省自己，怎肯修正伪宪法中的一切错误呢？

这一年，印度大学赠予戴季陶文学博士学位，并定于12月14日举行赠予典礼，戴季陶因病不能前往。印度之行再次取消。

1948年3月29日，国民党在南京召开了所谓"行宪国大"，戴季陶以浙江省吴兴县选出代表的资格出席大会。本来，他是无心参加这次大会的，当他知道国民党中央已定他为国大代表候选人的消息后，曾数次致函主持选举事宜的朱家骅、吴铁城、张厉生、陈立夫等人，"力言病体不足胜任，恳请收回成命，另于吴兴县中有猷有为有守、精力充足，以胜任愉快同志中推定"。但没被接受，结果，②仍然当选为国大代表。

"制宪国大"由蒋介石一手操纵，各类人选均由他自己预先圈定或内定。4月19日，选举蒋介石为总统。按蒋介石的意愿，他希望戴季陶继续担任考试院长，与他携手，共履时艰，但此时戴季陶却再也不愿意担当如此大任了。一方面，他身体确实一天比一天坏，他希望长

1948年3月29日，蒋介石当选为中华民国总统。图为新任总统蒋介石与夫人宋美龄合影。

① 陈天锡：《增订戴季陶（传贤）先生编年传记》，第383页。
② 陈天锡：《增订戴季陶（传贤）先生编年传记》，第380页。

时间休息；另一方面，他对考试院已完全失去了希望。他原以为，这次国民大会能对宪法有所修改，以便符合孙中山五院制精神，但会议一直没有对宪法进行讨论，直到4月15日，蒋介石在不得已的情况下才导演了一出所谓"修改宪法"的把戏。

"修改宪法"会议刚刚开始，场内便被一片嘘骂之声所充斥，接着，从会场外传来一群"民选代表"与宪兵的殴打之声，声音越来越大，竟不绝于耳，会议实在开不下去了，最后，闹得全体代表退席，所谓"修改宪法"仅仅成为一句空话。宪法不但没有改成，在后来的会议上反而通过了《动员戡乱时期临时条款》，这个条款赋予蒋介石以紧急处置的权力，独裁专制的色彩更加浓厚，这对戴季陶无疑是沉重的一击，他的五院制资产阶级共和国的理想已是灰飞烟灭，他试图从内部改造国民政府的美妙方案遭到彻底破产。因此，在"行宪国大"上，他以年迈体衰多病为由，再三申请免职治病。

蒋介石最先不肯答应，他还需要戴季陶与他合作，他还少不了这个"忠心耿耿"的谋士。因此，蒋介石曾派二公子纬国到戴府劝驾，怎奈戴季陶主意已定，无论怎样劝说，仍执意不肯承命，蒋纬国纵然与戴季陶有特殊关系，也

中华民国行宪后第一任总统就职典礼后合影。前排左起为：王宠惠、戴季陶、居正、孙科、郭德洁、宋美龄、蒋介石、李宗仁、张群。

奈何不得，只好以实情向蒋介石禀报，蒋介石无法，只好答应戴季陶的免职请求，让他卸任考试院长之职，提任天津南开大学校长张伯苓顶替，为"宪政时期"的考试院长。

戴季陶虽然不当考试院长了，但还愿为即将灭亡的国民党政府效力。6月5日，蒋介石任命他担任国史馆馆长，这个职务是他自请的，他还准备为国民党的文化事业再尽余力。但后来病情加重，行走已经不便，他只好等身体康复后就任，而这个愿望一直没有能够实现。

7月10日，考试院举行院长交接仪式，全体工作人员莅会，戴季陶与张伯苓出席。

戴季陶从1928年10月10日宣誓就任考试院院长至今已20年，一旦离职，心中颇有一种难舍之情，轮到他讲话的时候，他缓缓上前，看着部属一张张熟悉的脸庞，望望窗外考试院那熟悉的房舍院落，胸中不禁涌起一阵悲苦之情，因此，他一开口，不谈谢职之事，却以深沉的声音谈起了往事。讲到当初此地是一片荒山野地，杂草丛生，人迹稀少，自从在此建考试院后，他如何带领属员建筑房舍，种花植树，如何扩展道路，如何修整场地，抗战胜利后又如何在此进行恢复工作，多少日夜的辛劳，才成今日的规模……戴季陶声音不大，缓缓道来，语中很是伤感，全院同人也为之怆然。这一切，却使兴致勃勃的新任院长张伯苓极不自在。

看到张伯苓十分尴尬的样子，戴季陶才话锋一转，回到考试院正事上来，他说："自十四年受任国府委员，十七年兼考试院长，历年未替，任事之长，举世无两。反躬自省，学行不成，功业无称。其于国于世稍有补益者，惟十六年在中山大学，设置东方民族学院，电西康刘禹九总司令招生。第一期生到京时，改计在党务学校设西康班。自后二期生到京，青海、新疆闻风来学者连续不断。中间一访青海，一访甘孜，一访印度。又自十七年始，南起滇边，西及阿里，西北至大碛四周，天山南北，北至内外蒙古，远来比丘，住京大士，皆竭诚尽敬，供养问学。蒙王藏贵，则视其位行，如礼接待。其慕风向化，来学青年，皆供给住宿衣食，为之妥筹入学之方。二十年间，边疆粗成小康之局。除此数事，竟无可以自慰之情。考铨制度之建立，距离理想甚远，现有规模，卑不足道。今幸得遂抗战前十上呈辞，近年数次乞退之愿，藉可专心疗疾。"[①]

---

① 陈天锡：《增订戴季陶（传贤）先生编年传记》，第400—401页。

戴季陶这一番话，确是出自肺腑之语，语句虽然平淡，却另藏有深意。他在卸任考试院长之职的交接仪式上，不言自己在执掌考试院时期的成绩，却大谈多年来对于边疆的贡献，这说明他对蒋介石把考试院放在无关紧要的位置上仅仅作为一种摆设的做法是不满意的。他觉得二十年来考试院没有做出什么成绩，在蒋介石独裁专制的统治下也不能有所作为，考铨制度虽然建立，但"距离理想甚远"，自己原来设计的考试院实在不是这种样子，五院制的共和国实在是徒有其名而已。戴季陶的讲话中，一股怨恨之情，已经是溢于言表。但他毕竟与蒋介石深有交情，即使有不满，也只能以这种曲折的方式表达，而更多的则是"恨铁不成钢"的缕缕私情。

戴季陶考试院二十年的惨淡经营结束了，他似乎轻松了许多，但又有一种失落感。他作为国民党高层领导人的时代过去了，而作为蒋介石最大的国策顾问的使命也完成了，他似乎跳出了政治漩涡，也似乎不再受到重用，想到这些，他不禁平添许多忧愁。

4．抱残守缺

在"行宪国大"上，戴季陶除卸任考试院长之职外，另一出色表演，便是在选举总统、副总统时，他不顾重病缠身，为维护蒋介石的统治权而上蹿下跳，效尽犬马之力，在这场所谓"行宪"的闹剧中充当了一名不光彩的角色。

按照"制宪国大"会议的决议，1948年为"实行宪政年"，实行宪政，就得选举总统。

根据当时的情况，谁都非常清楚，蒋介石要当总统了，至于选举，只是走走过场而已。但蒋介石的头脑并不如此简单，他既要做总统，又要别人拥戴他。因此，他首先便采取以退为进的办法，"坚决辞让"做总统候选人。

1948年4月4日，国民党在南京举行第六届中央临时全体会议，讨论总统候选人提名问题。戴季陶本来可以因病请假，但他考虑到，选举总统是件大事，在这关键的时刻，岂能袖手旁观，因此还是扶病参加了会议。

蒋介石在会上致词，他假惺惺地声称："渠不拟参加大总统竞选，望本党同志慎重选择未来元首。"①接着他提出了总统候选人必须具备的四个条件：（1）文人；（2）学者专家；（3）国际知名之士；（4）不一定是国民党员。按照这些条件，显然只有胡适才够资格。让胡适当总统是美国的意思，蒋介石这里提出四个条件，也只是敷衍美国人。中华民国总统的头衔，他是不肯让给他人的。蒋介石讲话后，即宣布暂时休会，下午再开。

下午的会议，蒋介石未到，由何应钦主持，围绕总统候选人的问题，代表国民党各个派系的中央委员们便沸沸扬扬地闹开了。有的人直截了当地提胡适做总统候选人；有的人则不同意，认为胡适不配做总统；于是，一些人又提出吴稚晖、于右任、居正做总统候选人。这些人在发言中，都先把蒋介石恭维一番，说他如何"劳苦功高"，为了爱护"领袖"，应该让他暂时休息一下。发言的多是一些比较年轻，对蒋介石素来不太满意的人，特别是黄宇人一再上台发言，闹得最起劲。②CC派的潘公展、萧铮等人则极力主张维护蒋介石的统治，他们提出反对意见，坚决拥蒋登台。

戴季陶坐在最前排，他一声不响，静静地听着两派人物的发言，同时内心也在思考着自己的对策。他深深知道，蒋介石提出不做总统候选人，是做戏给美国人看的，也是对国民党部属的一种民意测验，是争权力的一种手段。几十年的政治生涯，戴季陶对他这位把兄弟是深有了解的，以退为进，是蒋介石一贯的手法，他越是提出不愿当总统，就越是说明他想当总统，在这种时候，谁要是不明真相，顺了他话去做，那保准是会倒霉的。戴季陶纵然对蒋介石也小有不满，但决不会与他做对头的。而最主要的是，戴季陶看到国民党政权已成崩溃之势，只有蒋介石能与共产党抗衡，能收拾残局，能稳定这风雨飘摇中的半壁江山。因此，他认为，这末代总统非蒋莫属。

这时，刘公武上台发言，他主张接受蒋介石不任总统的提议，并剖析其利害，他的话还没有说完，便遭到CC派气势汹汹的恫吓。见此情状，戴季陶再也忍不住了，他顾不得自己病势严重，以国民党元老的身份登台发言。他十分激动，满脸涨得通红，几乎是用教训的口吻斥责"总裁不担任总统为宜"这一派人的意见。说他们不懂政治、不顾大局，此种做法只能致中华民国于绝境。他力言就党的历史来说，就目前的局势来说，就党对国家的责任来说，都非蒋先

---

① 上海《中央日报》1948 年 4 月 5 日。
② 胡次威：《蒋介石做总统的一个片断》，《文史资料选辑》第 32 辑，第 157—158 页。

生担任总统不可①。戴季陶一番话说得振振有词，台下顿时鸦雀无声，以戴季陶在国民党内的资历和威望，谁也不敢与之争风，于是，戴季陶一锤定音，拥蒋登台派占了绝对优势。最后，通过一项决议，推张群、吴铁城等五人向蒋劝驾，结果是蒋介石欣然接受。

第二天会议上，蒋介石怒气冲冲地先把提胡适做候选人的那帮人大骂了一顿，接着唱了一出"丑表功"，说自己如何追随总理，许身革命，不计生死，有功民国，然后愤愤地说："我不做总统，谁做总统！"

蒋介石袍笏登场了，戴季陶的"耿耿忠心"也使他深受感动。

总统问题解决了，选举副总统倒成为剧情发展的高峰，参加竞选者有六人之多，即孙科、于右任、李宗仁、程潜、莫德惠、徐傅霖。

蒋介石最初的打算是想由国民党中央常务委员会先作个决议，指定孙科为副总统候选人。但不想李宗仁也出来竞选副总统，这就使矛盾更加激化，争斗达到高潮。

蒋介石认为，李宗仁若当选为副总统，对他的威胁是很大的，因为李是拥有军事力量的地方实力派，在当时对中共战事节节失利的情况下，桂系有伺机取而代之的可能。而以孙科为副总统，对他则是十分有利的。吴铁城曾经一语道破他的心机："蒋一向自认是继承孙中山先生的，现在确定孙哲老继承蒋，将来又盼望孙哲老栽植蒋经国为后继人。为此，则由孙蒋而蒋孙，又回复孙蒋，继续三朝，岂不是好事吗？"②而关键在于孙科对蒋介石不能造成威胁，更谈不上取而代之。因此，蒋介石便不惜一切手段打击李宗仁，全力支持孙科竞选。

与蒋介石有"一荣俱荣，一损俱损"关系的戴季陶，对残破不堪的蒋氏政权有特别深的感情，他要维护这腐朽的统治，要紧紧抱住蒋介石不放，当然也就唯蒋介石的利益是从，而卷入到这明争暗斗的政治漩涡中。

按戴季陶原来的意思，他是准备支持李宗仁竞选副总统的，因为李宗仁为了运动戴季陶，取得他的支持，曾送了一尊金佛给他。据说这金佛是日本人由东京本愿寺移来北平，预备放在北长街建寺供养，是价值连城的珍品。李宗仁

---

① 宋希濂：《和谈前夕蒋介石的幕后操纵和李宗仁的备战部署》，见《文史资料选辑》第32辑，第112页。

② 周一志：《孙科、李宗仁竞选副总统的形形色色》，见《文史资料选辑》第32辑，第171页。

不知怎样弄到了手，并将此作为运动戴季陶的礼物，派人送往戴府。果然，戴季陶见了这尊金佛十分高兴，但却故意装模作样，连忙双手合十膜拜道："我无德消受，当转赠广东刘（三）大师供养。"当来者细作解释，表明李宗仁送佛的意思后，戴季陶竟欣然接纳，满口答应说："德邻先生配合蒋公，真党国之福也。"如是念念有词地说了多遍，并亲笔作复，大有包在他身上之意①。

后来，当蒋介石对副总统人选明显表示态度后，戴季陶也顾不得与李宗仁之间的君子协定了，他一反常态，来个一百八十度大转变，与蒋介石站在一边，支持孙科竞选副总统。以致李宗仁第二次派人来时，他只是派派车，请吃饭，而对于竞选之事，绝口不提了，李宗仁的一尊金佛也"泥牛入海无消息"。

为了支持孙科竞选副总统，戴季陶可以说费尽了心力。首先，他与于右任、吴稚晖等人一齐出动，向李宗仁施加压力，要李退出竞选，但李宗仁坚持不让。戴季陶便改变方式，决定广拉选票，以和李宗仁抗衡。

当时，李宗仁在各省区特别是长江以南各省广有实力，孙科在这方面是自愧弗如的，戴季陶分析形势后，决定利用自己在边疆各省的广泛联系，争取边疆地区代表投票支持孙科，从选票数量上压倒李宗仁。

为了拉拢边疆地区代表，戴季陶不顾体弱多病，与孙科联合举行了一次盛大的茶话会，邀请边疆地区代表参加，于是边疆各省区代表济济一堂，十分热闹。会上，戴季陶以党国元老、一向关心边政的国民党大员的身份发表讲话，他分析了当时国内的形势，提出选举孙科为副总统的重要性，他洋洋洒洒一席发言，归根结底一句话，要求大家把选票投向孙科。

边疆各省区的代表碍于戴季陶的面子，不好不从，一致表示在投票时坚决支持孙科，并且要求推举代表当场"看票"，孙科连忙站起身来，谦称不必，表示绝对相信大家的雅意，但边疆代表深恐戴、孙不相信他们的诚心，坚持要求举出"看票"代表，于是戴季陶又冠冕堂皇地说出一番话来："秘密投票是宪法给你们的权利，自愿公开投票，以示负责更是你们的自由。不过，宪法保障于先，孙先生对诸位的热烈支持坚信不疑于后，诸位似乎可以不必坚持看票了。"②这番话真是欲盖弥彰，既在背后对边疆各省区代表施以小利和压力，

---

① 王捷三：《李宗仁竞选副总统琐记》，见《文史资料选辑》第 32 辑，第 163 页。

② 王成圣：《戴传贤的一生》（五），见《中外杂志》第 17 卷第 2 期，第 21 页。

强征选票，又要高谈什么宪法所给予的自由，戴季陶为了挽救蒋介石政府即将覆灭的命运，可以说是脑汁都绞尽了。

但戴季陶的一片良苦用心仍然没有得到成功的报赏。李宗仁由于得到美国的支持，得到桂系军人的拥戴，也由于通过各种

李宗仁当选副总统，于右任向他致贺。

手段，争取到捧程潜的票数中的大多数票和民、青两小党的选票，所以在4月29日副总统决选中，以多得134票的微弱多数胜孙科，当选为副总统。戴季陶的"两朝两济老臣心"只好付诸东流。

"行宪国大"结束了，戴季陶为帮助蒋介石当选总统及按蒋的意旨支持孙科竞选副总统做了种种表演，而且出色之至，足以表现他与蒋介石的深情厚谊了，蒋介石当时也颇为感激。但时隔不久，到了1949年1月21日，蒋介石在人民解放战争的炮火下被迫下野后，恼羞成怒，反转过来责怪当时劝驾的人，连戴季陶也在被骂之列，他说他当时不愿当总统是完全正确的，而戴季陶力劝他担任总统是天大的错误，结果"弄得党内意见分歧，离心离德，对外对内，都受到很大影响"[1]。蒋介石竟把造成局势危急的责任，完全归罪于戴季陶。

戴季陶的心一下子全凉了，没想到蒋介石这么不讲情谊，反复无常，他一腔怨气，也只好深深埋在心里。

5．苦海无边

自人民解放军转入战略反攻后，人民解放战争不断取得胜利，国民党军队节节败退，南京政府败局已定。

对于远远传来的隆隆炮声，戴季陶日夜不安，再加病痛益剧，更使他不能

---

[1] 宋希濂：《和谈前夕蒋介石的幕后操纵和李宗仁的备战部署》，见《文史资料选辑》第32辑，第112页。

成瘵，每当这种时候，他便陷入苦苦的思索、苦苦的回忆中。他回忆昔日辉煌的岁月，他思索着自己未来的归宿，心情也时而感伤，时而苦闷，时而烦躁，时而悲凉。

为了有利于身体的恢复，1948年春，戴季陶迁入南京孝园居住，这是他自己设计的一处别墅，小巧玲珑，安静舒适，且兼有田园风光，确实是养病的好地方。他准备在这里好好地休养一段时间，以图病愈。

在孝园居住，实在像是到了世外桃源，这里远远隔离了尘世中的烦扰和纷争，那山中的晨雾，落日的余晖，足可以使人陶醉。但是戴季陶却不能安心在此养病，他是搞政治的人，对于离开政治圈觉得十分痛苦，他曾十分坦诚地表白："但以世风日下，国事日艰，衰病之身，毫无所补，每一念及，则深惶汗。"①因此他念念不忘他的所谓"党国事业"。在孝园，他总是关心着时局的发展，如果有外人来访，他总是关切地询问外面各种情况，如战争的进展、社会的动态、人事的变更、应变的策略等，都问得十分仔细，并流露出伤时之感。

9月上旬，戴季陶病痛再度剧发，为了免除过度的痛苦，他服了过量的安眠药，以致不省人事，所吸的香烟余烬落在床褥上，几乎造成了一场大火灾。

恰在此时，赵夫人又患中风，造成偏瘫，不能起床，戴季陶本身病疼难禁，需人照顾，现在反而还要他来照顾呻吟床褥的赵夫人，真是船漏偏遇顶头风，这无疑会加重他的病情。但戴季陶与赵夫人的夫妻感情是如此深笃，戴季陶不仅带病扶持赵夫人，而且事无巨细，照顾得十分周到。每当他以颤抖的手送来一杯水、喂进一汤匙药时，赵夫人心中好一阵难过，这时，他们会长久地凝视，让多少复杂的情感，在这无声中传递。

后来，戴季陶的学生、国民党空军军官学校校长胡伟克见他生活实在不便，便亲自将他们夫妇俩接到杭州笕桥小住，并派人多方照顾。过了一段时间，赵夫人病情好转，戴季陶身体已渐康复，睡眠与饮食俱已恢复正常，他不便再打扰学生，且又留恋牧歌生活的孝园，于是，胡伟克才又将他们夫妇送回南京。

此时，国民党江北战线已全部败溃，人民解放军陈兵千里长江，南京已在共产党的股掌之中，整个国民党统治区一片混乱。在这种情况下，国民党内部也四分五裂，12月24日，桂系白崇禧致电蒋介石，抢先打出了与共产党"和

---

　　① 陈天锡：《戴季陶（传贤）先生编年传记》，第401页。

谈"的旗号。他建议"请美、英、苏出来调处共同斡旋和平","由民意机关向双方呼吁和平","双方军队应在原地停止军事行动，听候和平谈判解决"；"并望乘京沪平津尚在吾人掌握之中迅速作对内对外和谈部署，争取时间"①。

与此同时，湖北省参议会和河南省主席张轸均电蒋介石，要求他立谋改弦更张之道，否则"则国将不国，民将不民"，要求蒋介石"循政治解决之常轨，寻取途径，恢复和谈"②。

美国政府看到蒋介石政府的倒台已无可挽回，不肯在军事和经济上再大量援蒋，企图以中途换马的办法来挽救危局。到1948年下半年，让蒋介石辞职、由李宗仁出面进行"和谈"的暗中策划便公开化了。在形势与各方压力下，蒋介石迫不得已，只得以"主动下野"的办法来促成"和谈"，然后争取时间以利再战。

对于和谈，应该说，戴季陶从心底里是不感兴趣的，还在抗日战争刚刚胜利的时候，蒋介石企图在和谈的幌子下准备内战，电邀毛泽东到重庆谈判，戴季陶就曾坚决反对过。可现在呢？时局发生了根本的变化，共产党得到了全国人民的一致拥护；而相反的是，国民党在政治、经济、军事、内政、外交等各方面都陷入空前的危机，整个蒋家王朝面临着最后的灭亡。戴季陶这位蒋介石最大的谋士、国民党的忠实文臣，虽反对与共产党和谈，但绞尽脑汁也想不出什么绝妙的好计，以挽救当前的危局。因此，面对"和谈"的声浪，他只好以病为由，装聋作哑，默无声气，陷入"无可奈何花落去"的境地。

这一年的11月13日，国民党另一忠实文臣陈布雷自杀而死，戴季陶听到消息后十分悲痛，"哽咽半响，不发一言"，顾影自怜，大有兔死狐悲之感。虽然如此，他还故作镇静，当有人问他对陈布雷自戕的意见时，"公曰，照佛家道理，是不许可的"③，表示不赞成自杀之举。

年底，人民解放战争进入战略决战的阶段，辽沈、淮海、平津三大战役先后展开，国民党已相继丢掉东北、长江以北的华东地区和中原地区，北平、天津已被人民解放军重重包围，国民党的首都南京也危在旦夕，在这种情况下，

---

① 程思远：《李宗仁先生晚年》，文史资料出版社1980年版，第21页。

② 《第三次国内革命战争月表》，人民出版社1961年版，第71页。

③ 陈天锡：《迟庄回忆录》第四、五合编，第178页。

国民党中央计议将政府南迁广州。这一决定在南京城内引起了一片波澜，国民党大小官员都如惊弓之鸟，匆匆安置行装，准备随时逃离南京。

陈布雷和陈诚

这时，国民党广东省主席宋子文根据蒋介石的意思，打电报给戴季陶，邀他到广州小住，同时，宋子文还命粤省驻南京办事处主任何树祥亲自面谒戴季陶，反复劝说，请他速做决定，在近期成行。

除广州外，戴季陶当时可去的地方还有两个：一是台湾；一是四川。对于台湾，他态度很鲜明，坚决不去，据郑彦棻先生回忆：当时他曾劝戴季陶到台湾去，戴不假思索地说："不必！"[1]四川是他的老家，他是可以回去的，但此时，他又不愿作为乱世败将逃回家乡。他比较愿意去广东，那里有他曾惨淡经营的中山大学，他曾与孙中山在那儿奋斗了很长时间，因而广东能像故乡一样唤起他浓厚的感情。

1948年12月28日，戴季陶偕赵夫人及随员乘美龄号专机飞往广州。当飞机徐徐起飞时，他不无伤感地望了望金陵古城，但见苍山如黛，冬日似血，长江无语东流，从鼓楼至挹江门以北地区，那数以千计的小洋楼，绝大部分是国民党达官要人们的住宅，现在已是十室九空，新街口、花牌楼、夫子庙一带，向来是南京最繁华喧闹的地方，"车如流水马如龙"，盛极一时，现在则是行人

---

　　① 郑彦棻：《戴季陶先生逝世前后》，见《景光集》（台湾），1959年2月。

稀少，街道冷落，这六朝形胜之地，再也没有了往日的朝气，到处笼罩着一种寂寞清冷的气氛，他不禁吟起元代诗人萨都剌"六代豪华，春去也，更无消息"的词来。心想，现在该是七代了，想到这里，戴季陶不觉心里一沉，整个身体就像一下子坠入一片万劫难逃的汪洋苦海中，看不到生机，望不见彼岸。

6. 死而有憾

戴季陶到广州后，开始住在国民党广东省政府的招待所迎宾馆，后来又转往更为幽静舒适的东园宾馆，备受礼待。戴季陶由于病情愈加严重，不常外出，他的神经痛病不时而发，发作时疼痛难忍，没有办法，只得服安眠药片，使其昏沉入睡，即使不发作时，行动也需人扶持。

尽管如此，他始终都对政治表现出极大的关心。1949年2月8日，他居然还参加了国民党中央迁广州后的第一次常会，当他在记录本上签名时，手抖得十分厉害，额上不时冒出阵阵冷汗，但他还是坚持开会，在与人谈话时，竟有些语无伦次，明显感到失去控制力。他的身体、精神衰弱到了极点，就像一匹拉着破车的老马，走到了穷途末路，也走得精疲力竭。

此时，三大战役已经结束，人民解放军即将渡江作战，国民党政府已是死亡在即、回天乏术了。在这种情况下，大批国民党军政要员都匆匆如丧家之犬，急急如漏网之鱼，纷纷逃往台湾，广州城里乱成一团。

这时，又有人来劝戴季陶，要他去台湾，对于这个问题，戴季陶仍和以前一样，十分坚决地说："不必去！"他不想去那个孤岛，他不想抛骨异乡。共产党会取得胜利，会统一中国，对此，戴季陶不再怀疑了。共产党会怎样处置他呢？他以前接触过马列主义，接触过共产党，他不相信共产党会把他怎样，他老了，而且是病残之躯，他想家，而且比任何时候都想家了，那川江蜀道，似乎比任何地方都具有吸引力，因此，他坚持要回四川去。公子戴安国劝说无效，只好遵命，为他准备好了去成都的专机，但时运不佳，偏偏连日气候恶劣，飞机无法起飞，只好一等再等，想等天气好后再飞回四川。

2月11日，戴季陶神经痛病再度发作，这次比历次都要厉害，剧疼难忍，他躺在床上，辗转反侧，呻吟之声不绝，至深夜微微入睡，但到12日凌晨又疼醒。他便叫人烤面包来吃，送来五块，他只吃了半块，疼得再不能下咽，他实在没有他法可想，于是便拿来安眠药，一下子吃了近70粒，然后拉过被子，昏昏沉沉地睡下。

早晨8时，家人到他房间，不闻声息，便觉有异，急启帐幔，见戴季陶面色灰白，知道不好，忙叫来医生，进行急救。医生为其注射洗肠，但为时已晚，戴季陶的脉搏已停止了跳动，再也无法救治。1949年2月12日10时40分戴季陶逝世于广州东园，终年59岁。这位"反共最早，决心最大，办法最彻底"的人物最终和国民党政府一道走向了死亡。

关于戴季陶的死，现在一般说法是自杀。我们以为，自杀的可能性较小，误服安眠药过量而致死的可能性较大。这是因为：第一，戴季陶以前曾几次有过误服安眠药过量，而被抢救过来的先例，这次当然不能排除这种可能；第二，如果是自杀，像戴季陶这样喜欢舞文弄墨的文人，一定会写下遗书，留下遗言，但戴却没有，说明他是没有准备去死的；第三，当时他是要回四川的，并且已经订好了专机，做好了回川的各种准备，不可能突然自杀；第四，死前无任何异常举动；第五，戴季陶与赵夫人感情深厚，当时赵夫人患中风刚脱离险象，偏瘫尚未复原，极需人照顾，他不会自杀先赵夫人而去。当然，此时人民解放战争即将取得全国胜利，时局即将发生重大的转换，戴季陶本身病情的不断加重、病痛的长期折磨等诸种因素，导致戴季陶自杀，这种可能，我们也不得不考虑。

戴季陶可以说死得不是时候，当时，国民党正处于失败的前夜，党政要员都在为逃往台湾，应付各种事务而疲于奔命，没有谁来理会这位"党国元勋"的突然死去，在戴季陶临终前，国民党高层人物中，仅于右任来看了一下，也是匆匆而来、匆匆而去，据于右任回忆："戴季陶先生逝世一小时前，我因事赶飞机去南京，临时闻说季陶先生病剧，因此特地折返他的寓所东园去看他。那时他已奄奄一息，不能言语，知已回天乏术，我那时心中怆痛，真非笔墨所能形容，但因离开飞机启行的时间已迫近无法再事逗留，这是我和他最后的一面，这是我生平最怆痛的一件事。"[①]

戴季陶逝世的当天下午3时，在广州的国民党中央第178次常委会上，由郑彦棻报告戴逝世的经过，会议决定成立治丧委员会，由孙科任主任委员。14

---

① 于右任：《悼念戴季陶先生》，见《于右任先生文集》（台北版），第345—346页。

日，治丧委员会简单举行大殓后便匆匆了结此事。

至于戴季陶的把兄弟、称戴为"畏友良师"的蒋介石，虽然"闻耗悲痛，故人零落，中夜唏嘘"[①]，也只是迟到3月31日才发出所谓明令褒扬，谓戴季陶"才识恢宏、勋尤懋著"云云[②]。

戴季陶死后，由其长子戴安国运灵柩直飞成都。4月3日，与原配夫人钮有恒合葬于成都郊外西枣子巷黄太夫人墓地。

戴季陶死了，应该说，他是带着遗憾死的，死而有憾。他曾经亲笔书过陈其美的一副挽联，其联云："扶颠持危事业争光日月，成仁取义俯仰无愧天人。"戴季陶在辛亥革命的年代、在跟随孙中山的岁月，曾做过争光日月的事业。即使在国民党的政权里，也做过一些有益于人民的事。但俯仰无愧天人吗？他是有愧的，这是因为，他不能真正地以国家、民族、人民的利益为重，他对共产党怀有偏见，这样他在关键的时刻不仅不能与共产党合作，相反逆历史潮流而动，站在了共产党和人民的对立面，顽固地坚持反共反人民反革命立场。所以，他始终不能回答共产党受到人民的拥护、在全国取得胜利，而国民党最后众叛亲离、归于失败的原因所在。

戴季陶曾经说过一句很好的话："在新时代的生活里，才能有新的生命。"[③]但他自己却并没有自始至终站在新时代的前列、投身到新时代的生活里，因此他不会有新的生命，这就是他的悲剧所在。他逆历史的潮流而动，最后，只会被历史的潮流所淹没。

值得庆幸的是，戴季陶在人民解放战争高歌猛进的时刻，没有远走台湾孤岛，而把他的躯体留在了大陆，留给了生他养他的四川大地，没有"葬我于高山之上兮，望我大陆；葬我于高山之上兮，望我故乡"的遗恨，从这点来说，戴季陶倒是没有太多的遗憾。

假若戴季陶能活到现在，他看到国家安定、人民团结、各项建设飞速发展，一个现代化的社会主义中国指日可望，他的立场、观点、态度是否会有所改变呢？

---

① 蒋经国：《风雨中的宁静》，第152页。
② 陈天锡：《戴季陶（传贤）先生编年传记》，第410页。
③ 戴季陶：《八觉》，见《戴季陶集》上卷，第28页。

戴季陶 一生
· Daijitao de Yi Sheng

第十章

思想与著述

1．政治思想

戴季陶的政治思想有一个历史的发展过程，而且前后变化很大。

辛亥革命前后，戴季陶曾一度醉心于英美式代议制政府的美妙构想中，他认为，这种代议制政府不但可以奇迹般地使中国摆脱封建帝王统治的桎梏，而且能使中国走上现代化发展的康庄大道。而作为共和政治的带动系统——中央政府，最有效的应当是政党内阁，只有这种政权形式才能避免个人独裁与专制。

但中国的现实却无情地打破了他的幻想。南京临时政府成立后，中国社会出现了政党林立的局面，这些政党争相发表名目繁多的政纲、政见、宣言，洋洋洒洒、五花八门，政党数目高达三百多个，可称政党林立时代[①]。按戴季陶的设想，这足可以造成一种理想的政党内阁了，而实际上，这些政党代表各自不同的利益，围绕权力分配问题，展开了激烈的角逐，造成了政治更加混乱的局面。反动势力的代表者袁世凯乘机操纵党争，企图以此达到篡权窃国的目的。这些都使戴季陶十分气愤，但他仍然不愿放弃政党内阁的方案，只是补充了一些新的构想，他提出：应使中央政府免于因政党之争所导致的无能，为达此目的，就要在新的国会选举中产生一个稳居多数的革命同盟[②]。他以为有了这个同盟，就可避免党争，也可以组成一个既有权威又有民主性的政府了，但戴季陶并不了解，在中国这个半殖民地半封建社会里，政党最终只能是军阀、官僚的御用工具，政党内阁不能避免独裁与专制的出现。

戴季陶设想的这种代议制政府除了政党内阁的特色外，另一引人注目的地方便是采取分权制。民国初年，他发表了一篇文章《地方分治论》，主张地方实行分权。不久，他又在《民权报》发表《区域问题》一文，认为地方分权更

---

① 谢彬：《民国政党史》，学术研究会丛书部，1924年版，第4页。

② 戴季陶：《共和政治与政党内阁》，见《戴天仇文集》，第177页。

适合当时中国的政治现实，他指出："民国初成，根基未固，人民知识程度亦甚浅薄，极易为野心家所操纵，以中央集权之名来破坏民国的基础，唯有实行地方分权，始可免中央专制。"①

1914年7月，戴季陶在《民国杂志》发表《中华民国与联邦组织》，提出中国应采纳联邦制的主张。他认为联邦制并非造成一个支离破碎的国家，而是具有统一国法、对外具有全部主权的统一国家，不过在对内事务上采取分权制而已。戴季陶在文章中以美国和德国为例证，指出当世这两个联邦国家，德国最强，美国最富，这就说明联邦制不仅不会招致国家的分裂，且可促成国家的富强。因此，从这种形式主义的分析出发，戴季陶认为中国国情适于联邦组织。他还提出了三条理由：第一，从中国历史上看，地方分权时，文化就发达；反之，文化退步。周行分权，文化繁盛；秦行集权，文化停滞。第二，中国人在传统上有自治的能力，如地方团体、自卫团体、教育团体等，均具自治团体之功能，而乡党之制，尤为自治之起源。第三，中国人在心理上，爱省之心较爱国为尤切，故省界之存在，乃为联邦组织之自然基础。戴季陶还分析了历代各省人才集中于中央而形成官僚竞争的实况，治藩方针造成民族隔阂的错误，以及中国周围的形势，希望在中国采用联邦组织。

戴季陶不仅极力鼓吹联邦制，而且身体力行，积极参与这种主张的推行。1922年秋，他回四川后，亲自主持四川省宪的制定，经过近一年的努力，终于产生了一部四川省宪法草案。他企图以省宪来约束川军各将领的行动，达到消弭内乱的目的。但省自治和联省自治的口号，本来就是军阀武夫们欺骗人民的政治幌子，以自治之名，行割据之实，他们不但没有实行省宪的任何诚意，相反，互相间的混战愈演愈烈。这样，戴季陶"联邦制"的幻想也就宣告破灭。

以"政党内阁"和"地方分权"为主要特点的代议制政府确实是戴季陶早年在头脑中精心构制的一座神圣的殿堂，怎样才能实现这种美好蓝图呢？戴季陶认为，必须争取资产阶级中多数人的觉醒，得到他们的理解，得到他们的真诚支持，得到他们衷心的拥护。这是戴季陶从当时中国社会现实中总结出来的经验，因为辛亥革命后，大多数革命党人都以为大功告成，可以刀枪入库、马放南山了，于是有的消沉，有的落伍了，有的甚至倒入封建军阀的怀抱。这

---

① 戴季陶：《区域问题》，载《中华文化复兴月刊》第11卷第1期。

些人并没有真正的觉醒，他们不知道革命后应当造成一个什么样的政治局面，建立一个什么样的国家，因此他们把袁世凯的封建专制也当成了资产阶级的共和。这些都对戴季陶刺激很大，他十分感慨地说："虽然急进政治之机势常因少数人而非多数人所造成，但急进政治之成功抑失败，则全系乎多数人的自我觉醒而定。"①这里的多数和少数显然是指资产阶级而言的，只有整个资产阶级觉醒了，他的理想才能实现。所以，从二次革命以后十年间，戴季陶在当时中国混乱的时局中，不断地研求使资产阶级各阶层携手起来的灵丹妙药，融入他所进行的实现代议制政府的巨大行动中。

怎样才能造成革命势力的宏大基础呢？戴季陶指出：

第一，必须在群众中进行宣传。他认为，经过辛亥革命，共和制度虽然有名无实了，但共和的象征足以维持着卢梭、孟德斯鸠等人所提倡的政治理想于不灭，而在这期间，中国人的自我觉醒乃能逐步达成②。因此，在这种情况下，只有在民众中大力做宣传工作，鼓吹革命思想，才能逐步达成中国人的自我觉醒。他强调：特别要注意以方言写成的宣传杂志进行舆论工作，以唤起民众的注意力③。

戴季陶进一步指出："革命另有两种，一种是有知识的先觉者，以普遍的改造旧社会、旧政治、救济劳动者及失业者、流氓、乞丐、土匪、强盗为己任的人。一种就是觉悟的劳动者、失业者，信奉一个普遍的社会改造政治改造的理想起来和环境奋斗的人。"④从这里我们可以看出，戴季陶的宣传民众实际上是以先知先觉的救世主身份出现的。

第二，必须以武力来改变现状。戴季陶认为，武力是求取遽变的最佳催化剂。1914年，他曾向孙中山提议建立一支所谓的党军，当然，这时的戴季陶对建立党军的具体办法是含混不清的。到了二次护法的时候，他才提出较为成熟的设想，在给陈炯明的信中，他提出："就是要把先生部内的将校军队，施以普遍的革命教育，使个个成为有主义的革命者，个个成为有主义的宣传者……使全体的军队，被一个主义所支配，所有将校兵卒的差别，都只是职务上的差别，只是分工上的差别。……倘碰见一个反对他的主义的势力，他就能够牺牲

---

① 戴季陶：《中国革命论》，见《戴季陶先生文存三续篇》第二册第二篇，第586页。
② 戴季陶：《中国革命论》，见《戴季陶先生文存三续篇》第二册第二篇，第580—581页。
③ 戴季陶：《独语》，见《民国杂志》1914年8月。
④ 戴季陶：《论革命致陈先生书》，见《戴季陶言行录》，第75—76页。

他的一切去奋斗，即使全军覆没了，也还留着一个主义，作为将来革命的发动力。在这一种有组织的革命军里面，革命不是一个人的事业，是他那全团体的事业……他们的牺牲不是某人为某人效死，是各人为他自己效死，是各人自己为他所信奉的主义效死……这个宣传团的军队，组织成了，我敢断言，除了他的主义失败而外，决不能有失败。这就是20世纪科学的组织之革命军！"[①]

以武力改变现状是戴季陶基本的革命方法。当然，他还在探索另外一条到达理想境界的捷径，1919年，他发表的《革命·何故·何为》一文，曾提出过"和平的组织的方法和手段"，是革命运动的新形式[②]，这说明他的思想始终是矛盾的。宣传民众，建立党军，戴季陶以为凭了这两种办法，就可以造成强大的革命势力，而这强大的革命势力足以推翻封建专制的统治，营造起代议制政府精美的大厦。

戴季陶进一步设想，这种代议制政府建立后，主要任务应该是直接而广泛地参与经济活动。他认为，有了稳固的政治领导中枢才能达到工业、商业等各项经济事业革新的目标。孙中山认为中国的问题在于自然资源的不足，而戴季陶则强调中国欠缺的是运用自然资源的资本及保护这些资源的关税制度，而代议制政府的建立正好为弥补这些不足提供了保证。进步的政府有足够的自信心与才能来集结外国与本国的原料于生产集中化的大工业之上。他认为，建立了代议制政府后，一切问题都会迎刃而解，国家面临的主要问题将是经济建设了。他曾大声疾呼：中国之欲摆脱昨日的困境的关键即在于"百业之母——运输"[③]。而在运输中，尤其是铁路更为重要，他认为铁路是国家统一有力的感觉象征及实体上的支持力量，如铁路系统未能延伸至云南、新疆、内蒙古及东北，则这些地方将渐次脱离中国而致落入外人之手。

戴季陶还特别欣赏合作主义与合作制度，他提出，在代议制政府建立后，应当广为提倡，因为这符合中国的古制和当前的需要，他还亲自起草了一份《产业协作社法草案和理由书》，以利进行，他认为这种在欧洲十分发达的组织虽有妥协性，但能排除资本主义的灾害。

以上就是戴季陶早年所精心编制的资产阶级共和国的方案。透过这幅美丽

① 戴季陶：《论革命致陈先生书》，见《戴季陶言行录》第68—70卷。
② 戴季陶：《革命·何故·何为》，见《建设》杂志，1919年9月。
③ 戴季陶：《今日之国势》，见《戴天仇文集》，第37页。

的图画，我们可以看到，这一时期的戴季陶，在他思想深处顽强地闪烁着爱国主义的火花，他对封建专制不满、对袁世凯复辟帝制不满、对北洋军阀的反动统治不满，极望打破这种封建专制制度，而代之以资产阶级共和制度，这是符合历史进步潮流的。他对帝国主义侵略中国，操纵中国的政治经济，更是激愤万分，他要使中国摆脱帝国主义的奴役和凌辱，建成独立的资产阶级共和国，走在世界文明发展的前列，这也是符合民族利益的。所以从这点来说，我们应给予肯定，即使是他提出的"地方分治"说，对于袁世凯的帝制阴谋，对于北洋军阀的武人政治，也有一定的遏制作用。

但是戴季陶对中国的历史和现实作了完全形式主义的图解，因而他得出的结论也是完全错误的。我们说，不管是代议制政府也好，还是政党内阁也好，或者是联邦制政府也好，通通不越资产阶级共和国的雷池一步，而事实证明，资产阶级共和国的道路在中国是走不通的，中国的资产阶级不能够，也没有能力完成民主革命的任务。戴季陶的政治思想只不过是一座虚无缥缈的海市蜃楼罢了，特别是他的"联邦组织"论，可以说是开了20世纪20年代军阀们鼓吹"省自治""联省自治"的先河。

孙中山逝世前后，戴季陶的思想发生了变化，他高唱要制定国民党的"最高原则"，当然也是他政治理想的最高原则。1925年6月，他在上海写了《孙文主义之哲学的基础》一书，7月又写了《国民革命与中国国民党》一书，这两本书形成了国民党的所谓"最高原则"，也即戴季陶政治思想的最高原则。

正是在这"最高原则"的指导下，戴季陶提出了所谓"三民主义共和国"方案，可以说，三民主义共和国就是资产阶级共和国，但戴季陶此时对三民主义共和国的构成形式、实行方法与以前的代议制政府方案又有了某些不同。

1924年1月，中国国民党第一次代表大会在广州召开，在其发表的具有划时代意义的宣言中，对制宪派、联省自治派、和平会议派、商人政府派均予摈斥。宣言指出，联省自治派的错误，在以各省之大小军阀以谋取中央大军阀之权能，其结果"不过分裂中国，使小军阀各占一省，自谋利益，以与挟持中央政府之大军阀相安无事而已，何自治足云！"[①]戴季陶当时是大会宣言审查委员之一，并两次向大会作关于审查结果的报告，对于宣言中摈斥联省自治的主

---

① 《中国国民党第一次代表大会宣言》，见《中国国民党第一、二次全国代表大会会议史料》（上册），江苏古籍出版社，第83页。

张，戴季陶没有发表反对的意见，应该说，他是同意的。我们可以看出，他显然已经放弃了分权制的主张，而转向支持集权制的理论。他后来多次强调要维护中央的权威，因此，戴季陶主张的"三民主义共和国"是中央集权形式的资产阶级国家。

关于"三民主义共和国"的立国原则，戴季陶作了认真的研究。1935年，他为国民党第五次全国代表大会起草了大会宣言，在将初稿提交大会时，他说他是以一片至诚之心写成的，不能用则当撤回，但不能修改一字一句。在这个宣言中，戴季陶提出了建国的十大内容，也即是他的"三民主义共和国"立国的十大原则。这些原则是：第一，崇道德以振人心；第二，求实学以奠国本；第三，弘教育以培民力；第四，裕经济以厚民生；第五，慎考铨、严考绩，以立国家用人行政之本；第六，尊司法、轻讼累、以重人民生命财产之权；第七，重监察、励言官，以肃官方而伸民意；第八，重边政、弘教化，以固国族而成统一；第九，开宪治、修内政，以立民国确实巩固之基础；第十，恪遵总理遗教，恢复民族自信，确立正当之对外关系，以保持国家独立平等之尊严，而达世界大同之目的①。这十大原则从形式上看，依然是孙中山"五权宪法"的内容，即立法、司法、行政、考试、监察五权。这里，戴季陶对中国封建专制政体的严重影响和传统潜力是大大低估了。他自以为他的这些原则比西方资产阶级国家的三权分立更加优越，实际上他根本不懂得国家政权的阶级专政性能，不懂得政府机关、军队、警察、法庭、监狱这些东西的历史具体性，它们可以在所谓民主、民权的外在形式下，仍旧保持封建专制的老一套，而所谓的崇道德、求实学、裕经济、慎考铨、弘教化等可以完全成为一句空话。戴季陶试图超越西方资产阶级共和国的设想，实际得到的却是比资产阶级更加落后的东西。"三民主义共和国"在中国半殖民地半封建的土壤中没有生长出来，实现的倒是扯着假民主遮羞布的一次又一次封建法西斯独裁。蒋介石害怕真正的宪政，便把孙中山的"军政""训政""宪政"三时期中的所谓"训政"无限期地延长，以维护其独裁专制的统治。蒋介石搞假宪政时，甚至没有人敢在名义上和他竞选总统。

当然，我们也得肯定，在国民党统治时期，戴季陶极力鼓吹"三民主义共和

---

① 《中国国民党第五次全国代表大会宣言》，参见中国国民党中央执行委员会训练委员会1941年编印《中国国民党历次会议宣言及重要决议案汇编》。

国"的立国原则，推行"五权宪法"，这对蒋介石的专制独裁还是起到了一定的遏制作用的，使蒋介石在独断专行时，总不那么顺心，总不能随心所欲，觉得总是有些障碍。

怎样建成"三民主义共和国"呢？戴季陶回答道："民生主义与共产主义，在实行的方法上完全不同，共产主义以无产阶级之直接的革命行动为实行方法，所以主张用阶级专政，打破阶级。民生主义是国民革命的形式，在政治的建设工作上，以国家的权力，达实行的目的……以各阶级的革命势力，阻止阶级势力的扩大，而渐进的消灭阶级。"①从这段话我们可以看出，戴季陶已放弃了他早年提出的"以武力改变现状"的主张，不是以直接的革命行动为实行方法，而是以渐进的消灭阶级为实行方法。

戴季陶认为，"中国的社会，就全国来说，既是不很清楚的两阶级对立，就不能完全采取两阶级对立的革命方式"，因此，"中国的革命与反革命势力的对立，是觉悟者与不觉悟者的对立，不是阶级对立"②。

戴季陶还以中国的经济条件来说明中国不需要激烈的无产阶级专政，他说："及辛亥革命倾覆满廷的时代，在国内的通商口岸地方，已经稍稍有近代的工商业发生，但是生产的能力实在微细得很，并且他们还没有形成一种资本家阶级的意识"③。因此，"革命的动机，是由一种利他的道德心"④。而所谓"利他"，即是"仁爱"，"仁爱是革命道德的基础"⑤，是人类的共性，旨在实现"三民主义共和国"的国民革命应该是联合各阶级的革命，"一方面是治者阶级的人觉悟了，为被治者阶级的利益来革命，在资产阶级的人觉悟了，为劳动阶级的利益来革命！要地主阶级的人觉悟了，为农民阶级的利益来革命，所谓'成物智也'。一方面要被治者阶级劳动阶级农民阶级也起来为自己的利益革命，所谓'成己仁'也"⑥。在戴季陶看来，地主与农民，资本家与工人，统治阶级和被统治阶级都可以站在一起亲切拥抱，高唱一曲共同革命的赞美诗。这就是他的阶级斗争之外的"统一革命的原则"⑦。他认为"离却仁

---

① 戴季陶：《孙文主义之哲学的基础》，见《中国现代政治思想史资料选辑》（上册），第408、416页。
② 戴季陶：《孙文主义之哲学的基础》，见《中国现代政治思想史资料选辑》（上册），第408页、416页。
③④⑤ 戴季陶：《孙文主义之哲学的基础》，见《中国现代政治思想史资料选辑》（上册），第410、416、417页。
⑥⑦ 戴季陶：《孙文主义之哲学的基础》，见《中国现代政治思想史资料选辑》（上册），第418、416页。

爱，绝无革命可言"①。因此，他攻击共产党"制造阶级斗争"，是"争得一个唯物史观，打破一个国民革命"②。他得出结论，马克思主义只能适用于那些业已获致民族独立与稳固国际地位的国家，而不适合于中国。这里戴季陶反对马克思主义、反对共产党的面目已完全暴露出来，他已成为大地主大资产阶级的代言人，因此，他的"三民主义共和国"仅有的一点进步性也终于消退干净，成为大地主大资产阶级联合专政的代名词。

在"三民主义共和国"中，戴季陶还虚情假意地提出实行所谓的全民政治，他说："我们要以大多数人全部的民众来建国，以民众掌握政权……国家是为人民而建造的，是要由人民自己来建设的，即是要人民才有政权，而不是由少数人去掌握政权。"③这段话说得十分漂亮，但却不能实现，这种"全民政治"与"全民革命"是一样的货色，在阶级社会里，鼓吹这种论调，不是天方夜谭，就是企图在这种奇谈怪论的掩盖下，实行资产阶级一个阶级的革命和资产阶级一个阶级的专政。

纵观以上戴季陶政治思想发展的历史过程，我们可以得出这样的结论：如果说戴季陶早期的政治思想具有某种反封建专制、反袁世凯复辟帝制的积极意义的话，那么他后来的政治思想则适应了大地主大资产阶级的要求，成为反对马克思主义、反对共产党、反对国共合作的一股反动思潮。

如果说戴季陶早期的政治思想还闪烁着一丝爱国主义的火花的话，那么他后来的政治思想一方面由于要坚持建立统一的国家、独立的国家，使中国富强起来，符合中华民族的利益；另一方面由于在具体方法上的一些反动措施，又适应了帝国主义侵略中国的要求，在半殖民地半封建的中国建立一个大地主大资产阶级专政的国家。

所以，当代表戴季陶后期政治思想的《孙文主义之哲学的基础》《国民革命与中国国民党》这两本小册子一出笼，便立即遭到了共产党人的批判，"在国内，则在广州、北京、武汉，被焚毁的不下数千册"④。这就是戴季陶政治思想的可悲命运。

---

① 戴季陶：《民生哲学系统表说明》，见《中国现代政治思想史资料选辑》（上册），第431页。
② 戴季陶：《国民革命与中国国民党》，见《中国现代政治思想史资料选辑》（上册），第472页。
③ 戴季陶：《三民主义讲演》，见《戴季陶集》（上卷），第29页。
④ 戴季陶：《国民革命与中国国民党重刊序言》，见《戴季陶言行录》，第207页。

2．哲学思想

戴季陶的哲学思想即所谓的"民生哲学"，是他政治思想的理论基础。它包括三个方面的内容。

（一）"求生冲动"的民生史观是戴季陶"民生哲学"的核心部分。他认为："生存是人类原始的目的，同时也是人类终极的目的。在生存的行进中，逢着一种障碍的时候，求生的冲动便明明显显地引导着人们发生一种生存的欲望。"①于是，这种"求生的冲动"和"生存的欲望"便成为鼓舞人们的力量，促使人们去克服一个又一个的困难，越过一个又一个的障碍，开辟一个又一个的领域，创造一个又一个的业绩，这就推动了历史的前进，人类的历史，便是一个在"生存的欲望"吸引下，克服障碍的不间断的过程。因此，戴季陶得出结论："民生是历史的中心。"②戴季陶还认为，人类的一切工作、建设、发明创造，都是为了人的"生存欲望"而进行的，"离却人类生存的需要，也就没有发明和工作的价值"，不光是经济方面，"一切国家和社会的文化，都是以人类的生存为目的，以'共同生活'的组织为人类生存的手段。详言之，就是人民的生活，社会的生存，国民的生计，群众的生命，便是文化的目的。所以离却民生，没有文化；离了民生，没有道德"③。他还进一步指出："就欲望的性质上说，无论是哪一种欲望都具有独占性和排他性，同时也具有统一性和支配性。因为要独占，所以要排他；因为要统一，所以要支配。"④

根据以上这些论点，我们可以将戴季陶的历史观做这样的表述：民生是历史的中心，而人们的生存欲望具有独占性和排他性，它是决定一切的。因此，人们的"生存欲望"是推动历史车轮滚滚向前的原动力，整个人类社会的历史即是一部求生存的历史。这样，我们就不难看出，戴季陶在解释人类发展的历史时，他先把人类的历史归结为"生存"，再把"生存"归结为"生存的欲望"，这种以"生存的欲望"来解释历史发展的观点，显然是唯心主义的。

第一，戴季陶离开人类生产活动来考察人类的生存问题，必然陷入唯心主

---

① 戴季陶：《国民革命与中国国民党》，见《中国现代政治思想史资料选辑》，第441页。
② 戴季陶：《三民主义之哲学基础》，中国文化服务社北平分社1945年版。
③ 戴季陶：《孙文主义之哲学的基础》，见《中国现代政治思想史资料选辑》，第421页。
④ 戴季陶：《国民革命与中国国民党》，见《中国现代政治思想史资料选辑》，第441页。

义的泥淖。戴季陶重视人的生存、人的生活、人的生计、人的生命，反对从人的纯观念中去寻找历史进化的原因，力图从社会经济生活中寻找历史发展的原动力，应该说具有某些合理的历史唯物主义因素。但是他对人的生存、生活、生计、生命的理解是抽象的，他在考察这些问题时，脱离了人类一般的生产活动，因而对这些问题不能给予正确的回答。马克思主义哲学认为，人当然要生存，要生存首先就得有衣食住，要有衣食住，就要生产，离开了生产，便不可能有什么生存。马克思说："任何一个民族，如果停止劳动，不用说一年，就是几个星期，也要灭亡，这是每一个小孩都知道的。"① 依照马克思主义的观点，人类的物质生产活动，是最基本的实践活动，政治、科学、宗教、艺术等只能在这个基础上存在和发展。人的生存欲望，作为人的思想，也只能在这个基础上存在和发展。历史发展中决定性的因素，归根到底是物质资料的生产和再生产，历史上每一次革命、变革，每一次生产关系的变更，也都是社会生产力发展的结果。戴季陶离开生产力发展的要求，侈谈什么"求生的冲动""生存的欲望"，这就抹杀了客观的社会物质生活条件决定着和制约着人类的生活和人们求生存的欲望这一基本的事实，这怎么能对历史的发展进程做出科学的说明呢？

第二，戴季陶的民生史观之所以是唯心主义，还在于他离开了人的社会性和人的历史发展来考察人类的生存问题。马克思主义的唯物史观认为，在阶级社会中，阶级斗争是推动社会发展的直接动力之一。人类的任何思想、观点或欲望，都是一定社会经济基础的反映。所谓"生存的欲望"都是具体的，是一定阶级的欲望，农民的欲望不同于地主的欲望，工人的欲望也不同于资本家的欲望，剥削阶级与广大劳动人民的欲望也是不同的，可以说，不同阶级的欲望反映不同阶级的意志。戴季陶这里只看到了作为对立面的阶级矛盾的同一性，而忽视了它的斗争性；他强调了人们解决"生存问题"的共同意图，而忘记了分裂成集团——阶级的人们是循着完全对立和不同方式与途径去解决"生存问题"的。戴季陶避开阶级和阶级斗争，来鼓吹什么人类共同的"生存欲望"，并加以抽象化，使之成为一种超阶级超时代的力量，这就违背了社会历史事实，因而也不能对历史的发展进程做出正确的解释。

---

① 马克思：《致路·库格曼》，见《马克思恩格斯选集》第4卷，第368页。

从以上的分析，我们可以看到，戴季陶把社会历史发展的因果关系弄颠倒了。在社会历史发展中，"人类生存""生存欲望"的问题，是由物质生活资料的生产方式所决定的，在生产方式中，生产力和生产关系的矛盾决定着经济基础和上层建筑的矛盾，这些社会基本矛盾在阶级社会中表现为阶级矛盾和阶级斗争。在阶级社会中，"人的生存""生存欲望"问题，正是以阶级利益的对立和矛盾为其总根源的，这种阶级矛盾只有通过阶级斗争、解放生产力，使生产关系和上层建筑适合生产力的发展，才能得到解决。戴季陶否认阶级矛盾是"人的生存"问题的总根源，反而认为"生存欲望"才是社会发展的终极原因，这就把因果关系颠倒了，不符合历史发展的客观实际，因而是错误的。

（二）唯心主义的道统说与"仁爱"哲学，是戴季陶"民生哲学"的重要组成部分。戴季陶宣称他的"民生哲学"是继承尧舜以至孔孟而中绝的仁义道德的思想，他甚至把孙中山的思想也说成是中国传统思想的继承。他认为，中国自古以来就有一个道统，这个道统由尧舜开始，到孔孟以后就中断了，现在应由他们来继承这个道统，以使中国固有的伦理哲学和政治哲学的思想发扬光大起来，"因为这一个道德的文化，是人类同胞精神的产物，要把这一个道德文化的精神恢复起来，以之救国，并且把来做统一全世界的基础，才是完成了中国人在全人类中的使命。"[1]

那么戴季陶宣扬的这个道统有什么样的内容呢？他认为主要内容便是"仁爱"，他说："民生是历史的中心，仁爱是人类的本性。"[2]并且这个仁爱是永恒的，"阶级的差别，并不是绝对能够消灭人类的仁爱性的"[3]。因此，他主张各阶级的人，能够从仁爱出发，"要抛弃了他的阶级性，恢复他的国民性，抛弃了他的兽性，恢复他的人性。换一句话说，就是要支配阶级的人，抛弃他自己特殊的阶级地位，回到平民的地位来"[4]。到了这个时候，革命就没有其他的意义了，革命的任务，就是用完美的知识，去陶融仁爱的感情，这种仁爱的"感化和助力"得到充分发展，革命就能成功，人类也就能进入大同世界。这真是一曲人爱人、人爱家、人爱国、国爱国、家爱家的爱的美妙乐曲。可见，戴季陶"就是要想拿'思想'来支配'事实'，要想拿他头脑中所造出

---

① 戴季陶：《孙文主义之哲学的基础》，见《中国现代政治思想史资料选辑》，第414页。
②③④ 戴季陶：《孙文主义之哲学的基础》，见《中国现代政治思想史资料选辑》，第417、418页。

来的'空想'来统一世界"①。

戴季陶搬出中国哲学史上早已陈旧不堪的唯心主义道统说，其目的在于论证所谓"纯正的三民主义"乃是中国"正统思想"的嫡传，并以此来反对马克思主义在中国的广泛传播，反对马克思主义的唯物史观。马克思主义的唯物史观认为，一定的文化是一定时期经济基础的反映；当然，马克思主义的唯物史观又认为，一定时期的文化与它上一时期的文化有一定的联系，但这只是流与源的关系，绝不是上一时期文化的简单重复。如果文化还有一个什么固定的道统，这只能是离开客观现实的一种主观臆想。

以"仁爱"为中心的道统说，其实是地主资产阶级人性论的翻版。马克思说："人的本质并不是单个人所固有的抽象物。在其现实性上，它是一切社会关系的总和。"②在阶级社会中，人的本质就是阶级性，人都是作为阶级的人而存在，人的思想感情都是由阶级地位所决定的，地主不会爱农民，资本家不会爱工人，就像鲁迅所说的那样，贾府里的焦大是不会去爱林妹妹的。戴季陶的"仁爱"说，实质上是阶级调和论。还在戴季陶主义刚刚出现的时候，共产党人恽代英就曾指出"我们根本不相信什么叫人格感化"，"这种感化哲学，只是使老虎好吃人，为被吃的超度，使他不怨恨老虎而已"③。这就深刻地揭露了所谓"仁爱"哲学的虚伪性和反动性。

戴季陶还将几千年前孔子的正心、诚意、修身、齐家、治国、平天下的养身之道拿来作为人们处世、求知的原则，认为这些原则是互相关联的，一个人只要首先能正心、诚意、修身，然后就能齐家，进而治国，再而达到平天下的宏图伟愿。这种仅靠个人的修身养性就能获得齐家、治国、平天下之道的论调更是同马克思主义背道而驰的，马克思主义的认识论认为，人们的知识只能从社会实践中来，实践是人们获得知识的源泉，实践是人们获得知识的目的，实践也是检验知识正确与否的唯一标准。人们只有亲身参加生产斗争、阶级斗争、科学实验这种社会实践，才能获得各种正确的知识。而戴季陶以为呆在家里正心诚意、修身养性就能获得知识，这显然是唯心主义的认识论。

---

① 存统：《评戴季陶先生的中国革命观》，见《中国青年》第91—92期合刊，1925年9月1日。
② 马克思：《关于费尔巴哈的提纲》，见《马克思恩格斯选集》第1卷第18页。
③ 恽代英：《甘地与列宁》，见《中国青年》第114期，1926年2月20日。

（三）反动的英雄史观，是戴季陶"民生哲学"又一重要组成部分。他极力宣扬历史是英雄创造的，即像他们那些有"完美知识"的人创造的，广大人民群众只能拜倒在他们的脚下，听从他们的指挥，跟着他们革命，享受他们赐予的幸福。他们自称是"中华民国唯一救主"，中国的历史应该由他们来创造。戴季陶将人群分为三类，即先知先觉者、后知后觉者，这是少数，大多数是不知不觉者，"所以结果只是由知识上得到革命觉悟的人，为大多数不能觉悟的人去革命"①。他进一步强调："革命是由先知先觉的人发明，后知后觉的人宣传，大多数不知不觉的人实行，才能成功。"②

马克思主义的唯物史观认为，领袖人物的思想和行为，只有同人民群众的活动结合起来，反映时代的要求，才能推动历史前进，否则，只能被历史的潮流所淹没。从根本上说，不是英雄造时势，而是时势造英雄，只有人民群众才是历史的真正主人，他们创造一切，拥有一切。戴季陶从唯心史观出发，把人民群众看成是"阿斗"，是"不知不觉"的昏百姓，其目的，无非是为他们这些"先知先觉"的大人物压迫和愚弄人民寻找理论根据。

一切英雄史观的鼓吹者，都必然是一方面把少数英雄打扮成救世主的模样，使其能天马行空，独来独往，另一方面则对人民群众的革命运动十分仇恨。戴季陶也不例外，他虽然也讲要发动群众、宣传群众，但当群众起来革命时，他又充满无限恐惧和仇视。当国共第一次合作的统一战线建立后，全国的工农革命运动出现了新的高潮，戴季陶却一反常态，大肆咒骂起群众革命运动来，他说"放任共产党鼓动群众，建设政府统治之外的政府"，造成了"产业上、地方上的大乱"，"民众没有法律做保证和制裁，于是运动也就成了捣乱运动"。"工会可以随便宣布谁是工贼，农民协会可以随便开庭问案"，"这种情形，真是无法无天了"③。戴季陶确实愤愤然了。

正如马克思所说："当群众墨守成规的时候，资产阶级害怕群众的愚昧，而在群众刚有点革命性的时候，它又害怕群众的觉悟了。"④戴季陶对革命群众运动的恐惧和仇恨，正是大地主大资产阶级心态的反映。

---

① 戴季陶：《孙文主义之哲学的基础》，见《中国现代政治思想史资料选辑》，第416页。
② 戴季陶：《孙文主义之哲学的基础》，见《中国现代政治思想史资料选辑》，第416页。
③ 戴季陶：《青年之路》，上海民智书局1927年版。
④ 马克思：《路易·波拿巴的雾月十八日》，见《马克思恩格斯全集》第8卷，第219页。

3. 边政思想

戴季陶对祖国的边疆及边疆各少数民族十分重视，并多有论述，他自己也与边疆各界人物保持着广泛的联系。

早在辛亥革命前后，戴季陶就写了大量文章研究边疆问题，他对19世纪末中国出现的边疆危机进行了深入的调查和认真的分析。他认为，各帝国主义国家均对中国抱有侵略野心，但给中国祸患最大的，一为俄国，二为日本，它们占领了中国大片领土，对生活在中国边疆的少数民族危害极大，对中国主权的危害也极大。

国民党南京政府建立后，戴季陶作为国民政府的高级官员，对边疆问题更加重视，他对当时有些人忽视边疆的重要性，不了解边疆的情况十分忧虑，他沉痛地指出："……吾国人真能发扬民生建设之真义，并从事研究中国边地开发与内地开发者，实属甚鲜。即退一步言，真能指陈中国边疆之实况者，亦不多见。"[①]因此，他大力提倡研究边疆、重视边疆，强调"在今日而行救国之道，断不可遗弃边疆"[②]。

对于危害中国最大的两个国家——日本和俄国，戴季陶作了比较后，认为俄国之为祸更大。他在分析俄国、日本与中国的关系时指出：日本对中国的态度依中国的国势强弱而定，中国势弱时，日本才能为中国的仇敌，中国势强时，日本则可能成为中国的朋友。至于俄国，"则将永为中国之敌"，他并且预言："自今而后，二三百年间，中俄两民族之斗争，必无已时，中国愈强，则斗争愈烈。"[③]

应该说，戴季陶认为中国富强了，就能避免帝国主义的侵略，这是有一定道理的，但他不懂得，只要有帝国主义存在，就有侵略，中国的边疆就存在着危险。帝国主义是战争的策源地，要想彻底消灭战争和侵略，只有彻底埋葬帝国主义。而随着帝国主义的灭亡，随着历史的发展进程，中国与日本、俄国作为友好国家而往来，人民与人民亲密相处的时代一定会到来的。

戴季陶认为二三百年间，中俄间的斗争必无已时，这只是一种没有根据的

① 戴季陶：《中国边疆之实况序》，1930年8月10日。
② 戴季陶：《蒙藏状况序》，1931年10月。
③ 戴季陶：《中日俄三民族之关系》，1930年10月10日。

机械理解和主观猜测，当时，俄国已推翻了沙皇的反动统治，人民在共产党的领导下正在进行社会主义建设，这时的苏联已完全不同于帝俄时代的沙皇俄国了，戴季陶一口咬定俄国对中国为祸更大，既有对苏联的敌视，也夹杂着对社会主义的偏见。

基于以上这种认识，戴季陶认为，在中国存在着边疆危机的情况下，必须对边疆问题引起高度重视，要了解边疆，要研究边疆。为了促进边疆各民族文化的交流，他在南京发起组织"新亚细亚学会"，1932年4月，学会终告成立，当时入会者，包括边籍人士与学者专家。这个学会的成立为国人对边疆的研究首开风气。1938年6月，他在给朱家骅的信中还建议："弟以为应赶速在西康之适当地点，建立三种最基本之研究所，并集国内之头等人才为主，以作确实之研究基本，三研究所云者，第一天文气象，第二地质，第三生物……若能成就此计划，其利国福民、扶助边民者，断非算数所能知之……"[1]正是在戴季陶的倡导下，南京国民政府开始对边疆问题重视起来，国人对边疆的研究也表现出较大的兴趣。

戴季陶为什么会对边疆问题如此重视呢？他认为，中国边疆的满、蒙、回、藏诸族，与本部之汉族，在上古时代乃同族同宗，其后因各族生活环境的差异，形成了文化发展上的迟速，但基本上同隶于代表东方文化的汉民族文化范围之内，他在给马鹤天的著作《内外蒙古考察日记》一书作序时，就说明"汉族之与蒙古民族，系出一宗，族同一祖，但视其面貌骨骼，便已足信不疑"。他还将此推演到其他各少数民族，认为"蒙回俱族，其理亦同"。正是基于这一同宗同祖的历史渊源，戴季陶指出，当前唇亡齿寒，存亡攸关的现实环境，与各民族的共同发展、利益密切相关，这就要加强边疆各民族的同化，以造成"形神具一的中国民族"及真正统一的"中华民国"，而后始能千载万世，发展无穷，"为人类文化之光"[2]。戴季陶曾经说："在中国来讲，民族就是国族。……中国民族是以一个同文化的民族做基础。中国人民说是四万万，这四万万当中，是同一个中国的民族……"[3]也就是说，中国各族人民实质上就是一个中华民族。

---

① 戴季陶：《致朱骝先先生书》，1938年6月28日。
② 转引自王寿南：《戴季陶》，《中国历代思想家》第55辑，第80页。
③ 戴季陶：《三民主义的国家观》，见《戴季陶言行录》，第271页。

戴季陶认为中国各民数系出一宗，族同一祖，为统一的中华民族，这是正确的；加强各少数民族的相互联系，特别是文化联系，以求共同发展，这也是正确的。但他主张以汉民族为中心，实现边疆各民族的同化，这却是大汉族主义的思想体现。中国境内各民族应一律平等，要尊重各民族的风俗、习惯、宗教、心理等，各民族可以发展自己的文化，互相取长补短，促进共同繁荣，这才是马克思主义正确的民族政策。

戴季陶认为边疆问题如果处理适宜，不仅能消弭边患，且足以为国家民族立万世富强之基，因此，他矢志为边疆民族的团结和融合而努力，他曾向蒋介石表白心迹说："弟为西北蒙藏贡献此身之意，早已矢之总理，迟早必完成此志，以报国家。"[①]

在边疆各族中，戴季陶对于西藏民族尤其关切，他认为西藏无论从地理上、文化上、国防上都具有重要意义。他揭露了近百年来英帝国主义侵略西藏、挑动西藏民族脱离祖国的阴谋。他认为，西藏民族同中国其他民族一样，处于同一地位，"系同受帝国主义的压迫，尤其受英帝国主义的压迫和侵略为最厉害"，因此，"中藏民族已是站在利害相同的地位，感情自能融洽，才不致受外人的挑拨致自起冲突了"[②]。

在此思想的指导下，戴季陶对西藏的佛寺整建、经典刊印、宗师联络等，都竭尽所能。西藏班禅大师于1931年、1932年、1934年三次到南京，均由戴季陶筹划，并亲自接待。1935年，班禅在回藏途中于玉树圆寂，戴季陶又受命前往致祭。

戴季陶对边疆少数民族的教育也十分热心，他认为，要发展边疆各民族的经济和文化，首先要发展民族教育。发展民族教育，一是国内各大学有计划地研究少数民族文化，二是为边疆各民族设立学校。他曾在国民党中央党务学校设立特别班，招收康藏青年，在中央政治学校附设蒙藏学校，以提高边疆少数民族的文化水平。

对于少数民族的管理，戴季陶提出了三个原则："一曰树立中央威信，以加强边疆同胞之向心力；一曰选拔边疆人才，以鼓舞边民之事业心；一曰促进

① 戴季陶：《致蒋中正先生电》，1932 年 4 月。
② 戴季陶：《三民主义的国家观》，见《戴季陶言行录》，第 276—277 页。

各种建设，以提高边地之文化经济水准。"①

关于选拔边疆人才，戴季陶认为："就选拔边疆人才言，最要者，莫如罗致各部族优秀分子，赋予适当工作，俾发挥边地人民之特长，并激发其事业心，使能自动为事业而努力。在昔汉唐盛时，对于边疆英俊，多能量才器使，如金日磾哥舒翰仆固怀恩浑瑊之辈，入为心膂，出作股肱，咸有勋绩，垂声后世。今之边疆人才，宁不如昔，徒以选拔乖方，任使乏术，罗致则慕其名而不考其实，引用则予以位，而授以事。以致国家有才难之叹，而边才失发展之机。敌伪奸党，遂得蹈隙抵瑕，肆其煽惑，动摇人心，扰乱地方，边疆多故，半由于此。今后中央及地方党政军教各机关，对于边疆人才，务须留心察访，凡属忠勇才智之士，应随时荐引，引用之后，立即赋予具体工作，并按其成绩，予以奖拔。使其在工作中增加经验，从事业中发生兴趣，万不可稍存利用心理，予以特殊待遇，提高其物质欲望，使其沾染养尊处优之恶习，丧失刚劲勤劳之特性。"②因此，他极力主张对少数民族的管理主要依靠本民族的干部，如必要派人时须绝对慎重。他很景仰唐代文成、金城两位公主下嫁入藏后，于藏族经济文化发展所做的贡献，认为"文成种文明之因，金城结圣胎之果"。对于赵尔丰、徐树铮等人，则认为其政策是根本错误的。

那么到底应选派什么人去少数民族区域服务呢？戴季陶曾经对当时的教育部长陈立夫讲过一段词意恳切的话："此时对于边地之政策，以绝对慎重为第一，中央以不轻易派人为原则。若不得已而派员，必须选择老成忠厚，不急功利，不务虚名，识大体重行谊者为良。总期以行修品端，表率边民，不可以小智小策，使年轻者蹈内地之覆辙，年老者生轻厌之感想。往古苏东坡先生之在琼崖，韩退之先生之在潮州，王阳明先生之在龙场，近代林文忠公之在新疆，类皆谪居远放，而皆能为当地造百年福德，留千载法恩，其故可深长思矣。"③因此，中央所派人员到边地后，应"实践尽先为当地人民谋利益之方针"④。

以上这些，是戴季陶对到少数民族区域去工作的汉族干部所提的要求，这

---

① 戴季陶：《对于边疆问题之指示》，1942 年 7 月 20 日。
② 戴季陶：《对于边疆问题之指示》，1942 年 7 月 20 日。
③ 戴季陶：《致教育部陈部长书》，1938 年 2 月 9 日。
④ 戴季陶：《致教育部陈部长书》，1938 年 2 月 9 日。

基本上是正确的，但他对于怎样依靠当地民族干部、由少数民族干部管理本地事务、国家帮助少数民族进行各种经济文化建设，没有提及，不能不说是他思想上的局限。

怎样开发边疆呢？戴季陶十分赞成孙中山在《实业计划》中提出的移民开发边疆的意见。他认为此举不独可以开发边疆资源，充实边防，而且也是人口发展的自然趋势，还是民族文化交融的有效途径之一。他在为华企云所著的《中国边疆之实况》一书所做的序文中，主张国内过密之人口，应向四个方向移植：一为向北，移向东三省、内蒙古及塞北三省；二为西北，移向甘肃、新疆；三为西南，移向西康、青海、西藏；四为内地开发，主张开辟各省尚有之荒地，以尽地利。当然，戴季陶也认为，移民是个大的事情，不能盲目行动，一定要有步骤、有计划地进行，首先，要培植一些移民的人才，使他们成为"坚韧、刻苦、自学、有养、有胆、有识"的人，由他们来做移民的骨干。戴季陶在中山大学任校长时，就曾计划在学校增设一个移民科，培养移民方面的人才，以"养成能够独立奋斗的移民领袖，作开辟荒芜，殖产兴业的基础"①。

关于边疆纠纷问题，戴季陶主张多方协调，消弭矛盾于无形。如1935年新疆发生政变及青海孙殿英与马家军冲突问题，戴季陶力主和平解决。1933年西藏达赖喇嘛逝世，有人主张国民党中央乘机向西藏进兵，他坚决反对，痛斥用兵之主张为"幸灾乘危之主"，并致电驻屯雅安之川军副军长向傅义，劝向"治边以安民为上，过去汉土官军，种种压迫剥削，实不可为训……务恳切整顿军旅吏治，成仁义之师，行仁义之政，爱护汉番，视同一体"②，终于阻止了这一不义的行动。

戴季陶的边政思想，总的来说，还是为了维护祖国的统一，不致酿成分裂的灾祸，但在有些方面流露了大汉族主义的思想，应该摒弃。另外，在国民党统治时期，所实行的是大地主大资产阶级对全国各族人民的统治，不可能实行真正的民族平等，也不可能有真正的国家统一。戴季陶的主张，有些是为了给国民党实行的民族压迫政策加上些温和的色彩，有些则是一种不能实现的幻想。

---

① 王寿南：《戴季陶》，见《中国历代思想家》第55辑，第82页。
② 戴季陶：《致向副军长（育仁）电》，1933年12月23日。

4．教育思想

戴季陶的一生多与教育有关，并有较多的时间亲自参加教育的实践。早在20世纪20年代初，因护法失败，戴季陶随孙中山滞留上海，他们接触了比较多的中小学教材，孙中山鉴于上海各书局出版的教科书缺点甚多，便命戴季陶与胡汉民、朱执信、廖仲恺等人研究中小学教育事宜，并编辑初级师范、男女中学以及初高两级小学教科书；1924年，戴季陶担任黄埔军校政治部主任；1926年为中山大学委员长（第二年改制为校长）；1927年任国民党党务学校的教务主任，1928年改名为政治学校，为校务委员；从1928年起任考试院长达20年之久，也与教育有关；1930年，戴季陶在浙江吴兴后林木桥头地方创办后林小学；1932年，他又发起创办西北农林专科学校。戴季陶多年从事教育工作，对办教育积累了一些经验，并常发表一些有关教育方面的议论，这就形成了他的一整套比较系统的教育思想。

关于教育的地位。戴季陶认为在国家各项事业中，教育实为重要。因为革命和建设都需要人才，而教育就是造就人才；重视教育，就会人才辈出，不重视教育，就会弄到人才缺乏至极的地步。他用了个十分浅显的比喻，说教育如同种树一样，平时注意了种树，就会林木茂盛，"若是相互斩伐，必定弄到焚火烧山"。教育是培养青年的事业，"如果青年毁灭，整个社会毁灭，中国还有什么生机，灭国亡种之祸，可立而待"[1]。他进一步分析，中国之病在于民族本体的衰弱，而文化不兴则是衰弱的原因，也是衰弱的结果，要医治这种衰弱的病体，只有重视、加强教育。

戴季陶为什么如此重视教育呢？可以说有两个方面的原因。第一，他是从清王朝过来的，清朝末期由于教育不发达，科学文化极端落后，产业极端薄弱而总是处于被动挨打的地位，这一点他是深有体会的，他曾经就萌发过教育救国、科学救国、实业救国的思想，教育发达了，国家才能富强，这个观点对他的影响是十分大的。第二，国民党统治时期，广大青年学生对其专制独裁严重不满，对马克思主义表现了极大的兴趣，对共产党由同情到参加，由两耳不闻窗外事到直接参与社会斗争。这些对国民党的统治是严重的威胁，戴季陶攻击说，这是共产党煽动的结果。而学校又是重要的阵地，因此，他要牢牢守住教

---

　① 戴季陶：《中国教育问题》，见《戴季陶集·最近之言论》，第20—21页。

育这块阵地，用三民主义思想作为武器，与共产党争夺青年学生，以维护国民党的统治。

关于培养目标。戴季陶认为，学校应当把男子培养成三民主义的革命人才和建设人才，而女子则培植成"和平慈祥的健全的母性"。他特别强调，学校培养的学生不能仅仅是为了升入高一级学校，而应该是为了培养于国家有用的人才。

关于教育方针。戴季陶提出："三民主义之国民教育，便是中国今后的教育方针。"①

关于教学内容。由于他重视教育在很大程度上是为了和共产党争夺青年学生，所以他强调教学内容也应与此密切相关。他提出加强党化教育，即必须将三民主义的精神，融化于一切教科书中，做到无一处无一时不具有三民主义之功用。1927年，戴季陶提出《维持教育救济青年案》，其中就列入了"将世俗实用之党化教育正名为三民主义教育"这一条。②

同时，戴季陶对一些学校给学生灌输没有用的知识十分反感，他希望学校不致使学生所学非用，变成洋八股。他曾借一位沈先生的诗警醒教育工作者，不要给学生无用的知识，否则，"这几十年来，也很劳苦，为什么没效果？咳！耽误！罪过！"③因此，他心诚意切地说："我希望一切教育界的人，快些觉悟，快些忏悔。我们的新生命，是要从忏悔中去求的。"④他要求教学内容一定是有用的知识，要学生学音乐、学体育、学艺术、学教育、学实业。教学内容还要依教育对象而定，中学、小学教育以养成国民之生活技能为基本。

怎样才能搞好教育呢？戴季陶认为关键是两个方面：一是教师，一是学生。关于教师，戴季陶认为，教师是教育的主体承担者，学校的好坏、教学的效果、教育的质量，都取决于教师，因此，"练兵须先致将"⑤。教育问题，首先是教师，而教师的问题又取决于师范教育，"师范没有弄好，要想普及国民教育，不啻梦想，所以师范教育须独立"⑥。抓好了师范教育，就能造就出一大批优秀的教师。他对教师的要求非常高，希望作为教师的每个人，一定

---

① 戴季陶：《最近之言论》，第99页。
② 陈天锡：《戴季陶先生教育事迹》，见《教育与文化》（台湾）第330期，第27页。
③ 戴季陶：《教育的醒后》，见《戴季陶言行录》，第12页。
④ 戴季陶：《教育的醒后》，见《戴季陶言行录》，第12页。
⑤⑥ 戴季陶：《最近之言论》，第21页。

要认识到教育的重要，"要认清教育是救国的根本，负责教育责任的人，是把国家存亡、民族盛衰、社会安危、青年的生死苦乐的责任，挑了在自己的肩头上"①。只有正确认识到了教育的重要性，正确认识到了自己职业的神圣性，每个教师才能将满腔热情投入到教育事业中。

在教育学生时，戴季陶要求教师必须认定"没有一个人不能教，没有一个人不能教好，学生走了错路，做了坏事，责任都在教育者，自己先要刻苦地训练自己的身心，才能把青年和儿童的身心训练好"②。所以，戴季陶认为："做先生固然是高贵，但是'人之患在好为人师'，先生这一个职务是很不好当的。"③这就要求教育者首先必须要有良好的道德，为人师表，然后要有较好的学问，"做教育的人必先自问究竟明白否，'宣传'只知教人，而'教育'则必先自教"④。只有自己明白了，理解了，才能教学生明白和理解，否则，是难把学生教好的。

关于学生，戴季陶尤为重视。他对学生的要求十分严格，而特别把思想教育放在首位，这与他以教育为阵地，和共产党争夺青年学生的初衷是分不开的，所以在这方面他竭尽全力，以至于在学校中实行思想禁锢和行政干预。

他态度强硬地向青年学生提出了两条要求：第一，"中小学在校学生，不可加入任何政党，并且不参与任何政治斗争的集会结社，这是保障民族生命的一要着"。第二，"专门及大学的学生可以参与政党，但是参与的动机要纯洁，如果动机不纯洁，便不可参与……并且切不可忘记了学生的本分，不可同时做官或作和官吏相类似的工作"⑤。这里，戴季陶并非是要青年学生不参与政治斗争、不参加政党，而是要他们不参加共产党、不信仰马列主义；而参加国民党，信仰他的假三民主义才是其真实目的，所谓动机纯洁与不纯洁，完全视其参加国民党还是参加共产党而定，其险恶用心昭然若揭。

除了思想教育外，戴季陶还要求学生努力学问，他说："第一是要恢复民族的道德，第二是要努力学西洋的科学，用科学来建设中国的文化，学生时代，就是根本工作的起点。"⑥如果一个人年轻时在学校中不好好学习，是

---

① 戴季陶：《为反日出兵告国民书》，见《戴季陶言行录》，第 170 页。
②③ 戴季陶：《为反日出兵告国民书》，见《戴季陶言行录》，第 170 页。
④ 戴季陶：《最近之言论》，第 74 页。
⑤ 戴季陶：《"青年之路"自序》，见《戴季陶言行录》，第 196–197 页。
⑥ 戴季陶：《"青年之路"自序》，见《戴季陶言行录》，第 186 页。

"害了自己，又害了国家"①，就会像他们这一代革命党人中，找不出几个教育家、艺术家、实业家来，找不出几个学问家来。因此，他认为，"做学生的，要晓得青年是国家的基础，民族的命根，青年们所应该做的报仇雪耻的功夫，就是要青年们训练自己的身心，要用战场上将士拼命杀贼的精神，努力学问，训练身体，修养道德，养成守纪律重秩序的习惯。使今后中国的文化，一年好过一年，一代强过一代，要有几十年的辛苦经营，两三代的刻苦工作，方可从火坑里面救起将死的中国民族来。"②

怎样学习呢？戴季陶强调，学习应当循序渐进，学生在学校的任务主要是学习，要根据年龄的大小安排学习。他认为，一个人在二十五岁以下，是应该受教育作训练的时期，从二十五岁到三十岁，只可以说是见习期，必定要到三十五岁以上，才可以成为一个独立工作的人。他说："在三十岁以内，只是做基本的学问，要到三十岁以后，才可以说得到独立的研究，和新事物的发明。"③这就是说，学生在校主要是学基本知识，打好基础，而不能好高骛远，学了一点东西，就希图去做发明创造的伟大事业。所以戴季陶多次与青年交谈，向学生演讲，都要求他们努力学习，牢牢地打好基本功，不要荒误了时间，他再三告诫青年学生："倘若一些青年同志，不从真实处着力，依然是'春天不是读书天，夏日炎炎最好眠，秋天蚊虫冬又冷，收拾书籍过新年'……那就未免恶作剧了。"④

在教育中，考试是重要的一环，戴季陶认为，考试是手段，并不是目的，考试必须在教育普及的基础上，也就是在知识普及的基础上才能进行，考试是为了促进教育普及，促进知识普及，他说："考试与教育是一件东西，不是两件东西，教育不普及，即考试无从考起。"⑤他举出前清一位学台主考时闹的笑话为例证，这位学台考三位学生，第一位进来，他出了个"吹风"的对子要对，学生以"下雨"来对，学台认为这位学生才思敏捷，把他取上了；第二位进来，学台也出"吹风"，叫他对，学生回对了个"吹风"，学台以为他的记忆很好，也就取上了；到了第三位，连一个字也对不上来，然而学台说他胆子

---

① ②　戴季陶：《为反日出兵告国民书》，见《戴季陶言行录》，第171页。
③　戴季陶：《"青年之路"自序》，见《戴季陶言行录》，第191页。
④　戴季陶：《最近之言论》，第81页。
⑤　戴季陶：《最近之言论》，第32页。

不小，不会也敢来投考，也把他取上了。戴季陶认为，这位学台之所以糊涂，是因为考试没有基础，因此，"必须先使教育普及，爰有考试的基础，是考无可考的"①。

除学校教育外，戴季陶对社会教育也很重视。他认为，教育不光是学校的事，应是全社会的事，一般中国人所受的教育，除了师教之外，不外是父教、母教、友教、社会教。而在当时，这些教育都是极糟糕的。

首先是父教，戴季陶认为"中国之父教早已失去"，因为"中国人只知瞪着大眼，握着拳头，甚而看见小孩跌了一跤，还要踢他一脚，骂他不懂事"②。这样的父教怎样给孩子以好的影响呢？

其次是母教，戴季陶以为，中国的母教比父教要好，"母亲之爱子，无微不至，这是大家能感到的"③。但也存在一些毛病，做母亲的，"只知道一味地溺爱儿子，只要小孩哭了就给他奶吃，大了的孩子，就给他花生糖。上海许多太太们，自己打牌，小孩子在旁边闹，也给他一块钱，另外四个小孩也打起来"④。这种教育也是十分有害的，将来长大，何以为人。

最后是友教，戴季陶对中国社会中，朋友之间的关系，或者"群居终日，言不及义"，"或者古怪起来，繁文缛礼"⑤的现象十分反感，认为这种友教实在谈不上教育。

至于社会教呢，戴季陶认为，在中国这样黑暗的社会里，只有把人教坏，而不会把人教好，人们把"各人自扫门前雪，不管他人瓦上霜"奉为金科玉律，"做好人总是吃亏的"⑥，这都是社会黑暗的结果。

纵观以上戴季陶的教育思想，我们认为，有些还是可取的，如搞教育，必须首先抓好师资的培养、提高，对教师严格要求，须为人师表；学校培养学生不是全为了升入高一级学校，而应该是为了培养于国家有用的人才；学生在校学习主要是打好基础；学生应该用功学习；要加强对学生的社会教育；等等，于我们今天仍有借鉴作用。

但戴季陶整个教育思想的体系是资产阶级的，他办教育是为了与共产党

---

① 戴季陶：《人才集中与工作集中》，见《最近之言论》，第32—33页。
② 戴季陶：《为政与为学》，见《最近之言论》，第75页。
③④⑤ 戴季陶，《为政与为学》，见《最近之言论》，第75—76页。
⑥ 戴季陶：《为政与为学》，见《最近之言论》，第76页。

争夺青少年，为国民党培养所需的人才，所以他也提出了教育要为国家政治服务，与社会实践结合起来，而实际上是为反马克思主义、反共产党的政治服务。他力图使教育脱离行政干预，成为独立的象牙之塔，但事实上是办不到的。他的三民主义教育论正好说明他在以国民党的行政力量干预教育，这种教育当然也就成为国民党一家的党化教育了。

5. 佛教思想

戴季陶一生信仰佛教，并对佛教研究有很深的造诣。他自小就生活在佛教家庭中，他祖父母、母亲都是佛教徒，他从小耳濡目染，深受影响。

戴季陶信佛，确可以说是心诚意笃，但他始终没有出离世间，走向晨钟暮鼓、黄卷青灯的深山古刹，却一直活跃于政治舞台上。他曾经在一篇文章中表明过自己的心迹："传贤信心佛法，而矢志革命，不仅存道并行而不相悖之心，实确信诸法圆融，真理无二之义。"[1]其实，戴季陶说的话是不可相信的，革命、佛教，不会有不相悖之理，他本身的行动与所谓信仰佛教就是互相矛盾着的。早年，戴季陶参加辛亥革命，驱逐鞑虏，后来他坚决反共，主张屠杀共产党人和革命群众，这与佛教的不开杀戒、立地成佛的说教是严重相悖的，只不过他不愿承认罢了。

戴季陶对佛教研究兴趣浓厚，涉猎范围广泛，特别是他把佛学研究与三民主义思想、与国家政治、与中国传统文化的研究结合起来，形成其独特的佛学思想，下面仅就他的有关佛学论著，介绍其佛学思想的概要。

第一，以佛学义理附会孙中山的三民主义。戴季陶认为，孙中山的革命宗旨与佛法六度同义，他说：革命者"牺牲财产生命与一切自由，以贡献于主义，是布施之精义也。信主义必有所不为，行革命必有所不就，言必有信，行必尽忠，严守秘密，誓共生死，即持戒之本体也。孤忠自矢，苦节自持，飞短流长，置若罔闻，乃忍辱之微意也。一心一意，彻始彻终，百折不回，穷且益坚，斯精进素质也。履险如夷，临危不动，择善固执，无问生死，所谓富贵不淫，贫贱不移，威武不屈者，其禅定极致也。至若知难行易之教，科学救国之

---

① 戴季陶：《节录六波罗密法要兼志所感》，见《戴季陶先生文存》第三册，第1172页。

方，革心救人之道，斯乃智慧之慈航，而化迷之甘露"①。在戴季陶的心中，所谓弘扬佛法，便是实行孙中山先生的革命，而孙中山的革命精义也是与佛法相吻合的。他在《致蒙藏青康各地同胞书》一文中，更是强调三民主义与佛教的一致，说什么"总理的三民主义完全由牺牲自己、救人救世而起，此与大乘佛教普救众生之心，完全一样，无有二致"②。他还十分武断地宣布："我绝对相信三民主义的精神，和皈依三宝的精神，完全一样。本来就教义上说，心佛众生，三者没有差别，佛的心，我的心，众生的心，是完全一样，毫无二致。因此，我相信三民主义和佛法僧三宝，也没有差别"③。这样，他便得出结论："凡真正奉行三民主义者，即能奉行释迦教义，而真正释迦信徒，亦必能真正实行三民主义。"④根据戴季陶的这个结论，革命党人也可以把革命要义与佛教义理融为一体，成为"为度众生甘受苦，英雄肝胆菩萨心"⑤的革命和尚了。

九世班禅生前与戴季陶的合影。

戴季陶这种简单的比附，一方面将资产阶级革命家孙中山神化为普度众生的救世主，夸大了孙中山民生史观中的消极因素，即使孙中山在世也不会接受的；另一方面，又把孙中山革命的三民主义贬低为宗教的义理，抽掉了其革命的本质，这是为真正信仰三民主义的国民党人所不能容许的。

第二，强调以佛教振兴民族。戴季陶认为国家的基础是民族，要救国，必须首先救民族。他认为组成民族的重大要素有五个：一为血统、二为语言、三为文字、四为习惯、五为宗教。世界上每个民族都有自己特殊的宗教，宗

①　戴季陶：《节录六波罗密法要兼志所感》，见《戴季陶先生文存》第三册，第1172页。

②　戴季陶：《致蒙藏青康各地同胞书》，见《戴季陶先生文存》第三册，第1258页。

③　戴季陶：《中印两国国民的救世精神》，见《戴季陶先生文存》第三册，第1333页。

④　《戴季陶先生文存》第三册，第1260页。

⑤　戴季陶：《赠印度尼赫鲁》，1940年。

教对于每个民族的文化、教育、政治，都会发生特殊的影响，因此，"民为国本，教为民本，教衰则民愚，民愚则国弱"①。他还以中国的历史来论证佛教的重要，认为中国最兴盛的两代——汉朝与唐朝时，佛教也很兴盛；而六朝五代之所以衰乱，是因为诋毁佛教；蒙古民族的统一，满洲文明的兴起，都有赖于西藏佛教。因此，他又得出结论：中国之衰咎不在佛教，而在佛教不能真实推行也②。

基于以上分析，戴季陶认为，中华民族由满、汉、蒙、回、藏、苗等多种民族组成，而民族不能团结，国家建设不能成就，关键在于全国国民不能互相信赖、彼此猜疑的缘故，而所以互疑不能互信者，皆是彼此没有共同信仰的缘故，因此，他希望能使佛教成为各民族的共同信仰，以达到救国救民救自己的目的。

宗教在历史上起过重要的作用，关于这一点，马克思、恩格斯都做过正确评价，马克思说："宗教的苦难既是现实苦难的表现，又是对这种现实苦难的抗议。"③在中国封建社会里，人民曾将宗教作为反封建的武器，从这点来说，戴季陶的有些分析也不无道理。但是，把宗教提到救国救民、振兴民族的高度，却是极端错误的。况且，每个民族都有自己的文化，有自己信仰的宗教，强行推行佛教，使之成为全国统一的宗教，这是伤害各民族情感、有损民族团结的。

第三，认为儒、佛两家是相通的。戴季陶除研究佛学外，他对儒家学说也很精通，可以说是一位儒、佛兼治的学者，他认为儒家的"中庸"与佛教的"中道"是相通的，殊无二致。他说："中庸一词，是孔门之心法，亦即中国自尧舜禹汤文武周公以来一贯之正道。自古君师合一，君即是师，师即是君，此与印度之思想事实不期而同。而此一贯之至道，乃至无言可说，故曰中庸，亦无名可名，强以名之谓耳。盖中者，非方位之中，而包含万有，无方位可得，故中。庸者，极高明博厚，故庸。此与佛法断二边往中道之义，绝无二致。而致诚不息之修持，更与佛法不异。"④

---

① 戴季陶：《致班禅大师书》，见《太虚大师暨戴季陶居士护国卫教言论选集》，第289页。
② 戴季陶：《敬告隆昌寺诸僧众书》，见《太虚大师暨戴季陶居士护国卫教言论选集》，第492页。
③ 马克思：《黑格尔法哲学批判》，见《马克思恩格斯全集》第1卷，第453页。
④ 戴季陶：《发愿偈》，见《戴季陶先生文存》第三册，第1145页。

事实上，自佛教传入中国时，儒、佛便水火不相容，佛教徒视中国固有的教法为外道，而轻视为仅是人天小乘，不足以语于天上妙道；儒家诸士则认为佛教为异端邪说，是夷狄之教，非人其人、火其书、庐其居不可。戴季陶认为这是一种误会，他强调儒门学者要信佛，也劝勉学佛的人要学忠孝仁义、礼乐等文明，以建立佛法之基础，而后真正佛法乃得昌明[①]。

但在解释世界、解释社会的方法上，儒、佛两家是有很大不同的。佛教的一些论证方法，有许多与西方现代资产阶级唯心主义有相似或相同之处。戴季陶本人就从佛教中得到了一些启迪，他在写文章反共时，讲的一些唯心主义歪道理，在古老的佛教神堂中都可以找到它的原型，并不是什么新货色。

戴季陶在研究佛学方面，在发掘、阐扬我国古代传统文化方面作了一些努力，但他以唯心主义观点来阐释佛教问题，因而所得出的结论又回归到佛教本身，成为一种荒唐的论调。

6．恢宏著述

戴季陶一生著述勤奋，著作恢宏，除辛亥革命以前发表的文字不可得外，辛亥革命以后的著述已经后人整理，印行成册，总计三百余万字。其内容涉及民国以来政治、社会以及学术等各个领域，可谓涉猎广泛、学识博厚、兴趣多样。现存戴季陶最早的文字，可能是他在1911年冬间写给张静江、蓝天蔚、黄复生、陈其美、杨谱笙等人的五封信，其中有三封是他与商震、蒋政原联名写的。这五封信的字数不算多，其价值却比较珍贵，不仅是戴季陶参与策划东北革命的直接证据，也是辛亥革命时期同盟会党人在东北及山东活动的原始史料。这五封信现编入国民党中央党史会出版的《戴季陶先生文存续编》。

戴季陶最早出版的文集是1912年12月在上海出版的《戴天仇文集》，内容为戴季陶从1912年3月至11月间，在上海《民权报》发表的时事论著。原本题名为《宋渔父戴天仇文集合刊》，后来，台湾学者吴相湘加以详细比对，进行多方考证，认为其中并无宋渔父的著作，于是正名为《戴天仇文集》，将其编入《中国现代史料丛书》第一辑，1962年6月由台北文星书店影印出版。全书分

---

① 戴季陶：《改革寺院僧伽制度之意见》，见《太虚大师暨戴季陶居士护国卫教言论选集》，第565页。

甲乙丙三编：甲编为"国际问题"，收文章14篇；乙编为"国家与社会"，收短论33篇；丙编为"单刀直入录"，收短评115篇。这些文章描述了民初社会政治错综复杂的现象，也反映了青年戴季陶的政治思想，是戴季陶一生中最值得骄傲的作品。吴相湘在研究了这些文章后评论道："《戴天仇文集》正是民国元年戴氏主持上海《民权报》笔锋锐利光芒万丈的论留真。——这些详论的价值，显露出建国之初的一股正气。"①吴氏的评价实在有点玄乎，光芒万丈是谈不上的，但民初之际，在那陶醉胜利、颂扬袁氏、留恋往昔、向往议会等各种奇声异调的交响乐中，戴季陶的文章应该说不失为一股革命党人的正气。

1912年10月20日至11月27日，在这38天中，戴季陶在上海《民权报》连续发表了他纵谈国际政治的长篇专论，题目是《第三次和平会议之研究》，全文分四章，第一章为"概言"；第二章为"第二次和平会议之结果"；第三章为"第三次和平会议之研究"，为本文之主体；第四章为"结论"。全篇内容涉及国际战争中仲裁裁判条约、限制军备、战时及平时空中领域制度、海战法规惯例、开战时期领海范围、法庭对外国之权限、外交官领事官之特权、海峡运河中立等问题，表明了戴季陶对国际问题的关心。

1914年到1916年，戴季陶在日本编辑《民国杂志》。在这两年多的岁月中，他发表了不少文章，其中最能表达他的思想与见地的，是四篇专论和两篇随笔。四篇专论是：《中华民国与联邦组织》《欧美时局观》《世界时局观》《中国革命论》；两篇随笔是：《独语》与《百训》。特别是《中华民国与联邦组织》一文，可以说是戴季陶青年时代政治思想的代表作。

1919年到1920年，戴季陶主编《星期评论》与《建设》杂志。这一时期，是他言论思想激烈奔放的时期，他广泛地接触了各种思想，他的兴趣也表现在多方面。特别是他对马克思主义发生了浓厚的兴趣，因而思想上发生了冲突与震荡。他发表的文章涉及革命、政治、经济、社会、劳工、妇女、哲学等方面的问题，他还与陈独秀、胡适等人在《新青年》上讨论工读互助的可能性及方向问题。

戴季陶在《星期评论》上发表的论著，几乎都没有留传下来，现在只能看到一篇《法的基础》。而在《建设》杂志发表的文章，却是完整无缺的，其

---

① 引自王寿南《戴季陶》，见《中国历代思想家》第55辑，第104页。

中主要有八篇：第一篇为《我的日本观》；第二篇为《从经济上观察中国的乱源》；第三篇为《革命，何故？为何？（复康白情的信）》；第四篇为《致陈竟存论革命的信》；第五篇为《劳动者解放运动与女子解放运动的交点》；第六篇为《到湖州后的感想》；第七篇为《几德氏政治经济学的批评》；第八篇为《怀朱执信先生》。特别是《从经济上观察中国的乱源》这篇文章，从中可以看到戴季陶曾试图以唯物论观点分析中国社会问题所做的努力。

这一时期，戴季陶还悉心研究过几德的合作理论，他曾在上海复旦大学作过一连串介绍合作理论的讲演，然后将这些讲演稿整理成《协作社的作用》一文，初发表于《建设》杂志，后发行单行本。

1925年，戴季陶打着研究、阐扬孙中山思想的旗号，连续发表了反对共产党、反对国共合作的三种理论著作，即《民生哲学系统表》《孙文主义之哲学的基础》《国民革命与中国国民党》，构成反共的"戴季陶主义"，这是戴季陶由革命走向反动的思想转变的标志，也是他一生中留下的污点。由于这三本书适应了蒋介石反革命的需要，所以在国民党统治时期，曾反复多次重印。

1925年五卅惨案发生后，戴季陶发表了四篇论文及谈话，主张对一切帝国主义开展斗争，废除一切不平等条约。这四篇文章为：《因五卅惨案告中国国民》《指导五卅事件国民运动的注意点》《对英经济绝交与中国的独立运动》《东方问题与世界问题》。这四篇论文及谈话后来汇成《中国独立运动的基点》，由广州民智书局出版。

1927年12月，戴季陶的《青年之路》在上海出版，这是他在广州中山大学几十次讲演稿的汇编，成为对青年进行党化教育的一本反共著作。全书分三编二十章。第一编为《过去的回顾》，有十五章；第二编为《对于中山大学的希望》，有五章；第三编是《结论》。

戴季陶曾潜心研究过日本问题，1919年他发表了第一篇研究日本的文章《我的日本观》；1928年他出版了一本研究日本的专著《日本论》，全书包括二十四节，从中国人研究日本的需要谈起，到日本人的"尚武、平和与两性生活"，内容涉及日本的政治、历史、文化、人物等各个方面，其中追述孙中山于1913年访问日本时与桂太郎的政治谈话尤有价值。后来，这本书由日人安藤文郎与中山志郎译成日文在日本发表。

1928年，蒋介石建立南京政权后，戴季陶出任考试院长，他的意见一般见于大宗的提案、宣言、讲词、报告及函札中。如《中国国民党第五次全国代表大会宣言》《确定教育方针实行三民主义的教育建设以立救国大计案》《总理行谊讲演词》等。

1929年6月，上海广益书局出版了由时希圣主编的《戴季陶言行录》，全书共两篇：第一篇为《文录》；第二篇为《演说》。《文录》收有文章31篇；《演说》收讲演文稿有20篇。

11月，上海三民公司出版了《戴季陶集》，全书分上下两卷，上卷收有《八觉》《最近之言论》《革命理论的演讲》《三民主义讲演》《知易行难》共五组文稿；下卷收有《中大的改进》《过去的回顾》两组文稿及戴季陶的新诗，并附录有《全国教育会议提案》。

戴季陶的晚年，特别提倡礼乐的实施，他于1947年写成《学礼录》一书，书首为戴氏自述的《学礼录序》，正文分三章：第一章为《礼制通议前编初稿》，有五节；第二章为《读礼札记》；第三章为《与友人论礼制服制书》。该书反映了戴季陶研究礼制的成果。

1931年以后，戴季陶开始搜集他的著述文字，亲自以毛笔抄录，辑成《孝园文稿》一书，线装，35册，分装7函，其1—3册为有关宗教之著述，4—35册辑录1920—1948年所发表的文稿。书稿现藏国民党中央党史委员会。

戴季陶死后，陈天锡根据《孝园文稿》加以整理增补，编辑为《戴季陶先生文存》，由台北中央文物供应社于1959年出版，全书分四册，计含戴季陶任职考试院院长时期各种公私文件、函告，分政治、教育、学艺、党务、佛学、杂著、简牍等七个部分。此后，陈天锡又继续收集戴季陶的各种文章，陆续编成《戴季陶先生文存续编》《戴季陶先生文存三续编》等，相继出版。

后　记

　　本传是我们于20世纪80年写成的，花了六年时间，自认为做了较为扎实的资料工作，书成后，于1991年2月由河南人民出版社出版，在学界产生了一定影响。此次由团结出版社再版，框架、内容依旧，但是改正了错误，穿插了图片，修饰了有关文字，以图与时俱进。

　　本书总编工作由范小方负责，几位同志分章执笔，具体为：

　　第一章：包东波

　　第二章：范小方

　　第三章：范小方

　　第四章：包东波

　　第五章：包东波、范小方

　　第六章：包东波

　　第七章：李娟丽

　　第八章；李娟丽

　　第九章：范小方

　　第十章：范小方

　　本书是在师友们的鞭策与鼓励下写成的，毛磊、袁继成等教授给予了很多关心；河南人民出版社张黛女士给予了很多帮助；中南财经政法大学图书馆陶兰女士、胡原民馆长，湖北图书馆童世华、石洪运、安竹英、陈兴风、陈云风等诸位先生、女士，武汉市社会科学院张笃勤研究员，中南财经政法大学李永铭教授，都给我们的写作以大力支持和帮助；武汉市图书馆、武汉大学图书馆、华中师范大学图书馆、湖北省档案馆、武昌辛亥革命博物馆等单位也在我们查阅资料过程中给予很多方便；四川省测绘局的胡广同志专程为我们到广汉县收集了戴季陶的口碑资料；再版时又承蒙团结出版社认可，张阳女士做了很细致的编辑工作，付出了辛勤的劳动，在此一并致谢！

由于我们水平有限，本书缺点和错误仍会有不少，敬请读者批评指正。

范小方

包东波

李娟丽

2019年于武昌